国家社科基金项目
“西方新萨满教及其对中国的影响研究”（11XZJ024）

西北政法大学问道长安哲学社会学文库

西方新萨满教研究

郑文◎著

中国社会科学出版社

图书在版编目（CIP）数据

西方新萨满教研究／郑文著．—北京：中国社会科学出版社，2023.10

（西北政法大学问道长安哲学社会学文库）

ISBN 978－7－5227－1847－7

Ⅰ.①西…　Ⅱ.①郑…　Ⅲ.①萨满教—研究—西方国家　Ⅳ.①B933

中国国家版本馆 CIP 数据核字(2023)第 092436 号

出 版 人　赵剑英
责任编辑　喻　苗
责任校对　胡新芳
责任印制　王　超

出　　版　中国社会科学出版社
社　　址　北京鼓楼西大街甲 158 号
邮　　编　100720
网　　址　http://www.csspw.cn
发 行 部　010－84083685
门 市 部　010－84029450
经　　销　新华书店及其他书店

印刷装订　三河市华骏印务包装有限公司
版　　次　2023 年 10 月第 1 版
印　　次　2023 年 10 月第 1 次印刷

开　　本　710×1000　1/16
印　　张　15.25
字　　数　202 千字
定　　价　79.00 元

目　　录

第一章

绪　论

一　几个重要概念的说明

作为研究萨满文化现象不可逾越的一步就是对萨满教、萨满的认识。几个世纪以来，经过对世界各地的调查、研究，学者们基本上对萨满教的流传地域形成共识，界定出了狭义的和广义的萨满教流传文化圈。前者认为，萨满教主要流传于西伯利亚及其周边的东北亚各民族之中，其中以西伯利亚地区和通古斯语各民族的萨满教最为典型；后者则除了上述地域之外，把北美、北欧、大洋洲、东南亚等广阔的地域也纳入进来。

学界对于萨满教的界定和对萨满的界定紧密联系在一起，甚至融为一个问题。由于研究者所处时代的影响，他们对萨满、萨满教的认识也在不断发生变化。19 世纪，现代人类学诞生之时，“进化”是常用的字眼，当时的研究者以“高级、低级；文明、原始”二元对立的逻辑审视自我与他者，此时的萨满被视为低等种族的低级信仰承载者。当反文化中心主义、文化整体论兴起，萨满又被理解为土著社会文化的载体。此后，精神分析学说开始流行，“精神错乱者”又被标签化为萨满的新名号，而反对精神分析法滥用的人，强调萨满是身心健康的仪式专家，是为了族群利益沟通神灵的人。

20 世纪中叶以来，萨满（教）所体现的入迷、附体、旅行等特征被关注，也成为界定萨满和萨满信仰的标准。其中，最为著名的观点是宗教学者米尔恰·伊利亚德（Mircea Eliade）在《萨满教——古老的入迷技术》[①]（*Shamanism—Archaic Techniques of Ecstasy*）中提出的萨满教 = 入迷技术，并被看作宗教的最古老形式。[②]伊利亚德的观点对其后的研究者产生了很大的影响。吉尔伯格对“萨满”给出以下定义：“所谓萨满就是那些使用特殊技术和手段的，并得到其所驾驭的精灵助手的帮助，在社会中占有特殊地位的男性和女性。萨满通过脱魂状态中的灵魂旅行，可以直接与各种超自然力量接触。这些超自然力量于是也通过萨满传达给了人们。”[③]阿克·胡特克兰茨认为，要认识萨满教得关注萨满文化丛，它的重要要素为意识状态前提，即相信存在超自然世界，萨满可以进出超自然世界；萨满是人类群体利益的执行者；萨满通过神灵助手获得帮助和支持；萨满具有非凡的入迷经验。[④] 乌尔素拉·克诺尔 - 克瑞凌指出：“萨满是这样一种类型的人，他们由于特别易患病的体质，具有昏迷、改变意识状态等特别的能力，通过与超人类经验的力量（精灵）的合作在氏族事务（包括疾病、狩猎、战争等方面）发布预言，对社会发挥着一种宗教—医疗的影响，这种影响与氏族文化框架结合在一起，起到了调节社会心理的积极作用。”[⑤] 对伊利

① Mircea Eliade, *Shamanism—Archaic Techniques of Ecstasy*, New Jersey: Princeton University Press, 1974.

② 伊利亚德通过大量的调查报告发现，成为萨满的人大多经历过痛苦的意识变化过程，这个过程被称为昏迷（Trance）或者入迷（Ecstasy）。在这一过程中，萨满打破了凡、圣二元界限，上天、入地地“旅行”，与神灵沟通，为人们治疗，为集体祈福，调节人与超自然力量之间的关系等。

③ R. Gilberg, “How to Recognize a Shaman among Other Religious Specialists”, in: Hoppal, Mihaly (ed.), *Shamanism in Eurasia*, 1984a, p. 22.

④ Hultkrantz, Å., “Ecological and Phenomenological Aspects of Shamanism”, in: V. Diószegi and M. Hoppál eds., *Siberia*, Budapest: 1978, p. 30.

⑤ Anna-Leena Siikala, *The Rite Technique of The Siberian Shaman*, FF Communication vol · xciii2, Cademia Scientlaum Fennica, Helsinki, 1987, p. 220.

亚德质疑者也不乏其人。如刘易斯在《入迷的宗教：萨满教及其灵魂附体的研究》中认为，附体是萨满教的一个重要特征，并区分出中心性附体和边缘性附体两种类型。日本的佐佐木宏干认为，日本优姐既是灵媒又是脱魂者和预言家，她们的脱魂等于到他界“旅行”。此外，也有学者用“游离型”和“附着型”来概括萨满及其与超自然世界沟通的类型。如日本宗教史学家樱井德太郎认为，游离型主要见于西伯利亚东北部和中亚细亚的通古斯系萨满，指出萨满一旦进入入迷状态，其灵魂就会脱离肉体，上天入地，与那里的神灵交往，并将神灵的意旨传达于人间。附着型萨满认为，神灵与诸妖魔占据、附着在萨满的身体上，使之改变本性，成为神灵的替身，从而发挥萨满的功能。日本的神灵附体现象就属于这一类型。这种类型的萨满分布甚广，也见于邻近日本的诸族之中。

这场由伊利亚德引发的学术讨论，使得学界对萨满（教）有了更深入的认识。经过讨论，萨满教区别于其他宗教的特征，如“出神”“入迷”“脱魂”“附体”“意识转换”“旅行”等特点被强调。这些术语也成为研究萨满（教）广泛使用的学术词汇，也是本书运用的学术术语。

20 世纪 70 年代，在卡斯塔尼达、哈纳等人的引领下，西方社会出现了萨满实践热潮，至今已有向全球蔓延的趋势。实践者认为，通过意识转换，可以超越日常现实世界，进入神圣的灵性世界。但与传统萨满教不同，这是一种新型的萨满教。到目前为止，国内外学者对此类型的萨满教没有统一的名称认识，存在混用的现象。为了研究的顺利进行，笔者有必要依据自身的认识对所涉及的几个重要概念做一说明、界定。

首先，“萨满”一词的使用。萨满源于通古斯语 saman，原意为“智者、晓彻、探究”等，后逐渐演变为萨满教神职人员的专称。在世界各地，萨满的称谓不尽相同，如北美印第安人的“药人”（medicine men）、“巫医”（witch medicine men）、“巫师”（sorcerer），南美原住民马普切人的“玛持”（machi）、韩国的“巫党”（女萨满）或“博数”（男萨满）等。中国境内萨满的称谓也是多样化的：蒙古族的“勃额”“奥德根”，达斡尔族的“雅德根”，塔塔尔族、哈萨克族的“喀木”等。目前，学术界将这些都统称为萨满。在本书中，由于叙述的必要，会出现“巫士”“药人”等词语，这些词汇的含义皆与“萨满”一词内涵相同。

其次，凡是书中笔者对西方新萨满教、核心萨满教、电子萨满教、新萨满教等概念的使用皆指下列内涵，引用他人论述时依旧保持原作者（译者）对概念的理解。

西方新萨满教（neo-shamanisms）是多种类型新型萨满教的总称。这种新型萨满教与传统萨满教不同，是20世纪70年代以后出现在西方工业社会中的，与西方社会中发生的反主流文化运动、环保运动、新时代运动和西方人的个人自我身心健康需求有密切关系。它涵盖核心萨满教（core shamanism）、电子萨满教（techno-shamanism）和其他新萨满教（包括伪印第安人、白人萨满领导的新萨满教）。它的实践者基本上是西方都市社会人群。需要说明的是，为了行文方便，在书中上下文很明晰的情况下，笔者会使用“新萨满教”一词代指西方新萨满教。

核心萨满教是西方新萨满教中影响最大的一支。20世纪70年代，美国人类学家迈克·哈纳发现致幻药物不是唯一能够改变人的意识状态的物质，按照一定的频率（每分钟205—220次），平稳有力地敲击鼓面，完全可以达到致幻药物同样的效果。于是，他剥离传统萨满教的文化外衣，从中选择性地抽取一些核心特征，以此构建了核心萨满教。核心萨满教以伊利亚德的“萨满教＝入迷”为理论基础，认为入迷、旅行是萨满教的基本要求。此外，核心萨满教抛却了传统萨满教的其他功能，非常注重治疗功能。它建议实践者通过击鼓等手法进入萨满意识状态，达到自我治疗的目的。

电子萨满教为，随着电子技术的发展和网络的普及，利用电子音乐达到萨满状态的一种新萨满教类型，主要表现在青少年的锐舞活动中。

其他新萨满教（包括伪印第安人、白人萨满领导的新萨满教）是西方新萨满教中另一重要分支。如果说核心萨满教以传统萨满教为蓝本，那么这些西方新萨满教与传统萨满教的关系更为疏离，它更多地以卡斯塔尼达等人的萨满小说为基础，是西方人对萨满教想象甚至自我发明。其倡导者包括“白人伪萨满”以及冒名印第安人萨满。

二　选题的目的和意义

国际萨满教研究会主席霍帕尔指出：“作为一种现存的活态文化，萨满教以两种类型存在着：一种是传统意义上的萨满教，萨满教仪式从本质上被认为具有连续性；另一种现行的萨满教形式是都市萨满教或新萨满教。这些新萨满教在20世纪后期具有独特的地位。”① 霍帕尔所指的“都市萨满教或新萨满教”，便是本书所指的“西方新萨满教”。

西方新萨满教发端于20世纪60年代，它的出现与当时的社会环境有着密切的关系。到了70年代，随着新时代运动兴起，卡洛斯·卡斯塔尼达、迈克·哈纳等人开始向西方人传授他们发明的萨满教，吸引了成千上万的人加入进来。在短短几十年间，西方新萨满教发展迅速，以至于西方学者感慨道：“60年代中期之前，萨满教只是一些人类学家和历史学家感兴趣的东西。但是现在，旅行社以萨满之旅招揽生意，另类治疗师到处宣传他的萨满咨询疗法。同时，走进任何一个大型书店，全是关于萨满、萨满教、萨满实践的

① ［匈］米哈伊·霍帕尔：《世纪之交的萨满教》，郭淑云译，《满语研究》2002年第2期。

书籍。”①

尽管在西方，这种新型的萨满教已呈现蓬勃之势，但在国内，对它的研究还处于空白地带。本书通过研究，希望将国内萨满教的研究视野扩展至国际前沿，使中国学界了解萨满教在西方社会中的发展状况和研究状况。所以，该书具有重要的学术意义。第一，它是对萨满学研究内容的丰富，是将国内萨满教的研究视野扩展到国际前沿。第二，西方新萨满教发生在 20 世纪后期复杂的历史语境中，与多种社会思潮既密切相关又有其特殊性。它是西方人对传统萨满教进行选择性的吸收、改造或者重新建构的结果。对西方新萨满教进行研究，可以加深学界对西方世界文化变迁的认识。同时，对我们了解西方人如何借鉴多元文化元素来整合自身文化观念和社会价值的经验，都有深刻的启示。此外，流行于西方社会的这种萨满教本身就与 20 世纪 60 年代以来人类学研究方法的变化、人类学学术研究成果的推广有着密切的关联。所以，对它进行研究，将有益于探讨人类学学科的发展进程。

研究西方新萨满教也有着重要的现实意义。首先，萨满教研究始终围绕宗教的初始现象，从不同方面探讨了人类的宗教倾向问题。因此，深入研究，萨满教对于理解中国这种以民俗性宗教生活为特点的文化传统将有所帮助，有利于我们提高对现实民间信仰问题的认识和把握。其次，萨满文化既具有地域性，又具有世界性。中国东北被公认为萨满文化的重要发祥地之一，也是萨满文化遗存保留最完整、内容最丰富的地区之一。但随着世界日新月异地发展，如今的萨满文化在世界范围内已经濒临消亡，保护和传承萨满文化成为一个世界性课题。西方新萨满教尤其是核心萨满教中心元素来自传统萨满教，所以对此进行研究，对于保护我国传统萨满教

① Clifton, Charles, *Witchcraft and Shamanism*, St. Paul, MN: Llewellyn, 1994, Frontispiece.

文化遗产具有参照意义。最后，国家提出“一带一路”倡议，萨满教作为一种古老的世界性文化现象，曾流行于“一带一路”沿线多国，至今仍然在蒙古国、俄罗斯等国及其周边地区活态存在和传承着，甚至出现了复兴的趋势。西方新萨满教这一研究涉及“一带一路”沿线多个国家、地区的萨满教历史及现状。所以，可以萨满教为文化符号，借助其纽带作用，发挥它在沿线各国外交中的交流、沟通作用。

三 研究现状

（一）国外研究现状

由于西方新萨满教发生在西方社会，西方本土学者目睹了它的发生、发展，自然就具有了“在场”的优势。所以，他们的研究成果远远多于国内学者。从已出版的著作、论文来看，他们的研究内容主要集中在以下方面。

1. 名称之争

出现在当代西方社会中的这种萨满教如何命名，西方学者至今未给出统一的名称。迈克·哈纳将自己创建的、通过击鼓的方式进入所谓的萨满意识状态的萨满实践称为核心萨满教。哈纳指出：“我曾在亚马孙河流域上游的两个印第安部落学习萨满教。为了发现全世界范围内萨满教跨文化的基本准则，我进行了大量的研究，对于所有这些修习萨满术的基本原理，我将它称为核心萨满教。”[①] 核心萨满教去传统化、地域化的做法遭到了很多萨满教研究者的质疑，哈纳对此的解释是：“如果我们修习的核心萨满教完全跟传统的萨满教一模一样的话，那么任务太艰巨了……我们需要的是实践萨满教的基本原理，并且这些原理可以在绝大多数社会中适用。”[②]

① Michael Harner，“Science，Spirits，and Core Shamanism”，*Shamanism*，Vol. 12，1999.

② 哈纳的个人网站 www. Harnerpers. com。

其他西方学者有将这种形式的萨满实践方式称为哈纳式萨满教（Harnerism）[①] 或者实践性的萨满人类学，将哈纳称为萨满人类学学者（除了哈纳之外，萨满人类学学者还指《唐望的教诲》等书的作者卡洛斯·卡斯塔尼达）[②]。1995 年，人类学家皮尔·维特斯基（Piers Vitebsky）在《萨满》一书中首次使用了“neo-shamanism”一词，指称包括核心萨满教在内的西方现代社会中产生的萨满教。[③] 并且，他指出这种形式的萨满教是欧美 20 世纪 60 年代反主流文化、环保、新时代运动和西方人的心灵自我完善需要等共同作用的结果。同时他还预料西方新萨满教可能产生的后果：“新的萨满教徒也许创造了他们自己理解的萨满教的理想形象，然后又判定传统社会没有按照这种形象行事。”[④] 从此，“新萨满教”一词被大多数学者使用，如《城市景观中的萨满展演：当代瑞典的新萨满教》《萨满教与新萨满教：入迷、考古与当代异教》《入迷和北欧异教运动中的新萨满教》等。[⑤] 现代西方社会的“萨满教”（Modern Western Shamanism）是另一种较常见的叫法，可见《重新着魅的实质：现代西方萨满教与 19 世纪的想象》《名字的含义：新萨满教、核心萨满教、城市萨满教、西方新萨满教或别的名称》等。[⑥]

---

① Jeffrey A. Kottler, Bradford & P. Keeney, Jon Carlson, *American Shaman: An Odyssey of Global Healing Traditions*, NY: Routledge. 2004; Merete Demant Jakobsen, *Shamanism: Traditional and Contemporary Approaches to the Mastery of Spirits and Healing*, NY: Berghahn Books, 1999.

② von Stuckrad, Kocku, “Constructions, Normativities, Identities: Recent Studies on Shamanism andNeo-Shamanism”, *Religious Studies Review*, Vol. 31, 2005, pp. 123 – 128.

③ Piers Vitebsky, *The Shaman*, Boston: Little Brown, 1995.

④ ［英］菲奥纳·鲍伊：《宗教人类学导论》，金泽、何其敏译，中国人民大学出版社 2004 年版，第 238—239 页。

⑤ Galina Lindquist, *Shamanic Performances on the Urban Scene: Neo-Shamanism in Contemporary Sweden*, Stockholm: Gotab, 1997. Jenny Blain, *Nine Worlds of Seid-Magic: Ecstasy and Neo-Shamanism in North European Paganism*, London: Routledge, 2001. Wallis, Robert J. , *Shamans/ Neo-shamans: Ecstasy, Alternative Archaeologies and Contemporary Pagans*, London: Routledge, 2003.

⑥ Annette, Høst, “What's in a Name? What's in a Name? Neo-Shamanism, Core Shamanism, Urban Shamanism, Modern Shamanism, Modern Shamanism or What?”, *Spirit Talk*, Vol. 14, 1987, pp. 3 – 6.

除此之外，有的学者还用“都市萨满教”（urban shamanism）、“白人萨满教”（white shamanism）[①] 等词来指称出现在西方社会的非传统萨满教。

有些时候，一些学者也会混用“核心萨满教”“新萨满教”“都市萨满教”等名称。汤森（Townsen）尖锐地指出这种混用充满危险性。他区别了核心萨满教和新萨满教，指出前者的灵感来自美洲本土的传统萨满教，主要是以工作坊的形式传播的，实践者的目的是寻求意义和超越；后者的来源趋于多样性，有欧洲的巫术传统、新时代运动、新异教运动、对土著的浪漫想象甚至小说、艺术表演等，实践目的是个人的发展而非超越。同时，他指出用都市萨满教来指称新萨满教是不当的，因为都市萨满教有可能是西伯利亚、尼泊尔等地传统萨满教的城市化。[②] 鲍伊则指出了新萨满教内部美国和欧洲之间的差异：美国新萨满教和核心萨满教主要吸收了美洲印第安人的传统，欧洲人则受到美国哈纳核心萨满教和本土传统（凯尔特人的传统、异教信仰）的双重影响。[③]

2. 名实之争

许多学者对流行于西方社会的萨满教的名实问题一直存在激烈的争议。有些学者认为，它就是一种新形式的萨满教，并对它的出现持肯定态度。如《重新发现萨满文化遗产》一书中指出：“无论如何，核心萨满教是对萨满教的浓缩，它并不是也并不打算成为传统的图瓦的或西北海岸或任何其他社会的萨满教。这样的结果是将来被实践的萨满教可能会是核心萨满教方法与土著传统中的碎片的

---

① Dagmar Wernitznig, *Going Native or Going Naive? White Shamanism and the Neo-Noble Savage*, Boston: University Press of America, 2003.

② Townsend, Joan B., “Individualist Religious Movements: Core and Neo-shamanism”, *Anthropology of Consciousness*, Vol. 15, No. 1, 2004, pp. 1 – 9.

③ Fiona Bowie, *The Anthropology of Religion: An Introduction*, Wiley-Blackwell Publisher, second Edition, 2006, pp. 193 – 195.

合成品。我们可能由此会看到萨满教传统的进化，其显然更像是被向全球散布的综合体……西方新萨满教精神生活特别是核心萨满教，有些时候是对那些需要它并且正在试图重新获得正在消失的萨满教传统的人们的回应。结果可能是一个重新组装的萨满教，但也可能是早年的传统萨满教。重新组装和发明的传统也能从西方和本土的普遍主义发明者那里进入土著社会，在那里他们可能被用于政治和精神的双重的目的。"① 简·思文凯（Jan Svanberg）指出，今天所谓的新萨满教，实际上是近40年来人类学研究方法、方式发生变化的产物：一方面，新萨满教是对传统萨满教的重新评价；另一方面，它促进了学术研究成果的推广。②《萨满教：西伯利亚的灵性与西方的想象》的作者称："西伯利亚本土的萨满教为哈纳奠基的新萨满教在欧洲、美国的建立与发展提供了源泉，但是新萨满教绝不是传统萨满教的堕落而是它的变形。"③ 沃利斯在《萨满教与新萨满教：入迷、考古与当代异教》一书中，通过文献和对遗址的考察，试图将西方新萨满教和英国本土的史前萨满教衔接起来。他深刻地指出，如果能辨析萨满教和新萨满教形式的异同，就不用心存偏见地臆断哪个萨满教是真的、哪个是新的这样的问题。同时，他还提醒众多研究者"将所有的新萨满教看作一模一样、毫无差别的，那不仅仅是误导更是无知"④。胡尔特克兰茨指出，核心萨满教是传统萨满教的偏离，萨满教研究的主要任务应该是考察传统的萨满教，不管它是发生在传统社会还是现代社会："在当今社会，有种充满活力的新运动，即一种以现代疗法试图综合萨满教的认识。

---

① 米哈里·霍帕尔：《重新发现萨满文化遗产》，苑杰译，未刊本。

② Kocku von Stuckrad, "Constructions, Normativities, Identities: Recent Studies on Shamanism and Neo-Shamanism", *Religious Studies Review*, Vol. 31 (3&4), 2005, pp. 123 – 128.

③ Ronald Hutton, *Shamans: Siberian Spirituality and Spirituality and the Western Imagination*, New York: Hambledon and London, 2001, p. 159.

④ Wallis, Robert J., *Shamans/ Neo-shamans: Ecstasy, Alternative Archaeologies and Contemporary Pagans*, London: Routledge, 2003, p. 228.

这里我指的是迈克·哈纳的、著名的新型萨满教。这种全球化的运动已经偏离了经典的萨满教。正如哈纳指出的那样，（核心萨满教的）萨满并不能代表当事人担当其去他界‘旅行’的任务，但是在核心萨满教导师的指导下，当事人可以通过自己去他界‘旅行’，成为自己的萨满。”①

当然，也有学者对西方新出现的这种萨满教持否定、批判态度，认为它就是一种退化的、资本化的、混杂的快餐式宗教；或者直接批评其为假的萨满教，即借以萨满教之名，实质是“兜售土著的灵性”的商业性活动，从事这些活动的人被称为伪巫医（plastic medicine men）。这些人既包括人类学学者卡斯塔尼达，也包括作家杰伊·马克（Jay Marks）、鲁斯·毕比·希尔（Ruth Beebe Hill）等，还囊括了以萨满工作坊名义赚取钱财和售卖土著仪式获得暴利的人。沃德·邱吉尔（Ward Churchill）直接将这种西方新型萨满教视为近20年来美国兴起的一种新产业：“可以称它为美国印第安人的灵性产业……西方大众接受了盗版的印第安灵性主义，正宗的确遭到了拒绝。”② 爱丽丝·贝克·基欧（Alice Beck Kehoe）也持类似看法，认为“出售萨满的旅行是件可赚上百万英镑的大生意。像迈克·哈纳这样的销售商还能声称自己是为了帮助修习者实现与神灵的沟通、治疗疾病、探悉宇宙知识，但是其他很多卖方却完全是以赚钱为目的”③。

还有一些学者认为，流行于西方社会的这种萨满教只是一种修行方式，而不是宗教，核心萨满教创建者哈纳本人就持这种观点。他声称核心萨满教是“一种为个人提供了自我修行的方法论，而不

① Hultkrantz, Åke, "Introductory Remarks on the Study of Shamanism", *Shaman*, Vol. 1, No. 1, 1993, p. 14.

② Graham Harvey, *Shamanism: A Reader*, London: Routledge Press, 2009, pp. 324 – 325.

③ Alice Beck Kehoe, *Shamans and Religion. An Anthropological Exploration in Critical Thinking*, Milwauk-ee: Waveland Press Waveland Press, 2000, p. 81.

是一种宗教……实践者自己并没有自称是萨满……它是一种民主的灵性修行方法，因为它是完全个人化的、不用顾及其他中心权威的力量”[①]。瑞典当代萨满教的研究者戈琳娜·林德威斯特（Galina Lindquist）也否认这种新萨满教是一种宗教，因为它没有固定的教义。[②]

3. 魅力何在

这种新型的萨满教为什么能在西方拥有很大的市场，这是很多学者在思考的问题。戈琳娜·林德威斯特通过对瑞典的田野调查，将其原因归结为以下几点：第一，与萨满教的宇宙观有关，即萨满教世界中的万物相互联系、彼此平等；第二，这是一种所谓的民主的灵性方式，个人可以直接体验并接触灵界，与制度性、集体性的宗教得以区别；第三，它为想拥有神秘力量的个人提供了自我实现的方式；第四，它可以对西方人现在关注的生存、和平和环境等问题提供灵性的答案；第五，它是瑞典传统灵性主义复苏、瑞典人文化寻根的结果。[③] 汉妮克·明克坚（Hanneke Minkjan）调查并分析了荷兰当代社会中的萨满教信仰者，结果表明：在荷兰社会，人们在心理和生命存在等方面有许多困惑，试图借助新萨满教这种灵性方式来解答个体存在性的恐惧和心灵本身等一些问题。[④] 提姆·伯克特（Tim Burkett）通过对在哈纳工作坊学习核心萨满教的人员进行访谈，试图回答核心萨满教如何作用于他们。调查结果与汉妮克·明克坚对荷兰人的调查结果相似：实践者认为借用萨满旅行比只凭想象更容易解决问题，他们并不纠结于萨满式灵性体验过程中

---

① Michael Harner, The Need for a Spirituality Focused on Healing: Free of Politics, http://www.shamanism.org/articles/article04.html.

② Galina Lindquist, *Shamanic Performances on the Urban Scene: Neo-Shamanism in Contemporary Sweden*, Stockholm: Gotab, 1997, p. 24.

③ Ibid..

④ Hanneke Minkjan, "Seeking Guidance from the Spirits: Neo-shamanic Divination Rituals in Modern Dutch Society", *Social Compass*, Vol. 55, No. 1, 2008, pp. 54 - 65.

的逻辑是否合理，而是看重它对他们的生活赋予了意义。[①]

一些学者则认为，这种萨满教吸引西方人的原因在于，它本身就是西方人自己的想象和建构的结果，是隐喻性、“被发明”的信仰和实践，代表作可见《原始之美：萨满教和西方的想象》[②] 和《萨满教：西伯利亚的灵性与西方的想象》[③]。罗纳德·赫顿在《萨满教：西伯利亚的灵性与西方的想象》一书开篇写道，“20 世纪七十年代以来，‘萨满教’一词已经变成西方人类学家、宗教研究者和反主流文化团体关注的热点”。在该书中，赫顿试图回答西方学者为什么和是怎样建构萨满教的。全书分为三章，分别为：为什么我们认为自己了解萨满教、我们到底知道关于萨满教的多少知识以及萨满教世界中的西伯利亚。在最后部分，作者指出萨满教的焦点已经从广袤、神秘的西伯利亚本土转移到美国本土，但是西伯利亚的萨满教仍然为西方新萨满教提供着灵感源泉。他的最终答案是，西方人对萨满教的认识建立在自我想象和不断建构的基础之上，所谓的西方新萨满教不过是美国人对萨满教的想象和建构的继续。

（二）国内研究现状

国内学者开始关注西方新萨满教是近十年的事情。中国社会科学院的孟慧英教授因为长期以来致力于萨满教研究，并有在欧美等多国访学的经历，所以她是最早关注西方新萨满教的国内学者。在《美国的新萨满教》一文中，她最早探讨了西方新萨满教之一的核心萨满教。[④] 之后，在《尘封的偶像——萨满教观念研究》等著作中，她强调了核心萨满教对萨满教研究的重要性：“萨满神媒职责

① Tim Burkett, “A Psychological Inquiry into Neoshamanic Practice”, *ReVision*, Vol. 27, No. 3, 2005.

② Andrei A. Znamenski, *The Beauty of the Primitive: Shamanism and Western Imagination*, Oxford and New York:: Oxford University Press, 2007.

③ Ronald Hutton, *Shamans: Siberian Spirituality and the Western Imagination*, New York: Hambledon and London, 2001.

④ 孟慧英：《美国的新萨满教》，《人类学与民俗学》1994 年第 2 期。

与治病技术在新萨满教中的复活，使人不能不将研究的视野推向新领域……新萨满教促使人类学者重新面对萨满的实践和他们的作用。”① 在《试论西方萨满教研究的变迁》一文中，她指出，萨满教在西方学术界经历了魔鬼化、骗子化、精神病理学化、理想化等认识变迁，其中，西方新萨满教处于西方萨满教的理想化阶段。同时，她认为在这一阶段，西方人并非想要复原和实践纯粹的传统萨满教，而是要在其中提取最普遍、最吸引人的东西：“他们把萨满教转化为一种完全的个人实践，去分享这种古代智慧。我们从中看到的是一种萨满教传统的进化。”② 除此之外，她编辑的《萨满文化研究信息与情报选辑》等书，也收集了与西方新萨满教相关的信息。③ 郭淑云教授是近年来开始关注西方新萨满教的学者。她围绕“出神”“脱魂”等萨满现象，借鉴西方新萨满教的研究成果来研究中国北方传统的萨满教。同时，她编译的《域外萨满学文集》《意识变异形态与萨满教》等著作中，也有与西方新萨满教相关的信息。④

另外，金泽和何其敏教授翻译的《宗教人类学导论》一书也简短地介绍了西方新萨满教。原作者菲奥纳·鲍伊称其为“工业化西方的萨满教”，指出卡斯塔尼达式和哈纳式萨满教在西方赢得众多信众的原因在于：将包括“新时代”思想、精神分析学的实践、寻根和探寻古代智慧、追寻异国浪漫情调在内的大众文化口味成功地

① 孟慧英：《尘封的偶像——萨满教观念研究》，北京出版社 2000 年版，第 44—48 页。孟慧英主编：《原始宗教与萨满教卷》，民族出版社 2008 年版，第 106 页。

② 孟慧英：《试论西方萨满教研究的变迁》，《世界宗教文化》2011 年第 6 期。

③ 孟慧英等编：《萨满文化研究信息与情报选辑》，吉林文史出版社 2009 年版。

④ ［美］迈克·哈纳、山德·哈纳：《萨满文化解读》《萨满医疗的核心实践》，郭淑云译，吉林人民出版社 2003 年版。［匈］米哈伊·霍帕尔：《世纪之交的萨满教研究》，郭淑云译，《满语研究》2002 年第 2 期。［美］迈克·哈纳：《意识变异形态与萨满教》，郭淑云译，《蒙古学信息》2003 年第 1 期。郭淑云、沈占春主编：《域外萨满学文集》，学苑出版社 2010 年版。

结合在一起①。

除上述学者之外，在《傩、萨满、瑜伽》《新萨满主义与西方的寻根文学——从“唐望故事”到〈塞莱斯廷预言〉》等著述中，叶舒宪教授从文学人类学的角度出发对西方新萨满教进行了解读。②这些学者都是国内研究西方新萨满教披荆斩棘的先行者。

四 研究思路与方法

（一）研究思路

西方对萨满教的认识是一个漫长的过程，历经数百年。每一次的认识变化都与西方社会自身的社会文化思潮有着密切的关系。西方新萨满教之所以能够被西方人接受，建立在他们对萨满教的认识之上。所以，首先，本书跨越时光之旅，追溯西方新萨满教流行于西方社会之前萨满（教）在西方社会的形象变迁。

其次，西方新萨满教产生于20世纪70年代的美国，然后以此为中心迅速向其他国家传播，这与当时美国特殊的社会危机有着密切的关系。所以，有必要对当时的社会情境做一番考察。

最后，就现有的西方新萨满教培训团体来讲，林林总总，非常繁多，不可能一一考察。所以，对它们进行类型归纳和选择典型个案考察是非常有必要的。清楚认识西方新萨满教的不同类型，是认识西方新萨满教的关键所在。

西方新萨满教虽然是西方工业社会的产物，但是它已经对传统的萨满（地区）产生了重要的影响。在一些传统萨满文化几近消失的地区，西方新萨满教特别是核心萨满教被引进或嫁接在本

---

① ［英］菲奥纳·鲍伊：《宗教人类学导论》，金泽、何其敏译，中国人民大学出版社2004年版，第238—242页。

② 叶舒宪：《神话意象》，北京大学出版社2007年版，第136—138页；叶舒宪：《傩、萨满、瑜伽》，《吉林师范大学学报》2005年第4期；叶舒宪：《新萨满主义与西方的寻根文学——从“唐望故事”到〈塞莱斯廷预言〉》，《东方丛刊》2002年第4卷。

土文化之上，对西方新萨满教的文化植入结果亦有必要做一番思考。

（二）研究方法

本书的研究对象是一个发生在西方社会的文化现象，最大的困难和问题是因地域限制而不能前往第一线做田野调查。所以，研究主要依靠文献资料进行，主要是英文论文。文献资料分为两种：一种是西方学者对西方新萨满教的研究著述和西方各国报纸上的有关报道、评论；另一种是西方新萨满教实践者发表的文章和体验感受。前者是“在场者”从不同的学科、领域出发对西方新萨满教所做的探讨，提出了许多富有启示和借鉴意义的真知灼见，对本书具有重要的参考价值；后者是实践者本人的亲身感受，主要见于西方新萨满教工作坊的宣传手册和网站等。笔者尽量收集实践者发表的言论并对其进行甄别，以此了解他们的情况及其参与动机、目的、体验结果等。

（三）创新之处

就研究内容而言，它填补了国内空白。国内学者对传统萨满教的研究已经取得了巨大的成绩，但是对萨满教的新形式——西方新萨满教研究的学者稀少，只有孟慧英介绍过核心萨满教，郭淑云、金泽、何其敏分别在编辑《域外萨满学文集》和翻译的《宗教人类学导论》中提供了少量相关信息，还没有人做过系统的梳理和综合研究。本书是对这一学术领域的有益尝试。

该研究的创新、突出特色还表现在对西方新萨满教的历史追溯和现实类型展示上。在萨满教的认识史和研究史上，西方民众和学界经历了漫长的过程：从低劣的骗子、可笑的迷信到具有普世价值的人类灵性技术，从原始的信仰到后现代个人化宗教。可以说，对萨满教的认识、研究，一直没有脱离各种冲突性认识的冲撞。萨满教研究史上每一种认识的发生和发展，都有其必然的社会历史及思想文化基础。所以，该研究首先将萨满教“重新放置”到其发生的历史情境、社会政治和思想潮流背景中进行理解，追溯新萨满教流行于西方社会之前传统萨满（教）在西方社会的形象变迁。然后，就西方新萨满教发生的社会情境进行考察，发现它与西方社会20世纪五六十年代以来所经历的反正统文化运动、新时代运动、寻根思潮等多种文化潮流密切相关。认清新萨满教发生的背景、原因之后，本书展开了对西方新萨满教类型的考察。为了更清楚地区分不同类型的西方新萨满教的差异，本书从实践者和实践内容两方面出发，将西方新萨满教划分为四种类型：核心萨满教、伪印第安人新萨满教、白人新萨满教、青少年锐舞电子萨满教，并针对每种类型的西方新萨满教选取典型个案进行阐述。通过以上的抛砖引玉工作，以后的研究者可在对西方新萨满教基本的历史走向和表现类别上获得研究路径，从而进行更深入的研究。

除此之外，本书不仅考察了西方各种新萨满教实践的当下价值，以及这种价值表现出的对传统萨满教元素的利用取向和不同展现方式，同时还注意到，西方新萨满教虽然是西方工业社会的产物，但它已经对传统的萨满社会产生了重要的影响。

当然，本书也存在一定的欠缺。本书的研究对象是一个发生在西方的文化现象，最大的困难和不足就是很难前往第一线做田野调查，主要依靠文献资料进行研究。为了弥补这一不足，研究者尽量收集见于各西方新萨满教工作室宣传手册、网站等上面实践者发表的文章和体验感受，并对其进行甄别，以此了解他们的情况及其参与动机、目的、体验结果等。

此外，本书所做的工作是基础性地对西方新萨满教的认识，而它处于持续发展、变化之中，所以研究者应该继续密切关注它的变化情况。

第二章

16—20世纪中叶西方视野中的萨满（教）形象

随着西方新萨满教在都市的流行，很多西方人对萨满教并不陌生，并通过实践萨满教，试图达到心灵自我完善、补充治疗的目的。但是，从16世纪到20世纪中叶长达五个多世纪的漫长岁月中，萨满（教）在西方社会经历了艰难的历程：从将萨满标签化为魔鬼的代理人、荒谬的骗子再到土著巫医、精神错乱者、心理疗伤者等；将萨满教视为异教邪端、低级宗教到充满灵性之美的原始宗教。西方对萨满（教）的每一次认识转化，都与西方社会自身的文化思潮、学术变化有着密切的关系。本章正是跨越时光之旅，追溯西方新萨满教流行于西方社会之前萨满（教）在西方社会的形象变迁。

第一节　16—18世纪：异教、魔鬼、骗子

一　16—17世纪基督教王国来客眼中的异教徒与魔鬼代理人

15世纪，欧洲开始对外探险，对人类历史产生巨大而深远影响的事件就是西班牙人哥伦布新航路的开辟以及随之而来的世界海

路的被打通。从此，世界各地区间隔绝、闭塞的状态被打破。新航路的开辟，使欧洲人大开眼界的同时，也强烈刺激了他们的海外殖民掠夺意识。为了寻找更多的黄金、白银和香料等名贵产品，欧洲国家纷纷加入海外探险。在探险中，他们遭遇到非基督教信仰的萨满信仰群体。

在基督教的信条中，虽然巫术是一种罪大恶极的活动，但是在相当长的时间中，基督教教廷并没有对巫术进行严厉的制裁。自 15 世纪中期起，由于欧洲社会处于瘟疫横行、政治混乱、宗教纷争之中，艰难的生活和恶劣的处境使人们产生了恐怖的幻想。与此同时，欧洲教会将巫术和挑战教廷权威的异端联系在一起，对巫术的态度发生了巨大的变化，将巫术活动视为十恶不赦的犯罪。由此，"邪恶化"的巫术实施主体者巫师的形象被拟构出来，即他们是一群将灵魂交给魔鬼撒旦并效力于他的人，专门从事邪恶之事。他们会用催情药和毒药膏向他人下毒致病；他们带来闪电、暴风骤雨和瘟疫，毁坏葡萄园和牲畜群，从母亲手中夺过幼童，然后将他们烧死或者用婴儿炼制飞行油膏涂抹在身上，骑上扫帚去参加恶魔集会。1484 年，教皇英诺森八世颁布通谕，谴责巫术迷信，正式提出对施展魔法和巫术的人给予制裁。之后，德国宗教裁判所审判官员雅各布·施普伦格又出版了审判巫师的"圣经"——《女巫之槌》，将猎巫运动推向高潮。从 15 世纪末起，整个欧洲都被巫术大恐慌的氛围所笼罩。浸染在巫术恐慌中的欧洲人，头脑中被灌输着这样的观念：那些唤醒神灵的巫师召唤的都是魔王撒旦统治下的恶灵（因为天使和圣徒等善灵只能祈求不能被胁迫召唤），但是最终这些巫师反被撒旦强大的力量所控制，成为受制于它的人，即撒旦的仆人。

16 世纪前期，欧洲发生了宗教改革运动，路德教、加尔文教、再洗礼派等新教兴起。一方面，原天主教积极地进行内部调整，以对抗新教在欧洲的发展；另一方面，为了扩大其影响，它派出了大量的神父向世界其他地区传教。所以，在欧洲各国向外探险、殖民的队伍中，传教士的身影随处可见。法国安德烈·塞维特神父和安托万·毕尔特神父就是他们中的一员。这些来自基督教国度的白人到达美洲时，遭遇了来自土著信仰方面的极大文化震惊，发现这里竟然有一群不信仰上帝的人。当安德烈·塞维特神父看到图皮南巴人中被称为帕该（pagé）的人和安托万·毕尔特观察到法属圭亚那的加勒比地区的皮阿耶斯（piayés）时，恪守基督教信仰和天职的神父们对这些“异教徒”发出深恶痛绝的批判：“他们是如此远离真理，越过他们从恶灵那里受到的烦扰和他们梦想的错误——如此的没有理智，以至于他们通过叫作帕该的魔鬼的主人而崇拜魔王”，“这些异教徒盲目的可悲，他们是真正的恶魔忏悔者，恶魔使他们还活着的时候就提前遭受到地狱中的折磨”。[①] 对于土著的神职人员，这两位神父认为因为他们试图获悉自然界的奥秘，而“这些秘密是上帝留给自己的，这样的好奇心代表着一种不完美的判断、无知以及好的宗教的缺失。所以，应该对他们处以极刑”[②]。

对待非基督教的信仰时，当时的一些学者也与牧师们保持了高度一致的态度。《穿越时光的萨满——通往知识的五百年之旅》收录了西班牙的历史学家和航海家奥维耶多发表于 1535 年的一篇文章。在这篇文章中，奥维耶多描述了自己在西班牙殖民地伊斯帕尼奥拉岛遭遇的印第安萨满信仰。他注意到当地人崇拜一种叫塞米的神灵，有一位被当地人崇拜的老者是人与塞米神沟通的中介，他通过吸食烟草让神灵附体与之交流，并向他祈求雨水、丰产和战争的胜利。这个西班牙人称呼塞米神为魔鬼，非常厌恶地写道：“我对

① Jeremy Narby and Francis Huxley (eds.), *Shamans Through Time*: 500 *Years on the Path to Knowledge*, New York: J. P. Tarcher/Putnam, 2000, p. 12.

② Ibid., p. 15.

于印第安人沉迷于错误当中并不感到震惊，他们还犯了其他错误：比如他们不知道全能的上帝，却信仰那些有各种形象和形式的魔鬼……有一个印第安老人，他根据人们的期待或者就人们跟他协商的问题作以回答，人们相信魔王可以附体在他身上并且借他之口说话，仿佛魔王就是他的主人。”①

“萨满”一词第一次出现在出版物上是 1672 年，是俄国的一个东正教保守派领袖阿瓦库姆·彼德罗维奇（Avvakum Petrovich）在自传中提到的。这个俄国人因为在反对国内东正教改革的斗争中失败被沙皇流放到西伯利亚，并在那里度过了 14 年。他在自传中叙述了当地人向萨满请求神谕和萨满作法请神附体的过程。当观察到萨满通过疯狂的舞蹈、歇斯底里的尖叫召唤神灵时，他认为他们是在召唤魔鬼。当一些俄国的远征队员请求萨满赐予他们好运，使他们能够凯旋并带回巨额的财富时，他痛心疾首，深深自责，认为自己不是个好牧师，让那些邪恶的魔鬼迷惑了信徒的心，从而使他们失去上帝的爱。

尽管现有的文献资料中关于 16—17 世纪西方人对萨满（教）看法的记录寥寥，但也可以从中管窥一二：在这些来自基督教王国的人眼中，萨满就是撒旦的人间代理人，萨满信仰者就是“罪大恶极”的异教恶灵崇拜。

二 18 世纪启蒙主义者眼中的理性之敌与退化的宗教

（一）启蒙主义者眼中的理性之敌、骗子

18 世纪，巫术大迫害在欧洲逐渐淡去，启蒙主义兴起。启蒙主义者倡导知识、理性和进步，他们对宗教教义和神学思想予以激烈的否定，对教会及其神职人员予以批判。当来自欧洲的启蒙主义

① Jeremy Narby and Francis Huxley（eds.），*Shamans Through Time*：500 *Years on the Path to Knowledge*，New York：J. P. Tarcher/Putnam，2000，p. 12.

者对西伯利亚、美洲等地的萨满进行考察时，他们不同于前人，反对将萨满看作“魔鬼的代理人”。在他们中大多数人的眼中，萨满的仪式活动不过是欺骗性的表演或魔术，而萨满是低劣的魔法师或者荒谬的骗子，土著信仰者则是被他们所蒙蔽的人。在理性、进步观念的影响下，他们试图揭开萨满（教）的真相。这一时期，西伯利亚等地的萨满降神、入迷等仪式被详细地记录下来。法国人约瑟芬·弗朗索瓦·拉斐托对北美的易洛魁人和木伦人进行了考察，他对当地人深信的萨满超能力（如吞火、在燃烧的炭火上走过却不会被烧伤、将长长的木头吞进嗓子里、被刀砍却不觉得疼痛）充满怀疑。观察萨满作法后，他指出，所谓的萨满超能力就是萨满熟练地使用某些技巧，借助工具制作出来的特殊效果，类似于魔法师的表演。苏格兰外科医生约翰·贝利（John Bell）于1720年在西伯利亚西南部发现当地说突厥语的人中有很多萨满。他和他的同伴见到了当地一个著名的、年轻的女萨满。这位女萨满给他们看了她的仪式神器：被丝绸包裹的木质神偶和装饰着铜片、铁铃铛、彩色布条的萨满鼓，并邀请他们观看萨满仪式。贝利看到这位女萨满击起鼓，唱起神歌，抖动着衣服上的铃铛，嘶喊着、跳跃着直到面色通红，口吐白沫，之后，她歇斯底里地召唤她的精灵附体。她用匕首刺进自己的身体，然后声称自己用神力止住了血，从而赢得了当地人的膜拜。在贝利看来，萨满的行为只不过是类似小丑的杂耍表演，极其滑稽可笑。德国化学和植物学教授约翰·乔治（Johann Georgi）曾在西伯利亚地区探险，他将萨满的行为视为骗术。为了将他所谓的“骗术”揭露于众，他付费让萨满进行表演，最后愤恨地说：“最后我们确信这一切都是骗局，我们从心底里希望把他们流放到银矿去，让他们以终生劳作为代价为他们的所作所为偿还。”[①] 更

① Jeremy Narby and Francis Huxley (eds.), *Shamans Through Time: 500 Years on the Path to Knowledge*, New York: J. P. Tarcher/Putnam, 2000, p. 28.

有甚者，在殖民地，一些来自西方的启蒙主义者经常利用职权之便随意愚弄、羞辱萨满，让人用刀子划破他们的神服，逼迫他们签写自己是骗子的供罪状。如果有人稍有反抗，他们的神服和萨满鼓就会被没收。启蒙主义的理性论本质上是用来对抗基督教神学统治的利器。当启蒙主义者面对所谓的边缘性的"他者"时，对抗蒙昧神秘主义的勇气与欧洲文化中心的优越感便会被激发出来。他们将在西伯利亚观察到的萨满现象视为一种蒙昧、落后的行为，以一种高傲、蔑视的态度对其横加指责，称萨满为招摇撞骗的人，其行为荒诞不经，手法极其低劣。

16 世纪中叶之前，俄国人对西伯利亚几乎是一无所知的。但是，自从 1558 年沙皇授意土匪头子耶尔马克带领军队侵占西伯利亚开始，沙俄势力就通过屠杀的方式不断向东扩张，西伯利亚最终成为沙俄帝国疆域的一部分。为了更好地统治这片辽阔土地，了解这里的自然资源和人文情况，沙皇多次向此地派遣探险队。俄国政府于 18 世纪 30 年代组织的包括各方面人员在内的考察就是其中较大的一次，时间长达十年。在此过程中，植物学家史蒂芬·斯特尼科夫·加克拉舍宁尼科夫（Stephen Sitnikov Krasheninkov）在西伯利亚东部堪察加半岛考察时遇到了一名备受当地人敬重的萨满。观看了这个萨满的仪式之后，史蒂芬声称，"那只是一个拙劣的表演"。他这样写道："他用刀刺自己的肚子并且喝下流出来的血，但是他做这件事的时候显得非常笨拙，只有那些看不透这样笨拙的骗局的人才会迷失在这种迷信当中。他在下跪的同时就开始击鼓，在将刀子刺进肚皮后，他按压假设的伤口让其流血，他把手放在长袍的下面，再把手拿出来的时候手上就沾满了血，然后他再舔自己的手指。我在看他表演的时候，忍不住因为这拙劣的诡计而发笑。"①

① Jeremy Narby and Francis Huxley（eds.）, *Shamans Through Time*: 500 *Years on the Path to Knowledge*, New York: J. P. Tarcher/Putnam, 2000, p. 38.

另一位俄国语言学家卡斯特琳（Gastren）这么记述他们在西伯利亚地区观察的萨满。他写下了一段文字："在任何一种萨满的诡计中，他们都是很熟练的，善于用这种诡计来迷惑一群愚民，并且引起他们对自己的虔诚的信仰。托木斯克州萨满的最普通的诡计之一就是玩弄下列戏法：他们用这种戏法来使俄罗斯人和萨莫耶德人吃惊。他们坐在一张铺在地中央的干鹿皮上，让在场的人把他的手脚捆上，关上百叶窗。此后，他就开始召唤为他服务的神灵，在黑暗的角落里突然暴露出了他们的秘密聚会。从不同的方面，从帐幕的内外发出了各种声音，好像听到鹿皮上发出了均匀的撕裂声和鼓声。在屋子里，熊在吼叫，蛇在沙沙地爬行，松鼠在跳跃。最后，这全都停止了，而在场的人们都焦急地等待着表演结果。过几分钟，那位巫师就自由自在无束无缚地从外面走进了帐幕。谁也不怀疑，在帐幕中吼叫、沙沙地爬行和跳跃的，就是神灵，也就是他们把巫师从绳索中解放了出来并通过隐蔽的途径把他领出了帐幕。"① 当这些科考队成员将自己在西伯利亚的所见所闻报告给沙皇彼得大帝时，这位俄帝国的最高统治者立刻要求西伯利亚总督寻找三四名当地萨满并送到莫斯科，甚至恐吓"如若不按命令行事，将受到最严厉的惩罚"。沙皇是想通过这些异邦"稀奇的玩样"展示出帝国的地大物博，只是第一次探险队送去的并不是萨满而是几名普通的土著。在帝国宫廷，几名土著被当作弄臣、小丑来取乐皇室。不久，为了组成"文身小丑队伍"，这位帝国统治者再次要求西伯利亚总督进贡几名萨满，并强调让他们带上萨满服和萨满鼓。很快，24 名萨满被作为贡品进献给了沙皇。之后，俄帝国宫廷里不断地填充着来自西伯利亚各部落的萨满。在俄帝国的历史上，被尊称为"大帝"的除了沙皇彼得一世之外，还有一位便是女沙皇叶卡捷琳娜二世。

① ［英］爱德华·泰勒：《原始文化》，连树声译，上海文艺出版社 1992 年版，第 162—163 页。

伏尔泰曾用“欧洲上空最耀眼的明星”来形容这位女沙皇。她对启蒙思想充满激情，经常与狄德罗、费雷德里克等人进行思想交流。她认为，国家的统治应该是理性与现代性并举，希望启蒙之光普照俄帝国的每个角落。所以，她在统治时期大量地派遣探险队对所谓的“蛮荒”之地进行考察。西伯利亚的萨满信仰在她看来就是理性之敌。她建议狄德罗等考察者不要过多关注各地萨满现象的差异，而是专注于它是如何的荒诞不经并拆穿它们。此外，她还写了一部关于贬损萨满的戏剧，并在皇家大剧院公映，以这种形式表明她对抗非理性的决心。

同一时代，也有一小部分观察者开始对萨满行为进行更深层次的思考。如佐耶夫（Zuev）注意到了所谓萨满的两大特征：疯狂和恐惧感。在萨满降神会上，他目睹了萨满突然发作，抽搐起来，毫无征兆地袭击他人，或毁坏身边的东西，指出这就是所谓的“北极的”症状。但是，因为时代的原因，当时的人们还不能解释这种现象发生在北极地区的原因。佐耶夫猜想，这可能跟这里的人体质很差、智商不高有关。最终，他认定这种歇斯底里症状是某种疾病，生活在北极圈的人们都有可能患有这种疾病，只是萨满患病最为严重。德国博物家学彼得·西蒙·帕拉斯（Peter Simon Pallas）进一步对“北极的歇斯底里症状”做出思考。他指出，出现这种症状是身体过度兴奋以至于大脑张力过大造成的。此外，他认为，特殊的气候环境、职业要求、“迷信”影响下扭曲的想象，都对此有一定的影响。约翰·戈林对萨满及其信仰者的心理充满好奇，认为西伯利亚地区的歇斯底里症状与当地的恶劣气候、独特的地形地貌对人体的神经系统的影响有很大关系。在他的眼中，萨满有几分像狂热的祭司和魔术师的混合。但是，他相信萨满的智商高于一般人，在某些时候会对信众有所帮助，所以很容易取得人们的信赖，也通过这种手段为自己赢得了一些小礼物。萨满之死也是戈林特别关注的一个现象。他注意到几乎没有萨满会自杀，他们一般都会壮烈地死去。戈林指出，这是萨满为了部落、家族的福利尽其终生所能去调和恶灵和善灵，他们这样做的目的是活着的时候受到人们的崇拜，死后成圣永享祭祀。[①]

（二）作为远方高级古典文明退化的萨满教

18 世纪晚期，一些西方学者开始探讨萨满教的起源问题，普遍认为它来源于某个高级的古典文明，原因是生性蛮昧的西伯利亚土著居民不可能创造出自己的宗教，不得不从古典文明中借鉴。在俄国科学院供职的德国人米勒（Muller）看到萨满教和印度教同为多神崇拜，所以他推断印度是萨满教的摇篮。他提出，萨满教自从印度产生后逐渐向亚洲传播，之后扩散到欧洲的斯堪的纳维亚半岛，最终到达北美印第安人那里。对此，他的解释是：萨满教最早的信仰者应该是印度最古老的原住民，这些人被后来的婆罗门种姓驱逐出自己的国家，分散到亚洲各地。这种古老的宗教也随着他们被带到亚洲各地，逐渐地与当地的信仰结合。最终，这种来自印度、历史悠久的高尚智慧在西伯利亚地区堕落为一种粗俗的骗人把戏——萨满教。戈林也认为萨满教是由某种经典东方信仰退化而来，原因在于战争、人口迁徙和缺乏教育的且愚昧的神职人员的错误解释，以至于使萨满教堕落成一种令人厌恶的偶像崇拜和盲目迷信。[②] 波兰人路德维克·尼埃莫约夫斯基（Ludwik Niemojowski）在西伯利亚地区探险期间目睹了萨满降神仪式，提出萨满教发端于东南亚某地，很可能是佛教和婆罗门教的退变。在他看来，佛教、婆罗门教以“坚忍、行善”为宗旨，所以在它们向外传播的过程排挤出其中血腥和巫术的内

---

① Gloria Flaherty, *Shamanism and the Eighteenth Century*, Princeton: Princeton University Press, 1992, pp. 85 – 94.

② Adrei A. Znamenski, *The Beauty of the Primitive: Shamanism and the Western Imagination*, New York: Oxford University Press, 2007, p. 12.

容，这部分内容集结起来就形成了萨满教。由于萨满教过于黑暗，最终被排挤到亚欧大陆冰天雪地、荒无人烟之地，并很快被那里的“野蛮人”接受。

萨满教起源的话题持续了很长一段时间，直到 19 世纪早期，一批俄国学者仍乐此不疲。尼基塔·比丘林断定西伯利亚萨满教是亚洲佛教的变种，因为只是凭借口头传说来学习萨满教仪式，再加上他们的蒙昧无知，必然不可避免地用他们粗劣的创新和附加来扭曲仪式。另一名俄国学者扎瓦利申注意到阿尔泰地区的萨满通晓藏地的佛教治疗和药物传说，推断其起源与藏传佛教有关，进而将当地的萨满教与印度甚至埃及联系起来。

值得一提的是，面对欧洲人将萨满教视为某些外来宗教的堕落和将萨满视为骗子，西伯利亚的土著学者布里亚特人多吉·班扎罗夫（Dorji Banzarov）予以坚决的回击。在《蒙古人的黑暗信仰或萨满教》中，他坚持所谓的萨满教（至少是在蒙古地区）不是从佛教或别的信仰中派生出来的“私生子”，也不是所谓的迷信，萨满更不是为中饱私囊而招摇撞骗之人，萨满教就是西伯利亚地区土生土长的宗教。

第二节　19 世纪：自然之子、文化残存

一　浪漫主义眼中的自然之子

18 世纪晚期，工业革命在英国兴起，并迅速地向欧洲其他国家扩展。它的直接后果就是，以蒸汽为主要动力的工厂式机器生产取代了之前的个体或者小团体以体力为主的手工劳作方式，社会生产力得到极大的发展。生产方式的巨变引起影响深远的社会变革：西方各国人口迅猛增长，并以工厂为中心快速向城市集中，最终现代城市文明取代了传统乡土社会的农业文明。毫无疑问，工业革命

带来的巨大影响是物质利益，但是它也破坏了长久以来形成的深厚的传统生存方式和文化标准，工具理性、官僚科层化以及唯科学主义的普遍蔓延造成对人的存在的新的宰制。这些使人与人、人与自然处于一种脆弱的联系，缺乏稳定性和安全感。同时，在工业化和城市化的进程中，诸如城市人口不断膨胀、住房拥挤不堪、贫富极端分化、环境污染严重、物质享乐思想至上等社会弊端也随之而来。工业革命“双刃剑”带来的悲喜共存的现代性，使西方人开始反思。正如卡林内斯库指出的那样：“无法确言从什么时候开始人们可以说存在着两种截然不同却又剧烈冲突的现代性。可以肯定的是，在 19 世纪上半叶的某个时候，现代性分裂成了两个不可逆转的类型，一种是作为西方文明的一个历史阶段的现代性，它是科技进步、工业革命以及资本主义所带来的社会经济的迅速变化的产物；另一种就是审美观念的现代性。从那时起，两种现代性就处于不可调和的敌对状态中，但是为了毁灭对方，两种现代性必然会产生一系列的互相影响。”[①] “另一种审美观念的现代性”，则表现为对资产阶级现代性公开的拒斥和强烈的否定，对其社会价值标准的厌恶。这种情愫从一产生就一直伴随着西方社会，对后来的西方新萨满教的产生埋下了伏笔。

浪漫主义是卡林内斯库所言的后一种现代性的代表。怀有浪漫主义思想的人们之所以对现代文明采取一种叛逆姿态，正是“由于他们觉得声势浩大的世俗化和理性化浪潮在宽宏无度的许诺和兑现物质进步奇迹的同时，又使人们丧失了一种原本具有的质朴、圣洁与清纯”[②]。所以，他们推崇自然，希望剥离所谓的文明社会加诸人类身体上的负担和伪装，去除现代人私欲膨胀过度功利性地追求个

① ［美］马泰·卡林内斯库：《现代性的五副面孔：现代主义、先锋派、颓废、媚俗艺术、后现代主义》，顾爱彬等译，商务印书馆 2002 年版，第 47—48 页。

② 赵枫：《自然之境：浪漫主义的价值追求》，《南京社会科学》1995 年第 12 期。

人物质利益的状态，重新回归原初率真、纯朴的人性之美。正是基于上述基调，与启蒙主义者不同，浪漫主义者不再将“原始人”贬斥为愚昧、幼稚，而是将他们理想化为完美的自然人。尽管他们物质贫困，生活简约，但是却没有被现代文明所污染，保持天性，内心充实。法国文学大师蒙田在《论生番》中描绘了这样的“野蛮人”社会：“他们没有买卖，不懂文字，没有科学，没有长官或政治家这类名称，用不着奴隶，没有贫富现象，没有契约，没有继承，没有分割，除坐食以外无所事事，只有对父母的一般偏爱，不穿衣服，不从事农业，没有金属，不用酒类或五谷。就是表示虚伪、奸诈、蒙骗、贪婪、忌妒、诽谤、饶恕等等的字眼也从来没有听到过。”[①] 蒙田笔下“高贵的野蛮人”中的所谓形象，也许最契合浪漫主义者理想中的土著。

浪漫主义还孕育了唯心主义哲学、民族主义思想。由于对18世纪的唯理论深感不满，康德当时提出世界中有两个领域——物质领域和精神领域，前一个是现象界，后一个是本体界。他指出，在可观察的物质现象界，使用笛卡儿等人的感性知觉和理性方法足以对付，但是精神的本体界中，只有通过信仰、信念和感觉才能获得。实际上，浪漫主义的唯心论想要做的是恢复启蒙主义时期要消灭的人们对宗教（尤其是上帝）的情感。民族主义是浪漫主义的另一方面。浪漫主义者几乎都是坚定的民族主义者。浪漫主义哲学家、语言学家冯·赫尔德（von Herder）坚决反对启蒙哲学对文明所做的区分，即人类存在两种截然不同的社会（一种是文化程度很高的欧洲社会，一种是野蛮人的社会），并且应该严格区别这两种社会。他甚至激情地宣称，“野蛮人”的文化是人类文明的摇篮，但现在它已经被遮蔽，应该走向“野蛮人”那里去探索。赫尔德积

① 周辅成编：《从文艺复兴到十九世纪资产阶级哲学家政治思想家有关人退主义人性论言论选样》，商务印书馆1996年版，第140页。

极地鼓吹每个有着统一语言的族群，不管其大小，都应该有属于自己的文化。而且，任何一种文化都有自身的价值，都对人类的进程有着贡献，没有一种民族的文化比其他的民族更具优越性。他还鼓励人们去发现本族古老的传统，因为在他看来，这些传统意味着本民族的历史和特性。

正是在浪漫主义思想的影响下，西方人笔下的西伯利亚、美洲等地的萨满（教）形象发生了变化。1876 年，德国人奥托·芬斯克（Otto Finsch）来到西伯利亚地区，他没有像他的启蒙主义者前辈那样将萨满（教）视为荒蛮、荒谬。在他看来，萨满教并非病态和不道德的，它受西伯利亚人美好的品性滋养，也应该受到所有教养良好的人尊敬。赫尔德本人则强烈反对将萨满视为骗子。在他看来，萨满教是一种古老的信仰，而神灵信仰和灵性体验是对人类有益的。在《人类史哲学纲要》中，赫尔德将那些信仰萨满教的土著命名为“高贵的野蛮人”，萨满教则是一种充满“魔力”的伟大艺术，因为他们展示了激情、不被理性所束缚的“自然人”状态。现在，人们因尼采的《悲剧的诞生》而熟知酒神与日神原型，但实际上转引了来自赫尔德关于酒神的资料。在尼采那里，酒神精神象征着一种悲壮、释放、用激情代替理性的如痴如醉的自然状态，就像赫尔德笔下的萨满形象。德国语言学家、突厥研究专家威廉·拉德洛夫（Wilhelm Radloff）曾在中亚、阿尔泰和西伯利亚等地收集突厥口传诗歌。在此过程中，他接触了当地的一些萨满，并对萨满仪式做过详细的记载。一次，在特勒乌特族（Teleut）中，当看到萨满疯狂地跳跃、歇斯底里地呼唤直到全身的力气用尽时突然瘫倒在地上，他不禁写道：“闪耀的篝火下，在这充满野性的场景中，我把所有的注意力集中萨满身上，几乎忘了周围人的存在。那些阿尔泰人跟我也一样深深被这场景震撼住了，都忘记将烟斗放进嘴里。

一刻钟的工夫，这里一片死寂。”[①] 在他眼中，萨满教与基督教、伊斯兰教、佛教处于同一高度，萨满也并不比其他宗教的神职人员等差，并且也是当地合法的灵性从业者和社会道德理想的承载者。

二　早期人类学眼中的遗留物

尽管浪漫主义者理想化了萨满（教），但是他们并没有将它视为“他者”的文化，而是将其看作欧洲失落的美好自然。只有当欧洲人正视“他者”的文化并注意到文化间的差异时，人类学才会诞生。正如人类学家爱德华·泰勒（Edward Tylor）对待文化的态度那样，将文化看作一个复杂的整体，包括一个族群全部的知识、信仰、艺术、法律、道德、风俗以及作为这个社会成员的个人获得的能力与习惯。同时，他指出文化是人类为使自己适应其环境和改善其生活方式的努力。伴随人类学者在西伯利亚、美洲等地的田野调查，产生了一批书写萨满文化的民族志。

尽管人类学正视了“他者”的文化，但是在对待“他者”文化的态度上也经历了贬低、肯定、反思等过程。早期的人类学者从西方中心主义视角出发，认为人类的社会、文化是一种单线进化的状态，即各民族的社会、文化都要沿着同一条路线不断地前进，都必定要经历这条路线上的每个阶段。前进意味着从低级向高级的进步，但是各个社会进化的速度有快慢之分。所以，那些进化较快的民族就处于较高的文化发展水平，那些较慢的民族就保持在较低的文化发展水平上。在他们看来，欧洲工业社会代表人类的高级发展阶段，位于进化链条上的最前方，而非欧洲的“他者”，则处于人类的低级发展阶段——野蛮或蒙昧阶段。所以，那时的欧洲人类学者持有强烈的文化优越感，“野蛮人”“低等种族”是他们常加之

① 转引自 Andrei A. Znamenski，*The Beauty of the Primitive*：*Shamanism and the Western Imagination*，New York：Oxford University Press，2007，p. 36。

于其他族群的字眼。

泰勒是进化论的代表人物之一，提出了万物有灵论。在他看来，万物有灵是宗教的最初形式，属于最低发展阶段的“野蛮人”的信仰。在《原始文化》中，他描述了印第安人、博德人、巴塔哥尼亚人、堪察加人等的萨满入迷现象，称其为“疾病性的中魔”。所谓的“中魔”，在当地人看来，即灵魂的入侵。但是，他强调中魔论只是低级文化的产物，还假设在他的时代如果还有一半人类相信这种万物有灵的鬼魅观，那么这一半人就是对最远古的祖先的信仰遗留物顽固性的继承者。在他看来，古代万物有灵观的中魔观最终会被高级文明社会的医学所识破：萨满歇斯底里的现象只不过是严重的神经错乱、痴呆、癫痫等疾病的发作。

卢伯克（John Lubbock）是泰勒同时代的另一名进化论人类学家。他认为，尽管“萨满”一词来自西伯利亚地区，但是萨满教是普遍存在的。在对宗教形式的进化研究中，卢伯克提出，人类社会宗教经历了从无神论阶段、拜物教阶段、自然崇拜或图腾崇拜阶段、萨满教阶段、神人同形论阶段到道德一神教阶段的进化过程。在萨满教阶段，萨满是唯一能够沟通人、神的中介，并且，神灵与人并不处于同一空间，只有获得了神灵的许可，萨满才能进入它的领域与其交流。他用文化残存法来解释萨满教，认为“野蛮民族”现存的萨满教信仰，实质上是人类发展过程中的遗存物，与现代文明社会无关。

第三节　20 世纪上半叶：文化的载体与精神治疗师

一　作为土著文化承载者的萨满

20 世纪初，人类学、社会学的学者们开始将宗教置于它自身产生的社会文化环境中去研究，创造了宗教—社会、宗教—文化的研究框架。在这些学者中，法国社会学奠基者涂尔干提出宗教具有突出的社会性，它是该社会事实的集体表达。所以，在他看来，学者们要做的是透过宗教的表象去发现宗教的本质。在德国社会学家西美尔看来，宗教是文化的产物，这是因为人们不得不面对来自个人和社会的诸多不解难题，人类的社会性促使他们要经常性地交流、体验。这些交流和体验最终融进宗教，并在那里找到答案。最初的宗教处于自然状态，当它发展成文化，并具有了更具精神性的东西时，它最初的秉性也变成了文化产品。此外，他还提出“宗教气质”的概念，即某个文化中注定要成为神圣者的个人身上拥有的一种内在的特殊气息。当他与神圣事物相遇时，这种气质便会散发出来。这些观点对当时的研究者产生了极大的影响。

就20世纪早期的萨满（教）研究而言，被誉为“美国人类学之父”、历史特殊论学派奠基人的博厄斯（Franz Boas）起到关键性的作用。这位犹太人学者对种族论深恶痛绝，所以决绝地反对进化论学派种族优越论和文化高低论的论调，鼓吹每个民族都有其独一无二的历史，该民族文化的形成取决于它们的社会环境和地理环境，而原始人和文明人之间的差别源于发展机遇上的差别而非种族智能的差异。

1897—1902年，美国自然历史博物馆为了收集土著的文化实物和图像以供陈列之用，开展了为期五年的杰瑟普北太平洋海岸探险（Jesup North Pacific Expedition）项目，考察涉及西伯利亚地区埃文人（Evens）、埃文克人（Evenk）、堪察加人（Kamchadal）、楚克奇人（Chuckee）、尤皮克人（Yupik）和北美的奇尔科廷人（Tsilhqotin）、海尔特斯库克人（Heiltsuk）、海达人（Haida）、夸扣特人（Kwakiutl）等多个族群。

博厄斯是这次考察的发起者和主持人。除了为博物馆收集实物资料之外，他还规划探索西伯利亚东北部与北美洲西北海岸土著文化之间的渊源关系。在他的召集下，一批俄国和美国学者积极地参与进来。他的学生和其他一些人类学学者试图通过客观地刻画某一具体族群的萨满文化，尝试深入地理解它们。

早在1883—1884年，博厄斯就对加拿大巴芬岛的因纽特人进行了为期一年的考察。在他的眼中，这些人与白人一样，其情感、价值观和缺点都建立在人类本性的基础上。就萨满文化而言，他记载了当地一种被称为tornait的小精灵，它常以人、熊或者石头的形象现身。人们相信，一个人要想成为萨满，必须得到这些精灵的认可。在他们晋升成功后，这些精灵将成为萨满治疗的得力助手。同时，他还注意到萨满在当地人精神领域的重要性，人们严格地遵守他限定的禁忌。

在这次探险活动中，博厄斯将萨满（教）置于当地具体的文化框架中去研究，试图揭示生成它的特殊原因，并强调一个文化中的个人行为及其角色扮演会对他的思维产生非常重大的影响。在《夸扣特民族志》一书中，他描述了当地的一位年轻人发现了萨满治病的一些手段，如事先派遣助手探听病人的身份、病因及症状，然后用羽毛沾染上自己咬破的舌头或齿龈流出的鲜血，吮吸病人的皮肤并告诉他这是从他体内吸出的病毒。本着要揭露萨满的“诡计”，他开始结交萨满，并不断地练习萨满教给他的技巧，结果却治愈了许多病症。他自己也不知不觉地成了一位享有盛名的萨满。

当博厄斯将西伯利亚地区的萨满与北美的药人（medicine man）联系起来后，他注意到它们之间存在相似性。受到当时传播论的影响，博厄斯提出了如下观点：萨满教是从北亚向北美的传播，在传播过程中融入了北美的文化体系，形成了具有北美洲文化特色的萨满教，所以，意义、功能、形式都有所改变。两者既彼此联系又相互区别，同属于萨满范畴。至此，“萨满（教）”这一概念打破了它的西伯利亚地域界线，迈向了北美，展示出一幅广阔的萨满文化圈的图景。但是，他明确地区别了寻觅精灵与萨满教之间的联系与不同，指出寻求与神灵联系的并不一定就是萨满教。[①]

俄国人弗拉德·乔基尔森（Vladimir Jochelson）和博格拉斯（Bogoras）因对西伯利亚地区非常熟悉并拥有丰富的田野调查经验，成为该地区考察的主力。乔基尔森主要关注的是生活在西伯利亚地区东端的尤皮克人。在调查期间，他邀请萨满为其表演技艺。当一位萨满给他展示衣服上本来就有的破洞，却称这是他自己割破身体留下的痕迹时，乔基尔森并没有拆穿他，而是说：“并不能看作简单的欺骗，因为在土著人的意识中可见的事物和想象的事物是如此错综地交织在一起，以至于萨满本人都以为自己的身体里确实存在别人看不见的真实存在的伤痕，而他也是遵守神灵的指示办事。”在尤皮克人那里，乔基尔森还注意到，为了进入入迷状态，很多萨满会在降神会开始之前食用毒伞菌。[②] 此外，这位学者还区别了家族萨满（family shaman）和专职萨满（professional shaman）：前者来自某一家族并服务于它，一般由该家族中最年长者担当；后者的信仰人数众多，影响力跨越了家族的狭小范围，可以辐射数百里，为了赢得荣誉，他们经常与其他萨满斗法。[③]

博格拉斯对楚克奇人进行了考察。根据对当地的调查，他先后出版了《东北亚的楚克奇人》《萨满教的内室仪式表演》等著述。在《东北亚的楚克奇人》中，他谈到该地萨满的社会性别角色转换问题。“当一个男子成为萨满之后必须身着女装，用女声

---

① Jeremy Narby and Francis Huxley (eds.), *Shamans Through Time*: *500 Years on the Path to Knowledge*, New York: J. P. Tarcher/Putnam, 2000, p. 69.

② Ibid., pp. 58 – 63.

③ Jeroen W. Boekhoven, *Genealogies of Shamanism*: *Struggles for Power*, *Charisma and Authority*, Groningen: Barkhuis Press, p. 70.

讲话，像年轻的女性一样变得害羞，甚至不敢去直接面对陌生人，还要学习这个社会女性通常进行的活动，他的所有的男性气概都要被遮蔽。”当他们完成这些转变之后，就变成了“她们”。“她们”可以找一个男子作为婚恋对象，婚后扮演着主妇的角色。[①] 在《东北亚的楚克奇人》中，神灵的召唤、成为萨满时的艰辛经历以及萨满所要掌握的击鼓、唱诵、腹语等技巧都被清晰、翔实地叙述。作为一个西方人，尽管他并不把萨满的治病等看作萨满的神力和神灵相助，但是随着当地的一位老萨满进入情境时，他这样写道：

> 阿布拉拿起双层毯子……毯子似乎有一种奇特的力量附着在他的肩上。它变得挺直，而且我感到毯子的角正在从我手中挣脱。我两脚用力踩牢地板，但是毯子的张力几乎使我站立不稳，完全使我无能为力。然后我突然做了个动作，发现我的两只胳膊、毯子以及所有东西，全都在支撑着卧室的皮革面的木框的后面；我和卧室实际上成为一体……张力继续加大，有木框的墙在我左右两边升起。月光照入房间，在黑暗中形成一道光柱。我的右边有个水池，充满了水和正在融化的雪，池水翻滚，冰冷的水溢洒在我的膝上。我右边的一堆铁盘子、碟子、长柄勺和匙子，正在稀里哗啦地破碎。我感到整个房子马上就会在我耳畔倒塌了，完全是出于自我保护的本能，我松开了紧紧抓住毯子的手。毯子像一块橡胶在空中跳跃。突然，我恢复了知觉，环顾四周。水槽还在原来的地方。盘子和碟子也依旧在原处。一切都安然无恙。令人敬畏的老萨满用意志力作用于

① Waldemar Bogoras, "The Chukchi of Northeastern Asia, American Anthropologist", in Frederica De Laguna and Alfred Irving Hallowell (eds.), *American Anthropology*, 1888 – 1920: *Papers from the American Anthropologist*, Nebraska: University of Nebraska Press, 2002, pp. 460 – 484.

我，使事物变得怪怪的。[①]

最后，这位西方来客不禁感慨道："这种干净利索的工作是不同寻常的，即使在我这样的持怀疑态度并且充满不受欺骗之个人勇气的人看来也是如此；那么面对一大群信仰者时，萨满就会有十倍的动力。阿布拉完全能够单方面地控制我的意志和智力。"[②] 正如同一时代的社会学家帕森斯所言，"赋予神圣物特征的不是那个物体本身，而是被认为属于物体的一种象征因素和文化因素，这种因素具有与信仰和情感相关联的意义"[③]。此外，博格拉斯还刻画了当地萨满的神圣仪式：他们借助烟草进入入迷状态，召唤精灵附体，与之交流，灵魂去神界"旅行"。[④]

这场持续五年的考察对人们改变对萨满（教）的认识产生了深远的影响。首先，此次考察及其成果纠正了当时部分学者对萨满（教）的轻蔑态度，萨满的污名化被淡化。其次，将萨满及萨满教这一概念从西伯利亚地区拓展到北美的广大地区，使人们认识到它们不仅广泛地存在而且还是活态的、不断被实践的文化。此后，人们对萨满（教）的认识视野不断扩大。大多数学者在萨满（教）绝非局限于西伯利亚地区而是具有世界普遍性方面达成一致。如伊利亚德对北美、南美、东南亚和大洋洲的萨满教进行比较之后，指出萨满教是世界上一种普遍的文化现象。在《大英百科全书》"萨满教"词条中，伊利亚德如此定义萨满教："萨满教是西伯利亚和乌拉尔—阿尔泰民族所显著的一种宗教现象。萨满一词本身源出于

---

① ［英］菲奥纳·鲍伊：《宗教人类学导论》，金泽、何其敏译，中国人民大学出版社2004年版，第233页。

② 同上。

③ ［意］希普里阿尼·费拉罗迪英：《宗教社会学史》，高师宁译，中国人民大学出版社2011年版，第78页。

④ 参见史宗主编《二十世纪西方宗教人类学文选》，上海三联书店1995年版，第655—664页。

通古斯语'Saman'，后因受俄语的影响而演变成欧洲科学的术语……虽然最完整意义上的萨满教见于北极和中亚地区，但不能认为萨满教仅限于上述地区。例如在东南亚、大洋洲和北美的许多土著部落中都会遇到萨满教。"[①] 在《萨满教：古老的入迷宗教》一书中，他对北极、中亚典型的萨满教与美洲、大洋洲、南亚等地的萨满教都进行论述。通过对非洲土著宗教的研究，刘易斯指出，萨满教不仅在西伯利亚地区存在，而且也在非洲存在。巴西洛夫认为，世界其他地方的萨满教并不一定跟西伯利亚的萨满教在形式上完全相同，但是如果神职人员在其宗教中所起的职能是相同的，这些宗教也可以被视为萨满教。可以说，通过上述学者的研究，萨满教的地理界线被拓展到世界范围，促进了萨满（教）的全球化和普遍化。

除了上述两点外，这次考察还直接推动了学界对萨满（教）的认识，开启了人类学、宗教学、心理学等多个学科从不同角度和方面对萨满文化开展广泛而又深入的研究。[②] 此次调查人员先后出版了多本民族志，萨满（教）清晰地展现了各个族群的萨满文化。随着这些读物的流行，西方民众开始了解。

20 世纪早期，在萨满文化的研究领域还有一个人值得注意，他就是罗兰·狄克逊（Roland Dixon）。如果说博厄斯团队所做的是为具体族群的萨满（教）画像，那么这位美国人类学家所做的则是北美萨满文化的群体照。他系统地研究了北美洲各地的萨满文化。在《美洲萨满的几个方面》[③] 一书中，他拓展了萨满的定义，即萨

① 参见孟慧英《尘封的偶像——萨满教观念研究》，北京出版社 2000 年版，第 5 页。

② 如对北美印第安人寻求幻象的研究，可见本尼迪克特的《平原文化中的幻象》、布鲁姆森（Jules Blumensohn）的《北美印第安人的禁食行为》、洛伊（Robert Lowie）的《原始宗教》等。

③ Roland B. Dixon, "Some Aspencts of the American Shaman", *The Journal of American Folklore*, Vol. 21, No. 80, 1908.

满“是那些与超自然力量关系亲密的各类人，他们可能是医生、巫师、预言者和祭司等”[1]。在此基础上，他勾勒出北美地区的萨满（教）群体图像。同时，他还对北美与西伯利亚的萨满进行区别，指出虽然两者基本相同，但在性格特征和地位方面还存在一些细微的差异。这种差异跟社会对萨满的性别要求和传承方式有关。在北美洲的北加利福尼亚和加勒比的某些部落中，女性萨满在数量和重要性上超越了当地的男性萨满；在美洲，能否成为萨满主要取决于个体（因为萨满之门对每个人都是自由地敞开着）；在西伯利亚地区，萨满的传承主要根据部落或家族的体系，是强制性的，如果拒绝承担这一神圣的职责，就会面临神灵惩罚致病或致死的危险。在狄克逊研究的启发下，雷曼[2]、科莱特[3]等人对北美的巫医进行了专项研究，可谓对这位前辈研究者的积极回应。

二　作为歇斯底里症“病人”的萨满

尽管早有学者将萨满和北极歇斯底里症联系起来[4]，但是对萨满生理、心理问题的普遍探讨是从 20 世纪早期开始的。这与弗洛伊德学派的精神分析学说、威廉·詹姆斯的社会心理学的流行有着密切的关系。

博格拉斯在完成了杰瑟普北太平洋海岸探险之后的几十年中仍然孜孜不倦地在萨满研究领域跋涉。在《东北亚部落中的萨满教心理》中，他指出，即将要成为萨满的人通常都要饱受数年疾病折磨、精神紧张，只有完成所谓的神灵的召唤，承担萨满一职，才能

---

① Jeremy Narby and Francis Huxley (eds.), *Shamans Through Time*: 500 *Years on the Path to Knowledge*, New York: J. P. Tarcher/Putnam, 2000, p. 64.

② L. L. Leh, *The Shaman in Aboriginal American Society*, Boulder: University of Colorado, 1934, pp. 199 – 263.

③ William Thomas Corlett, *The Medicine-Man of the American Indian and His Cultural Background*, Springfield, Illinois: C. C. Thomas, 1935.

④ 佐耶夫、戈林等人零星地探讨过萨满与北极歇斯底里症的关系。

战胜这种疾病。所以，萨满教是一种通过选择精神上不稳定的人来创造的宗教形式。雷奇科夫在《论西伯利亚民族的宗教观念和萨满教》中也提出了与博格拉相似的观点：萨满是神经易冲动的人，且带有病态性、易受刺激的神经组织，而这种组织是先天的，因遗传性而得到传播和加强。[①] 根据精神病理学家查普曼和巴克斯特两人对精神分裂症的分类（一种是进行性的，具有长期性、持续发展、愈演愈烈和发作早的精神分裂症；另一种是反应性的，特点是突然发作但晚发作、发作后短时间内很快清醒的精神分裂症），美国精神病学家西尔弗曼（Julian Silverman）于1967年发表了《萨满与严重的精神分裂症》，将萨满定位为精神分裂症性的妄想狂患者。根据这位作者的看法，成为萨满的过程，实质上是这个病人试图为恢复正常人格而努力，并且坚信他们最终能够战胜疾病。同时，他对萨满在其自身文化环境中所发挥的积极作用予以肯定。西尔弗曼的观点遭到德弗罗的强烈反对，后者指出萨满的病情虽然可能得到缓解，但他始终是有病的人。[②] 华莱士则在《从人类学角度看宗教》中将萨满看作精神分裂症患者，成为萨满是他们解决精神和肉体分裂苦痛的一种拯救仪式。

另一些学者没有把萨满看成患有精神性疾病的人，而是将他们视为患有神经官能症，表现为癔症、神经性并发症或间歇性癫痫症，如波兰人类学家玛丽（Mary）。她认为萨满虽然患有北极癔病，但是他们与其他普通病人有所不同，可以在发病期间冷静地控制自己，而且，他们的这种冷静沉着的气势会对周围的人产生巨大的影响力。汉布利对黑脚族印第安人萨满进行了田野调查，称他们患有恐惧神经官能症和焦虑性歇斯底里症。当地的萨满在行医时的特殊

① 转引自孟慧英《关于萨满教的认识》，《满族研究》2000年第2期。

② 参见菲利普·米特拉尼《关于萨满教的精神病学探讨评述》，马文译，《第欧根尼》1993年第2期。

装扮完全具有表演性，目的是“减缓表演者神经官能症情绪”。乔治·德弗罗（George Devereux）也同意萨满是精神疾病患者或者神经官能症患者。他通过对北美西南部尤马莫哈维印第安人的萨满的田野调查，发表了《作为神经官能症患者的萨满》[①]。结合弗洛伊德的精神分析法，他指出萨满在自身生存的文化中具有张力障碍，是社会中的“问题人群”。他们“是一种扰乱社会的因素，只适应比较脱离社会及其文化的那一部分人……而且通常完全不像正常人那样注重实际”，最终是萨满“代替他的群体发疯”，从而使其他成员可以保持镇静的外表。[②]

三　为集体福利工作的治疗者

随着对萨满心理状况研究的深入，一些学者开始反对将萨满污名为精神病人，而视萨满为身心健康、为集体利益沟通神灵的人。较早为萨满、萨满教正名的是俄国人史禄国（Sergei Mikhailovich Shirokogorov）。他曾担任沙皇俄国皇家“中亚东亚探险队”的领队，并先后数次对贝加尔、蒙古和满洲、西伯利亚等地做过长时间的考察。长期的田野考察加之自身所受的体质人类学和文化人类学的训练，他将萨满置于当地的文化环境背景之下去研究。在其经典民族志《北方通古斯的社会组织》和《通古斯人萨满教一般理论调查概论》等著述中，他指出，在通古斯各部落中，神经和心理上的疾患是常见的，在这些疾病持续增长时期，氏族就面临正常生活被打断、高死亡率的风险，直接结果是危及氏族的生存，而萨满是氏族的“安全阀”，萨满教也源于部落对这些病患蔓延的预防。一个强大的萨满在跳神之时，必须始终处于入迷状态，此时他对意识

① George Devereux, “Shamans as Neurotics”, *American Anthropologist*, Vol. 63, No. 5, 1961, pp. 1088 - 1090.

② Jeremy Narby and Francis Huxley (eds.), *Shamans Through Time*: *500 Years on the Path to Knowledge*, New York: J. P. Tarcher/Putnam, 2000, p. 119.

的抑制减退到最低程度，他的思维不再受日常社会规则的约束，思考方式也按照自身特殊的逻辑进行。正是萨满具备健康的体魄、良好的神经机能和正常的心理机能，他才能做到对神经和肌体的自如控制，自由地控制自我进入入迷状态。对当地人来说，萨满具有的强大的感染力使他能成为当地的医者、预言师。但是，当萨满因自我控制能力降低而无法沉浸在入迷状态时，进而不再能有效地降服恶灵作祟之时，他就失去了作为氏族医生或“安全阀”的品质。

史禄国的观点一反当时人类学界几成定论的萨满身心疾病说，引发了激烈的争议。在其后的几十年中，萨满身心健康说逐渐被学者们接受，并从不同的视角丰富和发展了这种主张。瑞士人类学家阿尔弗雷德·梅特劳（Alfred Métraux）在南美洲的圭亚那和亚马孙印第安人中进行了长期的调查。根据他的报告，成为萨满的人选尽管可能来自那些先天倾向于神秘主义和情绪不稳定的人，但是萨满是“为了集体的利益而利用神灵超自然能力或者在必要情况下阻断魔鬼的人。在没有受到安第斯文明影响的区域里，印第安人就生活在布满神灵的世界中，在这里，萨满是唯一的主宰者”[①]。法国学者布戴耶通过对印第安萨满的研究，明确地指出，在日常生活中，萨满的状况和行为都很正常，并没有因出现心理障碍而索然离群。澳大利亚学者埃尔金（Elkin）对澳大利亚的土著部落做过长期的调查，曾为当地土著争取人权和福利做出过积极的努力。对于将萨满视为“骗子”“部落里的最大的流氓”或“通常是部落中最狡猾的家伙或大骗子”的说法，他予以坚决的否定。在他看来，萨满是当地的智者、杰出的人才。他这样写道：

> 萨满是非常聪明、出色的人，他们是头脑清晰的思想者，

① Jeremy Narby and Francis Huxley (eds.), *Shamans Through Time: 500 Years on the Path to Knowledge*, New York: J. P. Tarcher/Putnam, 2000, pp. 7–10.

> 也是一个果断的人、一个思想行动都遵从信仰的人。他拥有通灵的力量，这种力量使人们相信自己……他在知识、经验以及精神力量上都超乎常人，这一点也必然会反映在他为人的态度和承受能力上，特别是在他遇到非常事件和意外情况的时候……更重要的是，巫医的品性并非个体现象，由于他的“产生”、训练和行为，人们通常赋予他社会属性，即他是社会安康之根本，也是与包括亡者灵魂、丛林之神、彩虹蛇、天神以及陌生地方的巫师等无形力量保持良好关系的基本力量……土著文化并不重视任何种类的癫痫或不正常，而是对有秩序的和正常的世界的一种表达。它源于已逝的文化英雄的梦幻时代，跨越今天，通往未来[①]。

法国结构主义大师列维-斯特劳斯（Claude Lévi-Strauss）将萨满教仪式和现代的精神分析疗法进行对比，称当欧洲社会的人们用锁链束缚精神病人时，一些原始民族却长期以来采用类似于精神分析的疗法为他们治疗，后者的技巧能使最杰出的当代医生目瞪口呆。他调查了巴拿马库纳族人的萨满仪式，指出当地的萨满教对于生产的女性提供精神力量：萨满巫师的咒语（他对神话的表演和展现）把产妇的痛苦重新整合进了整个宇宙观（宇宙中的一切事物都是具有某种意义的）；萨满仪式给虚弱的女人提供了某种“语言”，凭借这种语言，那些无法表达或不可言传的精神状态便可立即被表达出来，使产妇的症状得到改善。按照列维-斯特劳斯的理解，萨满的疗法是萨满对患者的攻心术，一方面是代表社会权威和秩序的萨满，另一方面是备受折磨的患者。在印第安人的世界观中，苦难和病痛都是因为人类社会受到恶灵的袭扰，正常的社会秩序被打

---

① Jeremy Narby and Francis Huxley (eds.), *Shamans Through Time*: *500 Years on the Path to Knowledge*, New York: J. P. Tarcher/Putnam, 2000, pp. 103 – 107.

破，它有着心理和社会基础。所以，萨满将病症、病人置于当地的宇宙观和社会信念这样的整体中进行重新整合。与作为聆听者的心理分析师不同，萨满是一个诉说者，他唱诵着本族的宇宙神话、精灵系统，带领病人进入这一语境，为其疏导精神，消除迷思。他以一种英雄和拯救者的姿态上天、入地，为病人寻找丢失的灵魂和隐藏在身体内部的危机，最终，通过重建病人的生机或者复活神话，帮助他们解决病痛和精神问题。

曾在加拿大土著中做过考察的学者吉雷克（Jilek）对当地的萨满舞蹈充满兴趣，认为这种舞蹈仪式起到了治疗的作用。[①] 它有助于凝聚群体的力量，增强个体的信心，从而帮助参与者克服来自身体和心理方面的沮丧、自卑和其他不健康状态，而萨满是其文化中智慧的治疗家。

虽然人类学学科的出现是西方殖民化历史进程的学术伴生物，也经历了早期学者对土著文化的贬低，但是这一学科始终坚持不懈地试图理解“他者”及其文化。随着人类学对原始文化认识的深入和西方学者对自我文化的反思，西方人对所谓的“原始人”的态度发生了巨大的转变。萨满从疯子到治疗家的形象转变正是这一体现。20 世纪中叶之后，西方文化与社会危机四伏，“原始人”又成为他们借以反观自身“堕落的文明人”，成为追求身心一体的榜样。西方新萨满教渐渐地应运而生。

① W. G. Jilek, “From Crazy Witch Doctor to Auxiliary Psychotherapis—The Changing Image of the Medicine Man”, *Psyria Clinica*, 1971, pp. 1 – 8.

第三章

西方新萨满教的孕育

西方新萨满教之所以首先出现在美国，是与二战后美国的社会环境密不可分的。下面就西方新萨满教的孕育环境进行论述。

第一节　战后的丰裕社会及精神危机

一　20世纪50年代的丰裕社会

二战是一次世界性的战争。在这次战争中，美国是唯一一个卷入战争而本土却没有遭到大规模破坏的国家，国内的各项基础设施基本完好无损。同时，美国还大发一笔战争财，储存了近千亿的美元，这为之后的发展奠定了坚实的经济基础。在战后的20多年，美国经济持续高速增长，国民生产总值从1945年的约3000亿美元上升到1960年的约5000亿美元。高速增长的经济也富裕了多数民众的家庭。以1950年为例，美国国内生产总额每人所得是德法两国的两倍、日本的五倍，并超出英国一半。

美国的科学技术发展也在战后20年间呈现出突飞猛进的景象，引发所谓的“知识革命”。由于各领域对专业技术、技能人才的大量需求，学校特别是大学成为兼具培育人才及科研创新的摇篮。美国从国家立场出发，以前所未有的热情加大对教育的投入，战后美国人普遍达到高中学业水平。在高等教育方面，美国政府更是给予了积极的扶持，越来越多的年轻人享受到接受大学教育的机会，更多的家长也愿意将子女送入大学，认为这是他们未来获取良好职业资格的条件。

美国的居住格局也在战后的十几年间发生了巨大的变革，人们开始从城市向郊区流动。1946—1960 年间，被当时的《生活》杂志称为“置房革命”，数以千计的家庭拥有一套宽敞的郊外私人独立住宅。汽车、电视、电话、留声机、洗衣机、吸尘器、电烤箱等，成为多数美国家庭的必备品和生活品质的保障。以家用汽车为例，1964 年美国登记在册的车辆数量超过了 7200 万辆，拥有一辆汽车的家庭占到家庭总量的 75%，拥有两辆汽车的家庭达到 18% 左右。[①] 汽车的普及以及日渐完善的公路体系给人们的日常生活带来了极大的便捷，同时也使人们摆脱了原来小城镇社区的地域限制，可以长距离地流动，与家人和友人独立享受郊外的风景。电视、电影、留声机、电话等通信和娱乐工具的普及，打破了原先沉闷、封闭的生活，使人们能够及时了解、交流丰富的外界信息。洗衣机、吸尘器、电烤箱等家用电器，使家庭尤其是主妇摆脱了繁杂的家务劳动，有了更多空闲时间。此外，这一时期，人们的工作环境和医疗保障、带薪休假等福利待遇也有了极大的改善。

1956 年，艾森豪威尔为了获得总统连任机会，竞选的口号是：“你们可从来都没过过现在这么好的日子吧。”确实，当时美国的国家经济、教育和科技的发展以及民众生活水平都遥遥领先于他国，很多美国民众对物质生活心满意足。学者、媒体也极力鼓吹这是人

① 参见杨魁、董雅丽《消费文化：从现代到后现代》，中国社会科学出版社 2003 年版，第 102 页。

类史上一个重大的分水岭，是人们已告别贫穷、跨入“丰裕社会”的时代，是“美国世纪”的到来。[①]

有学者指出，“丰裕社会”在带给白人中产者衣食无忧、养尊处优的生活的同时，也挫伤了他们积极向上的锐气。他们就像“圈在牲口厩里的一圈乳牛，尽管厩内舒舒服服、干干净净，但是却感到极度的无聊，无聊到几乎不想再活下去；因为人所追求、所渴望，并使人内心世界欣欣向荣的那种东西已荡然无存”[②]。德国精神分析专家维克多·弗兰克称此种状态为过剩社会下的生存性空虚。他指出，“过剩社会”伴随着“过剩时间”，这种过剩时间虽然给人们提供了闲暇的生活，但也使人们的生活日渐空虚。他还指出：“我们今天已不再像弗洛伊德时代那样面临的是性挫折，而是生存挫折。在今天，典型的病人也不再患有某种自卑感，而是一种彻底的无意义感。这种无意义感伴之以某种空虚感，因此我称之为生存空虚。”[③]

“丰裕社会”不仅改变了人们的生活方式，也快速变革了人们的价值观念，新教伦理和资本主义精神这两项支持着美国社会的传统价值体系在此时分崩离析。“事实上五十年代的美国文化已转向享乐主义，它注重游玩、娱乐、炫耀和快乐并带有典型的美国式强制色彩。”[④] 时装、摄影、广告、电视和旅行又将人们享乐的欲望无限地膨胀起来。最终，“娱乐道德观代替了干涉冲动的行善道德

---

① 如约翰·格尔布雷斯指出，美国战后经济繁荣，失业率低，民众收入很高，生活质量有保障，从事脑力劳动者占到劳工的多数，体力劳动的人愈来愈少，有闲阶级越来越多，这正是“丰裕社会”的体现。历史学家戴维·波特认为，战后美国的物质富足已经达到顶点，故这是一个“富足的社会”。

② 郭永玉：《孤立无援的现代人》，湖北教育出版社 2001 年版，第 34—35 页。

③ ［德］弗兰克：《无意义生活之痛苦：当今心理治疗法》，朱晓权译，生活·读书·新知三联书店 1991 年版，第 3 页。

④ ［美］丹尼尔·贝尔：《资本主义文化矛盾》，赵一凡等译，人民出版社 1989 年版，第 118 页。

观……在过去，满足违禁的欲望令人产生负罪感。在今天，如果未能得到欢乐，就会降低人们的自尊心”①。在贝格尔看来，传统规范性价值的丧失，意味着“神圣的帷幕”庇护的撤离，在没有建立新的价值意义观之前，人们的心灵必然会处于一种“漂泊无家”的危机状态。20 世纪 50 年代的美国中产阶级正处于这一生存状态下。

二 丰裕社会下的阴影与动荡

虽然 1945 年 8 月宣告了二战的结束，但是战争的幽灵并未远去，紧接着冷战登场。冷战是相对战火纷飞、硝烟弥漫的热战而言，意为试图通过政治、外交、文化、军事、经济、意识形态等方面的对抗来遏制对方，是以美国和苏联为首的两大阵营的抗衡。1947 年，美国在政治、外交上出台了“杜鲁门主义”和“马歇尔计划”，目的是遏制西方最大威胁国——苏联的势力，打击世界范围内的共产主义。冷战期间，美苏间展开激烈的军备竞赛，核威慑成为常用的手段。美国总统杜鲁门曾签发文件，指出一旦双方发生冲突，军方必须迅速准备和有效使用包括原子武器在内的所有手段，必须做好相应的计划。政府对核战争的宣传、军队对核战争的演习、全城响起的空袭警报，使人们时常被恐惧所笼罩。当时许多居民区都设有地下防空洞，以便应对突然的空袭。对学校来说，防空训练更是学生校园学习中的必备内容。这种训练就是当空袭警报拉响时，所有学生都要钻到课桌下面，以保护自己不致被炸弹直接击中。但是，对很多学生来说，“鬼才知道哪儿是安全的。在课桌下，在走廊里，不仅造就了恐怖，还造就了一批存在主义者。不管我们是否相信在桌子底下或走廊里藏身会使我们真的能在原子弹爆炸的火焰中幸存下来，我们从来就不会想当然地认为这个我们在其

① ［美］丹尼尔·贝尔：《资本主义文化矛盾》，赵一凡等译，人民出版社 1989 年版，第 119 页。

中出生的世界注定会长久存在下去”①。

与冷战的对外策略一致，美国政府在国内也大肆宣扬共产主义威胁，并且颁布所谓的“联邦忠诚法则”，对全国公务人员进行审查，要求他们宣誓效忠美国政府，否则予以辞退。共和党参议员约瑟夫·麦卡锡利用当时美国的这一政治氛围，鼓吹共产党已经侵入政府和舆论界，对国家安全已经造成严重影响。为了清除“隐藏”在国家内部的共产党人，在麦卡锡的倡议下，“非美调查委员会”成立，政府机关、媒体、文艺界、文学界、教育界等多个部门的2000多万美国人进入“黑名单”，被进行安全审查，受到监控。其中，很多人直接遭受迫害，一时间风声鹤唳、人人自危。美国历史学家阿尔伯特森指出，麦卡锡白色恐怖主义对美国人的思想产生了极为恶劣的影响：“其一，它使得持自由主义思想的父母们感到痛苦和怨恨，直至被吓得缄默无声；其二，它把自由派以外的人们导入懒于思考，只知随波逐流、趋炎附势的轨道。”② 最后，时任总统杜鲁门都不禁感慨：“这种攻势的范围如此广泛，似乎每个人都免不了要受攻击。这是我们这个时代的悲剧和耻辱。”③

如果说核战争的想象、麦卡锡主义带给美国人更多的是恐怖氛围和心理上的焦虑感，那么越战带给美国人的就是国家意识的危机。“公民宗教”是一些学者用来概括美国社会长期存在并被美国人共享的一种社会政治意识。在这种意识下，“在美国，宗教……是与国民种种习俗和爱国主义热情交织在一起，因而形成独特的力量”④。这种公民意识宣称美国人是上帝之国在美国，美国人是他的

① 转引自程巍《中产阶级的孩子们60年代与文化领导权》，生活·读书·新知三联书店2006年版，第98页。

② 转引自王恩铭《美国新左派运动》，《史学月刊》1997年第1期。

③ 《杜鲁门回忆录》第2卷，李石译，生活·读书·新知三联书店1974年版，第344页。

④ 转引自［美］塞缪尔·亨廷顿《我们是谁：美国国家特性面临的挑战》，程克雄译，新华出版社2005年版，第86页。

选民，因此，美国人负有拯救世人的“特殊使命”。

对越战争中，美国政府向年轻人号召为了自由、理想、正义而战，派数十万青年人前往。但是，当这些年轻人来到战场后，发现事实绝非如此。“（政府）要我们为了自由和理想去（越南）战斗，而战争却使我永远失去了自由。而且至今我也不知道自己为了一种什么样的理想和自由去战斗。”[①] “在国内的人很少能理解，甚至更少的人能够知道在世界的另一端，50 多万的 19 岁年轻美国人日日夜夜——特别是晚上——所遭受的痛苦。我充满了怒火，感到无比的愤懑。我满脑子的疑惑，却没有一个人答复我。”[②] 当狂轰滥炸的血腥战争景象出现在电视荧屏上，当亲人死亡的消息传递到人们耳中，除了痛苦之外，人们对这次战争充满了愤怒。越战开始不久，美国本土就掀起了声势浩大的全国范围内的反战运动。学生是这次反战运动的发起者和主要力量。通过罢课、集会游行、抵制兵役甚至围攻白宫等形式，他们发出“绝不去越南作战，绝不给政府当炮灰”的抗议之声。学生的反抗运动迅速地得到社会各阶层的支持，如通用电气公司 15 万工人罢工、25 万邮电工人罢工、近万名士兵拒绝作战，以支援学生的反战运动。美国民众要求政府给出答案：“为什么要把成千上万的青年派去一个遥远而陌生的战场，战争除了让同胞流血牺牲，到底给美国带来了什么东西?”

越战使美国人从世界救世主的“神圣使命”的梦幻中惊醒过来，曾在美国社会起到重要凝聚作用的国民宗教分崩离析。国民宗教的崩溃产生了不同的结果：其一，出现了一些宗教组织，它们试图在普遍的道德世俗化的环境中复兴美国的传统价值观；其二，人们开始向一些带有个人主义的信仰团体靠拢。在这种组织中，人们强调个人的发展和意义的获得，拒绝政治和社会价值向个人灵性的

① 《环球时报》2004 年 4 月 19 日第 11 版。

② 何维保：《美国的非常年代》，河南人民出版社 2002 年版，第 280 页。

渗透。西方新萨满教属于后者。研究也表明，20 世纪 70 年代参加西方新萨满教的人，绝大多数是左派人士和反战运动者。[①]

三　多元文化的兴起

20 世纪 60 年代是一个动荡不安的年代。这一年代，少数族裔的社会运动开启了美国多元文化主义的滥觞。首先是黑人争取民权的社会运动。二战后，随着富裕的白人向城郊迁居，大量黑人向中心城市涌动，到 20 世纪 60 年代中期，已有 70% 的人生活在城市。美国越来越明显地分化成两个社会：一个是集中在中心城市的贫困社会，其成员主要是黑人；另一个是位于郊区及边远地区的富裕社会，其成员主要是白人。[②] 贫富的极端差距和居住、教育、就业以及社会保障等方面事实上的不平等引发了黑人民权运动。最初，这一运动以非暴力的静坐示威和游行的形式进行，后来发展为暴力运动。[③] 1968 年之后，黑权运动逐渐走向沉寂，但是它产生了深远的影响。一方面，它提高了黑人种族的自尊心；另一方面，赢得了 20 世纪 70 年代大规模的黑人福利计划，开启了美国少数族群多元文化主义的滥觞。

在声势浩大的黑人运动的带动下，美国墨西哥人的"奇卡诺运动"、印第安人的"红种人运动"兴起。"奇卡诺运动"是美国墨西哥裔人反种族歧视、争取民族自由、平等权利的一个社会运动。其直接结果是唤醒了美籍墨西哥人的民族意识，并将处于"边缘地

---

① Andrei A. Znamenski, *The Beauty of the Primitive: Shamanism and Western Imagination*, Oxford and New York: Oxford University Press, 2007, p. 256.

② ［美］沃尔特·拉菲伯等：《美国世纪：一个超级大国的崛起与兴盛》，黄磷译，海南出版社 2008 年版，第 434 页。

③ 据美国学者布赖恩特·道勒斯统计，1963—1968 年，人口 2.5 万以上的城市中爆发骚乱的达到 265 个，骚乱总次数（程度较轻的不计）有 341 次；骚乱时间长达 703 天，被捕人数高达 53409 人，受伤人数达 8459 人，死亡人数 221 人。参见邓蜀生《美国历史与美国人》，人民出版社 1993 年版，第 274 页。

带”的墨西哥文化推向美国文化的中心。

印第安人的“红种人运动”源于“重新安置计划”后印第安人的困顿。“在二战期间，2.3 万名印第安男人，占年龄在 18—50 岁的身强力壮的男性印第安人的32%，在军队中服役。另外，还有 800 名印第安妇女在军中服役。”[①] 但是二战结束后，大批在战争中参军或在军事工业中工作的印第安人复员回到保留地，而保留地自身也面临着人口增加、资源不足、贫困等一系列问题，美国政府决定对印第安人实行城市“重新安置计划”。“1943 年，大约还有 4.6 万名印第安男女为了得到战时就业机会而离开保留地服务于工业和农业。1944 年，又有 4.4 万名印第安人离开了保留地。”[②] 加上 1953 年美国国会颁布了政策，取消土著居民印第安人保留地，停止对其进行经济补助，又致使大批印第安人流落到城市，他们成为“城市印第安人”。旧金山等大城市是当时印第安人人口最集中的城市，100 多个印第安人部落在此扎营。

但是，他们在城市中面临着严峻的考验：一是贫困、失业、教育机会不均等问题；二是被白人主流文化所包围，部落传统不断丧失，精神极度苦闷。在黑人民权运动、墨西哥人的“奇卡诺运动”的影响下，他们也开始了争取生存权利、反对种族歧视和珍视文化传统为主要内容的泛印第安主义运动。“印第安民族大会”“印第安人青年全国理事会”“泛印第安主义组织”“美国印第安人运动”“全国各部落印第安人联合会”等多个组织成立，目的在于通过各种途径将分散在不同城市和印第安保留地的人联合起来，组成一个大印第安民族共同体，以统一的声音对当时的政府施加压力。这些组织者的领导者还刻意通过印第安人的文化

① 参见何群《土著民族与小民族发展问题研究》，中央民族大学出版社 2006 年版，第 4 页。

② 同上。

仪式来彰显族群文化和凝聚族人。其中，作为北美印第安人文化渊源及其重要组成部分的萨满教观念与仪式发挥了重要作用。

这场浩浩荡荡的印第安人文化复兴运动影响深远。它增强了印第安人的族群认同感、文化自豪感。当西方新萨满教兴起后，一些白人或冒牌的印第安人假借印第安人之名向西方人“兜售”汗屋、医药之轮等萨满仪式时，印第安将这些人鄙视地称为“假萨满”，并成立了专门的印第安萨满仪式保护中心，一方面向人们传播真正的萨满教，另一方面严厉地批判这些“假萨满”对印第安文化的掠夺。同时，通过这场运动，印第安人向西方社会展示了自己优秀的文化和精神力量，引起西方白人的关注和反思。从此，西方世界对印第安文化的态度发生了巨大的转变，萨满从“疯狂的巫医”转变为印第安人的智者与心理医生。之前被西方社会视为糟粕并强令禁止的萨满仪式，如太阳舞仪式、汗屋仪式等，不仅在印第安人群体中得以恢复，萨满医疗实践的某些方面也得到西方社会的认可，甚至推崇。

第二节　萨满神圣的药草与迷幻年代的意识革命

一　重新发现萨满的神圣药草

（一）神圣的致幻药草的使用历史

在宗教仪式上使用致幻药草帮助萨满到达通神体验的历史悠久。这些药草（包括药草制成品）中，赫赫有名的有所谓的“神圣蘑菇”（scared mushroom）、佩奥特（peyote）仙人掌、卡皮木、曼陀罗、曼德拉草、天仙子、死藤水、刺槐种子粉和一些具有致幻性的烟草等。学者们推测史前人已经开始使用致幻药草沟通神灵以求获得神启。考古资料表明，到目前为止，最早的致幻植物是墨西哥威廉斯仙人球（mescal），时间大致为一万年前到一万一千年，为史前印第安人所使用。[①] 非洲撒哈拉沙漠距今7000—9000年前新石器时代的岩画中也发现了大量的、重复出现的蘑菇图像，如收获蘑菇、对蘑菇的崇拜、献祭和戴着蘑菇形状面具的神灵等。意大利民族植物学家、致幻物研究专家乔治·萨莫里尼（Giorgio Samorini）认为，这些岩画反映的是对最古老的致幻物——“神圣蘑菇”崇拜的遗留。现代民族真菌学的先驱特别是戈登·沃森（Gordon Wasson）则通过这些岩画，推测在旧石器时期，人们在举行宗教仪式时已经开始服用这些致幻物。同时，他还将这些致幻蘑菇与欧亚和北美的萨满实践活动联系起来。在中美洲的危地马拉、萨尔瓦多、洪都拉斯及墨西哥的维拉克鲁州、格雷罗州等地，也发现了200多个距今2200多年前的致幻蘑菇石雕。[②] 图3－1为《致幻植物》一书中的“神圣蘑菇”崇拜图片。考古学家还在今天的美国得克萨斯州和墨西哥北部地区发现了刺槐[③]种子遗留物和大量相关的岩画，时间在七八千年前。他们认为，这些是南部平原人“红色种子”（red-bean）崇拜的遗迹。[④] 当地印第安人有将这些种子压碎服用的传统，它们会使人产生幻觉和呕吐，目的是沟通神灵，并驱除体内的恶魔。

所谓的“神圣蘑菇”，其实应该是毒蝇蕈（学名为蛤蟆菌，英文名为 amanita muscaria）和墨西哥裸盖菇（psiloeybin）等有致幻效果的蘑菇统称。这些蘑菇中含有裸盖菇素、脱磷酸裸盖菇素、鹅膏蕈氨酸、蝇蕈醇和毒蕈碱等精神活性成分。当人们服用这些蘑菇

① Peter T. Furst, *Hallucinogens and Culture*, Novato: Chandler & Sharp Press, 1976, p. 17.

② ［日］吉田祯吾：《宗教人类学》，王子今、周苏平译，陕西人民教育出版社1991年版，第28页。

③ 刺槐中含有刺槐素，属蛋白毒，食用后会出现呕吐、腹泻、脱水、休克、嗜睡、惊厥等症状。

④ Peter T. Furst, *Hallucinogens and Culture*, Novato: Chandler & Sharp Press, 1976, p. 18.

图 3－1　“神圣蘑菇”崇拜（图片来源于《致幻植物》一书）

或者提取物后，就进入一种长时间的麻痹状态，此时伴有睡眠、幻觉、谵妄和肌肉痉挛情况发生；麻痹状态缓解之后，会出现行为的兴奋，同时伴有幻视、幻听等。[①] 它们主要生长在西伯利亚、美洲部分地区，所以文献中关于在宗教仪式中使用这些致幻蘑菇的资料多来源这些地方。比如，乔吉尔森（Jochelsonz）在科里亚人（Koryak）部落中旅行时，将萨满服用毒蝇蕈的情景记录下来。他

① 李钧编：《可致依赖性药物及其管理》，化学工业出版社 2007 年版，第 355 页。

写道：

> 毒蝇蕈能够使人兴奋，产生幻觉，并且神志昏迷、妄语。它们使人兴奋时，轻度时会让人不由自主地动起来。许多萨满在仪式之前会吃这些东西以进入兴奋状态……在极度的兴奋下，萨满意识开始错乱：周围的物质开始变大或变小，幻觉开始出现，萨满就会不由自主地跳动、抽搐起来。据我观察，萨满这个时候会处于极度的兴奋与深深的沮丧交替的状态。吃了这些蘑菇处于兴奋状态的人，会从一端到另一端不停地摇摆，甚至会参加他们家人的谈话。突然间，他的瞳孔放大，痉挛性地动作起来，并与他想象中他“看见”了的人说话、唱歌、跳舞。中间会有片刻休息，然后又是处于这种状态。当然，这期间继续服用这种蘑菇是很有必要的。如果不是这种碱类物质被尿液带出体外，它们的致幻效果可能会更强大一些。科里亚人通过经验知道这些，吃了这种蘑菇处于兴奋状态的人的尿液不会被随意浪费，所以他们为了延长兴奋感会自己喝自己的尿液或让别人来喝。[①]

当然，除了西伯利亚的科里亚人外，楚克奇人（Chukchi）、雅库特人（Yakut）等都有在宗教仪式上使用这些致幻蘑菇的历史。鲍戈拉兹在《特别部落》一书中写道：“人所看到的蛤蟆菌的数量和他所吃掉的蛤蟆菌相符……蛤蟆菌抓着人，把他们带到阴间，给他们看那里所有的一切，并带着他们做出不可思议的事。”同时，鲍戈拉兹还注意到，楚克奇人有将事物人格化的观念，即事物都具有两重属性——一种是平常的样子，另一种则是完全像人的样子。

---

① Michael J. Harner, *Hallucinogens and Shamanism*, *London*: Oxford University Press, 1973, p. 1.

所以，他做出判定：当地岩画上头上顶着巨大蘑菇舞蹈的女人应该是人形蛤蟆菌的舞蹈图像，由此证明西伯利亚东北边区萨满教的深远根源。[①]

墨西哥土著阿兹特克人也有在宗教典礼上将裸盖菇和蜂蜜或巧克力混合着食用的传统，他将这些蘑菇称为“神之肉”（the flesh of gods）。[②] 下面一段话来自西班牙一位神父的见闻：这些土著“逐渐开始兴奋，开始舞蹈、歌唱、哭泣。有的人茶饭不思，只是呆呆地坐着，沉迷于幻境中，有的人因野兽撕噬自身的幻觉而恐惧，也有的人产生或者在战争中被俘或者突然致富而拥有奴隶或者犯适奸之罪被杀头等种种幻想……一旦从陶醉之中觉醒后，他们就在一起谈论自身经历的幻境”[③]。图 3－2 为食用“神圣蘑菇”的人。

图 3－2　食用“神圣蘑菇”的人（图片来源于《致幻植物》一书）

① ［苏］克鲁沙诺夫：《苏联远东史——从远古到 17 世纪》，成于众译，哈尔滨出版社 1993 年版，第 12 页。

② 实际上，墨西哥印第安人传统上使用的“神圣蘑菇”有 53 种之多，可参见 GASTóN GUZMáN，“Hallucinogenic Mushrooms in Mexico：An Overview”，*Economic Botany*，Vol. 62，No. 3，2008，pp. 404－412。

③ 转引自［日］吉田祯吾《宗教人类学》，王子今、周苏平译，陕西人民教育出版社 1991 年版，第 27 页。

佩奥特（peyote）仙人掌主要生长在墨西哥北部与美国西南部交界处的干旱地带，它是另一个久负盛名的致幻植物，含有使人致幻的仙人掌毒碱。人服用之后，最初会恶心、震颤、出汗，之后瞳孔放大、脉搏加快、血压升高、体温升高等，同时伴随产生明显的视幻觉和狂笑。考古发现，到目前为止，最早被使用的致幻植物就是这种仙人掌，时间为一万年前左右，史前印第安人用于宗教通神体验。[①] 莫里斯·奥普勒（Morris Opler）在梅斯卡勒罗印第安部落中做过佩奥特仙人掌的调查。他注意到：仙人掌仪式一般会在夜晚举行，首先圈定一个神圣的仪式空间，然后将一个巨大的仙人掌放置在中心位置，只有男人才能参加这个仪式（仪式之前要求沐浴更衣、整饰自我，有的男人会喷上薄荷味道的香气）。当部落头人点燃火把，就表示仪式正式开始。人们使用仙人掌的方法，一种是加水压汁服用，另一种是直接食用仙人掌的花苞。但是在食用佩奥特之前，人们首先必须想象一些美好的事情或他们想要的东西。实际上，食用佩奥特出现的幻觉有可能是恐怖的，于是很多人就通过吃下更多的花苞来驱逐它。有的人吃完它们之后，身体颤抖、哭泣、大笑。当第二天太阳升起的时候，幻觉已经消退殆尽，人们开始为生活、健康、免遭敌人侵扰而祈祷。同时，梅斯卡勒罗印第安部落的萨满还通过食用佩奥特来治疗巫病。其实就是今天一些墨西哥印第安人和美国土著基督教派成员仍然会在宗教仪式上食用这种致幻仙人掌籽和花球制成的粉末状“圣药”，治疗精神、身体方面的疾病。[②]

其他植物如卡皮木和曼陀罗、曼德拉草、天仙子等茄科植物，它们也因含有大量的致幻性生物碱成分常被用于通神体验或宗教治

---

① Peter T. Furst, *Hallucinogens and Culture*, Novato: Chandler & Sharp Press, 1976, p. 18.

② Morris Edward Opler, “The Use of Peyote by the Carrizo and Lipan Apache Tribes”, *American Anthropologist*, Vol. 40, No. 2, 1938, pp. 271 – 285.

疗仪式中。卡皮木是生长在亚马孙河流域热带雨林中的一种缠藤类植物，它含有哈尔明碱、骆驼蓬碱、脱四氢哈尔明碱和其他致幻的生物碱。当地一些印第安人经常通过特殊的仪式采集这些藤蔓，然后加水熬煮，称为“死藤水”。为了增强幻觉的效果，他们常常会加入其他有致幻作用的植物。在亚马孙河流域，饮用死藤水需要遵循严格的仪式。参加者先举行舞蹈仪式，随后在乐器的伴奏下，由萨满分配“死藤水”。为了确保“死藤水幻象”是明亮的、令人愉悦的，饮用者必须在饮用前几天禁绝房事并饮食清淡。当地人认为，在死藤水的作用下，他们能重回子宫，在那里看到部落的神灵，见证最早的男人、女人以及动物的诞生，见证社会秩序的建立。邪恶的根源也会在他们面前一一展现，包括疾病、丛林精灵。

据迈克·哈纳等人的介绍，当地不仅仅是萨满在为被施了魔法的病人寻找病源时借助死藤水来看见超自然世界，一些普通男子也为了下面的原因饮用死藤水，如希望得到神灵的帮助、拥有超自然力量、可以知道将来要发生的事情、和灵界的敌人斗争、在仪式中陪护萨满。下面一段话是当地人喝完“死藤水”后的反应：

> 我们谈了会儿话，然后开始吟唱。胃里的饮料开始使我晃动，于是我又喝了一些。很快，我全身晃动。大地也开始晃动，风在吹树在摇……nixi pae 族人出现了，他们拿着弓箭向我射来。我很害怕，但他们说他们的箭不会杀死我，只会使我更飘飘欲仙。很多大的、鲜艳颜色的蛇在地上慢慢爬行，并且爬向我。一条很大的母蛇试图吞噬我，但是没有成功……我听见穿山甲的尾巴在响动，蟾蜍、青蛙在呱呱叫。世界开始变形，每个事物都在变亮。我的灵性之眼转得越来越快，并且看到了很多花园里长满了木薯和芭蕉，谷物仓全是玉米，花生架上全是花生……我沿着小路走向一个村庄，那里笑声喧闹。他

> 们在跳咔查舞蹈，那是一种庆祝丰收之舞。每个人都在大笑，许多女人挺着大肚子。我心情愉悦，知道自己会身体健康并且将有很多东西可以吃。[①]

喝完“死藤水”之后，大部分印第安人的幻觉内容和发生幻觉的频率是有高度的相似性。幻觉中经常出现下列主题：有色彩鲜亮的巨蛇、美洲豹和豹猫、“死藤水”神灵和其他神灵、正在倒下的树、满是短吻鳄和蟒蛇的湖泊、村庄、商人和货物、花园等。所有的幻境都快速移动，出现的事物都是扭曲变形的。[②]

曼陀罗原产地是印度和中美洲，所以当地使用它们的历史悠久。在佛教中，曼陀罗花代表了一种吉祥的花，象征着超然觉悟、幻化无穷。传说释迦牟尼成佛之时，天鼓齐鸣，妙音齐发，一时间天雨曼陀罗花、曼殊沙花、金花、银花、琉璃花、宝花、七宝莲花等。在美洲尤其是墨西哥和加利福尼亚等地印第安人传统上在儿童的成年礼或者为了获得神启时经常使用曼陀罗。西方人对此类植物的认识可能源于17世纪中叶一群前来镇压印第安人起义的英国士兵在吃下一些呈漏斗状的小白花和一种灌木叶做的色拉后很快进入恍惚的幻觉状态：有人跟着空中羽毛乱跑一气；有人躲在角落中若有所思；有人不时做出割草的样子；有人脱光了自己的衣服，龇牙咧嘴呈现出一副狰狞恐怖的样子。这种漏斗状的小白花就是曼陀罗花。

西红柿、土豆、辣椒和曼德拉草、天仙子、颠茄草等同属茄科，但是它们的命运截然不同：前者成为人们餐桌上的食材，后者却成为萨满的“法器”，它们中含有大量的阿托品、莨菪烷、莨菪

---

① Michael J. Harner, *Hallucinogens and Shamanism*, London: Oxford University Press, 1973, p. 2.

② Ibid., pp. 3–15.

碱、东莨菪碱等成分，这些成分具有较强的致幻效果。阿普列尤斯在《变形记》中讲述了一名希腊男子卢基乌斯经商途中夜宿朋友之家，由于好奇心，偷窥深谙魔法的女主人涂抹油膏后变成猫头鹰，自己又因错抹油膏变成驴子的一系列故事。欧洲的巫术故事并不缺少关于所谓的“飞行油膏”的描绘篇章，而它们实际上是颠茄草、曼陀罗、天仙子等植物制成的。这些膏状物经常被涂抹在额头、腋下、肚皮等处。当它们被皮肤吸收时，使用者就出现从昏昏欲睡到失去知觉进入沉睡再到幻觉的状况。他们会感到自己在空中飞翔或者身体变形成为其他动物（比如变形为狼袭击人们，用牙齿将他们咬伤、咬死，甚至将部分人的尸体吃掉）。像巫术中常常提到的巫婆（师）骑着扫帚在天空中飞行，去参加魔宴等描写，实际上都是在这些致幻物药效影响下产生的错觉、幻觉。

在南美洲、中美洲和加勒比海等地区，具有致幻作用的鼻烟也被广泛使用，它们的主要成分富含色胺的阿那豆和维罗蔻木等植物。例如，在巴西的瓦伊卡人那里，人们会用事先准备好的鼻烟通过一根长竹管吹到另一人的鼻孔中，后者则会很快进入入迷状态。在“旅行”中，这个人将与动物、植物、死去的亲人和其他鬼神发生短暂的交流。训练有素的萨满比普通人能更好地控制自身反应。

当然，致幻物不仅仅是上述几种。要产生神秘的宗教体验，也不仅仅要依靠致幻物来完成，像饥饿、极度疲劳、疾病、恐惧、特殊的声音频率等，均可以达到类似的效果。

（二）致幻药草被重新发现

由于致幻药草一直被视为宗教仪式中的“神圣之物”，它们的采集、使用方法和效果都是萨满这些仪式专家才能知晓的隐秘知识，所以长期以来，外界对它们的情况并不清楚。随着地理大发现时代的到来，欧洲人的视野逐渐扩展到本族群之外的异文化中，最早是传教士、探险者和旅行家等人传播了关于他者的信息。但是由于那个时代是基督教一统天下，压制巫术异端，来自基督教王国的这些人（尤其是传教士）在叙述他们看到的当地人凭借致幻药草沟通神灵时，字里行间充满着震惊、厌恶。

19 世纪末 20 世纪初，随着人类学学科的出现，一些人类学学者开始把目光投向所谓的“野蛮人的宗教”——萨满教。在关注宗教仪式和萨满人的过程中，也有人注意到致幻药草是萨满进入入迷状态的手段之一。1908 年，俄国民族志学家伊里奇·乔基尔森（Ilich Jochelson）出版的《克人》一书中描写了当地萨满在降神仪式之前服用致幻物蘑菇的情况。之后，威廉姆·邓肯·斯特朗（William Duncan Strong）等人发现，加利福尼亚南部的卡伊塔人将曼德拉草看作一种“圣物”，会在男孩子的青春期过渡仪式上使用它，并且在仪式过程中还要以一种特殊的、只有萨满才能听懂的“海洋腔调”为生活在海底的神灵唱赞歌。① 20 世纪 30 年代，人类学家罗伯特·维拉耐尔（Robert Weitlaner）和植物学家理查德·伊万·舒尔茨（Richard Evans Schultes）在墨西哥东南的瓦哈卡州马萨特克印第安人中找到了用于宗教仪式的致幻蘑菇，并且受到邀请观看他们的夜间“神圣蘑菇”仪式。二战爆发后，舒尔茨奉美国政府之命在亚马孙河流域研究橡胶的生产、加工。在此过程中，他注意到哥伦比亚地区土著居民有在宗教仪式上使用“死藤水”沟通神灵和治疗疾病的习俗，成为较早向西方学界报道致幻蘑菇的学者。之后，人类学家拉·伯尔·韦斯特（La Berre Weston）和阿伯勒·大卫（Aberle David）则分别注意到基奥瓦印第安人和纳瓦霍人的佩约特仙人掌崇拜。

并非只有人类学学者在孤独地探索，生物学、药理学、心理学等学科也在致幻物的研究方面取得了重要的成果。19 世纪末，约

① Peter T. Furst, *Hallucinogens and Culture*, Novato: Chandler & Sharp Press, 1976, p. 152.

翰·罗利·布瑞格（John Raleigh Briggs）第一个把墨西哥佩约特仙人掌介绍给西方人，之后卡尔·索菲斯·拉姆霍尔兹（Carl Sofus Lumholtz）等人还对它的药性、原住民使用方法进行考察。1924年，毒理学家、医学史专家刘易斯·莱温（Louis Lewin）出版了《致幻剂》一书，书中研究了墨西哥仙人掌、鸦片、大麻、飞伞菌、天仙子、烟草、曼陀罗等植物。这本书在西方致幻物的研究方面具有里程碑意义。但是，上述人物没有一个亲自尝试过这些致幻物。

20世纪中叶，一对白人夫妇——美国银行家戈登·沃森和他的俄国妻子成为第一批有据可考亲自尝试这些致幻药草的西方来客。事情源于沃森先生偶然得到了可食用的野生蘑菇种子，他们发现俄国人和美国人对菌类有着完全不同的文化态度（前者钟情，而后者厌恶），他们对此展开了文化探究。在墨西哥瓦哈卡地区调查时，他们有幸认识当地一个马萨特克印第安女萨满赛宾娜。在她的带领下，沃森参加了当地人的蘑菇仪式，并被分发了“神圣蘑菇”。食用完之后，他看到了“几何形状的、色彩鲜艳的图案，先是变成建筑物模样，然后是多彩的柱廊，超自然和谐和美妙的镶嵌珍贵珠宝的宫殿，凯旋的车辆被绝妙的只有神话中才有的动物拉着，以及难以置信的光华的景象。精神离开了身体，永恒地翱翔……”① 这次神奇的经历引发了他对“神圣蘑菇”的极大兴趣。此后的几年间，他一直致力于对它的研究，出版了《苏摩：不朽的神圣蘑菇》一书。在书中，他大胆地提出一个假说，即这种使人产生幻觉的“神圣蘑菇”就是古代印第安人崇拜的神灵苏摩（soma）的化身。② 同时，他将自己尝试“神圣蘑菇”的体验写成《寻找神奇的蘑菇》一文，发表在美国当时的流行大众刊物《生活》上。很快，这篇文

① ［美］阿尔伯特·霍夫曼：《LSD：我那惹是生非的孩子：对致幻药物和神秘主义的科学反思》，沈逾、常青译，北京师范大学出版社2006年版，第96页。

② Robert Gordon Wasson, *Soma: Divine Mushroom of Immortality*, New York: Harcourt Brace Jovanovtch, 1968.

章在西方社会引起极大的震撼效应，引发了现代西方人对“神圣蘑菇”的崇拜。一些民俗学、人类学、文化史、心理学、生物学研究者也被这篇文章吸引，开始步其后尘对致幻物及它的生存文化进行考察。人类学者是当时对萨满文化和致幻物研究中最为活跃的一支学术力量。彼得·福斯特、迈克·哈纳等人都亲自尝试了这些致幻物[①]。

在致幻物的研究中，20 世纪 60 年代，大部分学者几乎达成了这样一个共识，即宗教经验的起源与神职人员对致幻物的使用有着密切的关系。同时，“在这些年间，用麦角酸二乙基酰胺这种麻醉药物进行的试验强化了这一观点，即摄取生物活性物质是进入彼岸世界之萨满体验的关键。20 世纪 60 年代后期和 70 年代初期，卡尔罗斯·卡斯坦伊达（即卡斯塔尼达，笔者注）的第一部著作充实了这种主张”[②]。致幻物的发现，学术界（尤其是人类学界）对它热切的研究对西方新萨满教的兴起奠定了学术氛围和基础，所以不难理解西方新萨满教的建立者卡斯塔尼达和哈纳都是有人类学背景的。

在实验室，20 世纪中叶前后，人工合成致幻剂的研究也取得了重大的成绩。1943 年，在山道士药物化学公司工作的阿尔伯特·霍夫曼博士合成了一种有强烈效应的精神性药物——LSD。[③] 据霍夫曼的自体实验报告，LSD 首先是会使人对熟悉的外部景观产生剧烈的变形和位移；之后是心灵深处自我知觉的变异，就仿佛“有一

---

① 具体内容可参见哈纳的《萨满教与致幻物》、福斯特的《致幻物与文化》。

② ［美］迈克·哈纳：《意识变异形态与萨满教——个人回忆录》，郭淑云译，《蒙古学信息》2003 年第 1 期，第 51 页。

③ LSD 全称为 Lysergic Acid Diethylamide（麦角酸二乙基酰胺），由瑞士科学家阿尔伯特·霍夫曼于 1943 年发明。它是迄今为止发现的最强烈的精神药品之一。据霍夫曼的分析，LSD 比光盖伞素和光盖伞辛要强 100 倍，比墨斯卡林强 4000 倍。LSD 的剂量以微克为单位，相对而言，几乎所有其他的药品和毒品都以毫克为单位。除了 LSD 之外，霍夫曼等人还从墨西哥裸盖菇、牵牛花籽和印欧、中美洲等地产的红色伞形毒蘑中成功地分离出具有致幻作用的生物碱。

个魔鬼侵入了我，已经占据了我的身体、思维和灵魂。我跳起来，喊叫着，想要从它那儿解救我自己，可是又倒下，无助地躺在沙发上。这个魔鬼嘲弄般战胜了我的意愿，我被要发疯的恐惧紧紧扼住。我被带到了另一个世界、另一个时空"①。当这些感觉消退之后，脑海中出现的是"不寻常的颜色和形状的变幻，万花筒样奇妙的影像在我面前迸发、交替、变异，在圆圈和螺旋中张开，然后关合，在彩色的喷泉中爆发，在不断的变化中重组和混杂。特别奇妙的是，每一个听觉都会转变成视觉，每一个声音都产生出栩栩如生的变化的形象，并有其自身一贯的形状和颜色"②。霍夫曼的自体实验证明 LSD 对人类意识有着强烈的精神效应，一方面，会导致人的意识状态和对内外世界的体验产生剧烈的变化；另一方面，受试者可以感知到日常现实世界和"像日常现实世界一样逼真的" LSD 迷幻世界共存的状态。

这些学者的报告将迎来西方社会史 20 世纪著名的一个时代——"迷幻时代"。在这一时代，借由致幻剂，西方人将体验意识之门被打开后的世界。

二　致幻物下的萨满式"意识革命"

（一）打开新的知觉，寻找纯净的世界

当沃森《寻找神奇的蘑菇》一文发表之后，很多西方人纷纷前往墨西哥等地去寻找"神圣蘑菇"，哈佛大学心理学教授蒂莫西·莱瑞（Timothy Leary）就是一个朝圣者。1962 年，莱瑞在墨西哥的一名萨满——赛琳娜那里购买到"神圣蘑菇"，食用之后，进入一种神秘的入迷宗教体验。从此，这位年轻的哈佛大学心理学教师开

① ［美］阿尔伯特·霍夫曼：《LSD：我那惹是生非的孩子：对致幻药物和神秘主义的科学反思》，沈逾、常青译，北京师范大学出版社 2006 年版，第 9—10 页。

② 同上。

始痴迷于致幻药物的效应实验和推广。他认为，致幻物不但可以改变人的意识，甚至可以制造一种新的宗教。以哈佛大学为基地，他成立了致幻剂体验中心，并召集一批人参与他的实验，探讨服用后的幻觉感受。这批人中有哈佛大学的学生和老师，也有一些文学界的名流，如阿尔道斯·赫胥黎、艾伦·金斯堡等。莱瑞的这一行为引起学校当局和社会上的广泛不满。很快，美国官方就将他列为当时“美国的头号危险人物”。尽管如此，莱瑞仍一意孤行，执拗地鼓吹迷幻药物对打开人类意识潜能的好处，鼓励人们积极体验它。后来，因为大量使用、分发 LSD 及其鼓吹它的效应，哈佛大学宣称莱瑞“俨然已经成为一个邪教头目”，解除其教职。离开学术圈子之后，他更加肆无忌惮地鼓吹 LSD 的精神效应，称他在这种迷幻品中体验到了印度的瑜伽、佛教的轮回观和萨满教的真谛。在《入迷的政治》一书中，他塑造了处于孤单、边缘而又至纯至圣的萨满形象：“术士、萨满、巫师、医者总是边缘人，从来没有成为主流社会结构中的一部分。为了获得那些呢喃、颤抖却充满古代智慧的语言，他们虚弱的叹息声已穿越千年。他们不得不摒弃窗外的嘈杂声，自我装疯卖傻，为了神圣心甘情愿地自我隔离。”① 被开除教职、脱离正统学术圈子等异质性，造就了莱瑞在青年嬉皮士心目中的叛逆英雄的形象，他们将其追捧为“反文化教父”。

莱瑞不是 20 世纪 60 年代迷幻物鼓吹的独行者。1963 年，《飞越疯人院》的作者肯·凯西为了让更多的人分享吸食 LSD 后的“美妙感受”，在旧金山附近建立了“吸毒社区”，吸引了大批人的入住。心理学家瓦茨在加利福尼亚伯克利 KPFA 广播电台的志愿节目主持时，曾在广播节目中介绍他亲自尝试服用迷幻药获得的神秘体验，也吸引了大批听众。与此同时，著名流行杂志《生活》等也

① T. Leary, *The Politics of Ecstasy*, London: Paladin Press, 1970, p. 105.

对来自学术界、实验室的成果做以介绍，并刊登出版。很快，LSD等就拥有了广大的群众基础，尤其是吸引了具有反叛正统文化精神的青年学子的注意。

20世纪50年代中期，心理分析学家林纳（Robert Lindner）先知式地预言道："年轻人即将开始反叛……我们在他们身上喂食我们的恐惧与不安，用错误的行为与观念蒙骗他们。他们代替我们表达了无以言语的愤怒、紧张与可怕的挫折感；他们投生到这样的世界里……先人的谬误与妄念束缚着他们；他们一如所有的囚犯一样，打从心里每一个都是反叛者。"① 林纳的这一预言最终体现在嬉皮士身上，他们是二战后"婴儿潮"长大的白人中产阶级子女②。20世纪60年代政治上的混乱、国家意义的危机，造就了青年人对以技术理性和工具性价值为典型的正统文化霸权的幻灭。嬉皮士们愤怒地讲道："当我们还是幼童时，美国是世界上最富裕、最强大的国家……然而随着年龄增长，我们的舒适安逸被一个又一个不能不令人忧虑的事件所打破……原来我们心目中的美国黄金时代其实是一个时代的衰落。"③ 所以，大学校园里的"我们"不得不"忐忑不安地注视着我们所继承的世界"。

据美国《新闻周报》报道：1969年，美国57所大学中有高达30%的学生沾染过LSD等致幻药。致幻物成为他们暂时反抗、逃避苦闷现实并寻找理想世界的工具。"人类需要彻底的自由。上帝就在那里。我们必须摒弃伪善、欺诈、假象，回归纯洁，回归孩童价值观。"④ "贪婪攫取、唯利是图是那些资产阶级的嘴脸，谨慎小心

① ［美］玛丽琳·弗格森：《宝瓶同谋》，廖世德译，湖南人民出版社2012年版，第32页。

② 据统计，在"嬉皮士"的全盛时期，全美国共有大约30万"嬉皮士"，年龄在17—25岁（也有极少数中年人参加）。

③ 徐学初：《世纪档案之嬉皮士宣言》，中国文史出版社1996年版，第401—403页。

④ 《纽约时报》对一位名叫弗朗西斯科的嬉皮士的访谈。转引自王恩铭《美国反正统文化运动：嬉皮士文化研究》，北京大学出版社2008年版，第102页。

是他们在性生活方面的态度；在家庭生活方面，他们又粗鄙不堪，衣着打扮上更是千篇一律，所有这些令他们那充满铜臭的生活变得让人无法忍耐。”[①]“（正统文化）价值观规定，仅为快乐做事是错误的，凡做事一定要有崇高的目的。我为什么吸毒？理由很简单：我喜欢。这是我做事的准则。我从不做任何有违自己意愿的事。”[②]“如果你要去旧金山的话，请别忘了在头发上插满鲜花。在旧金山这座城市里，你遇到的人温柔善良。对于那些要去旧金山的人，今年夏天将充满爱的阳光。全国弥漫着新气象，人们努力不懈，新一代人有新的想法。”[③]“来吧，人们，向你的兄弟微笑，大家来到一起，让我们相互友爱，就在现在。”[④]“审视内心，关注社会，退出世俗（Turn on，ture in，drop out）。”[⑤]通过嬉皮士的这些口号和言谈可以看出他们的目标：一是颠覆资产阶级文化生活方式、价值观；二是希望建构一个充满人性和爱的“伊甸园”；三是遵从内心召唤，寻找真实本性。而第三点最为核心。

致幻剂之所以被选择，是因为它带来的“意识革命”是达到嬉皮士目标最快捷、便利的途径。在他们看来，“致幻剂至少可以被称作一种文化的解毒剂：它像一支情感洗涤剂，帮助人们冲洗掉现实生活中的虚假与伪善，穿破当代美国社会这个活地狱，看到正统文化一直没法破坏的美丽景色……毒品与寻求真正的人类生存密切相关。真正的人类生存环境中，人既不异化于自己，又不与他的同

---

① Theodore Roszak, *Making of a Counter Culture: Reflections on the Technocratic Society and Its Youthful Opposition*, California: University of California, 1969, p. 35.

② 一位嬉皮士被逮捕时的话。参见王恩铭《美国反正统文化运动：嬉皮士文化研究》，北京大学出版社 2008 年版，第 115 页。

③ 嬉皮士之歌《旧金山》歌词。

④ 发表于旧金山的嬉皮士地下刊物《退缩者》（*Crawdaddy*）中的一段话。参见温洋《反正统文化的亚文化群——嬉皮士》，《美国研究》1988 年第 4 期。

⑤ 此话为 1967 年莱瑞在旧金山数万嬉皮士参加的“人类大会”上的讲话，之后成为嬉皮士反正统文化的口号。

类相疏远，更重要的是，上帝始终活在他的心中。就这些与神学相关的人类生存问题而言，毒品提供的答案远远胜于法律或者药品所能提供的答案”①。实际上，在精神层面，致幻剂确实可以打开精神体验之门，研究者将这种体验总结为四种：第一，存在一些中间水平的经验，诸如对气味和能量场的微妙知觉，与其他存在形式的沟通，包括与动物、植物甚至地球本身的沟通；第二，灵魂的体验，如感受到灵魂的光、爱、欢乐、力量和宁静，伴随着与终极存在的充分交流；第三，非个人（impersonal）维度的体验，意识自由漫游于广阔无垠的内在空间；第四，被描述为最美妙的宇宙意识体验。②

迷幻药对很多人而言如果不是全部的转变途径，至少是个开始。即使是这种短暂的自我超越也向西方占统治地位的物质主义和科学主义世界观提出了一系列挑战，最终粉碎了物质主义的范式。致幻物成为嬉皮士们反正统文化和反现代主义情绪的工具。这些情绪使得很多人去寻找非西方和前基督教的欧洲传统之美。这种美被认为存在于基督教主流文化之上，与灵性和神秘的文化相关联，于是萨满教被选择。

布理思立（Priestley）在《文学与西方人》指出：“精神分裂的西方文化，急切地在寻找它的中心，寻找内心与外在生命的平衡……这整个时代的内心世界……正在努力补偿以往意识方面的失败，恢复因偏颇而毁坏的平衡，与虎视眈眈的对立者言归于好……他说，只有宗教才能承担未来的重量。可是，这宗教不是教会的宗教，而是超验习俗与政治的宗教。”③ 赫胥黎预言：“美国的宗教复

① 王恩铭：《美国反正统文化运动：嬉皮士文化研究》，北京大学出版社 2008 年版，第 117、115 页。

② 郭永玉：《西方心理治疗中致幻剂的应用》，《长江大学学报》（社会科学版）2006 年第 1 期。

③ 玛丽琳·弗格森：《宝瓶同谋》，廖世德译，湖南人民出版社 2012 年版，第 33 页。

兴将不是以传道开始，而是以迷幻药开始。从主要是关于种种象征的活动开始，宗教到最后将转变为主要是与直觉经验有关的活动——每一天都在发生的神秘。”确如他们所言，经由嬉皮士和他们的致幻物超验体验，一场要求个人真实性，要求政治、社会的自由，拒绝传统宗教中特殊人物对灵性的垄断和科层制，鼓励个人直接与神灵接触的灵性运动兴起。①

（二）嬉皮士社区伊瑟兰与西方新萨满教的孕育

除了使用致幻物外，嬉皮士运动为了实现追寻本真的目标，还建立了大量的嬉皮士社区，作为他们自绝于主流“污秽”社会、寻求“美丽世界”的一种集体生活方式。据统计，美国到20世纪60年代末，已有嬉皮士社区7000多个，社员高达200多万人。其他欧美国家受其影响，也建立了一定数量的嬉皮士社区。东方宗教和神秘主义信仰是这些社区的一个显著特点。因为东方宗教一般具有形而上、终极的宇宙观，这种形而上和终极性对物质世界具有消解性，最终将物质世界看作外在虚幻或次要的东西。东方宗教具有的这些特点无疑对逃避现实、拒斥物质主义的嬉皮士很有吸引力。神秘主义吸引嬉皮士的地方主要表现在两点：一是以非理性为本质的神秘主义契合了嬉皮士对完全理性、漠视人的心灵之声的社会的抗拒；二是神秘主义实践促使体验者与宇宙、神灵等强大的力量结合，这一结合可能会给体验者带来透彻的洞悟或者一种无以言说的喜悦和宁静感。平和、愉悦、洞彻正是内心极度困惑的嬉皮士急需的东西。这些嬉皮士社区中，最为有名的就是伊瑟兰社区。

美国学者雅各布·尼德曼（Jacob Needleman）在其著作《新宗教》中写道：“迟早我们都必须了解加州——这不只为了想预知这

① Jeroen W. Boekhoven, *Genealogies of Shamanism: Struggles for Power, Charisma and Authority*, Groningen: Barkhuis Press, 2011, p. 166.

个国家的前途……这里现在有一种东西努力着要诞生。”[①] 这位学者所说的“一种东西”，指的是20世纪60年代以来以加利福尼亚州为中心形成的一种精神气息，即人类对精神性的追求。20世纪60年代，加州成为美国反正统文化的中心，校园反战、吸食致幻剂、嬉皮士运动、潜能运动都在这里集中上演。之后，越来越多的灵性追求者、意识知觉的拓展者集中于此。伊瑟兰社区就是其中一个最著名的集中地。

伊瑟兰社区位于加利福尼亚州的大瑟尔海岸，远离都市喧嚣，娴静、幽雅，被誉为“世外桃源”。这块土地原属于墨菲家族的私人庄园。继任者迈克尔·墨菲（Michael Murphy）曾在斯坦福大学学习医学，因误打误撞旁听了一次比较宗教课后对东西方思想产生了浓厚的兴趣。之后，他为了“寻找生活的意义”中途退学。当20世纪60年代嬉皮士文化兴起，他与校友迪克·普瑞斯（Dick Price）[②] 一起，在施皮格尔贝格的帮助下建立伊瑟兰社区。

伊瑟兰社区源于嬉皮士的社会实验，最初的居民以嬉皮士为主，但是学术界的宗教思想家、心理学家、人类学家逐渐成为这里的座上嘉宾。[③] 推动伊瑟兰社区向潜能开发和宗教灵性实践的主要人物有人本心理学者尤其是心理学家亚伯拉罕·马斯洛（Abraham

① 转引自玛丽琳·弗格森《宝瓶同谋》，廖世德译，湖南人民出版社2012年版，第40页。

② 迪克·普瑞斯毕业于斯坦福大学，受业于格雷戈里·贝特森（Gregory Bateson）和弗雷德里克·施皮格尔贝格（Frederic Spiegelberg）。施皮格尔贝格是斯坦福大学的宗教学教授，他对东方宗教和宗教神秘体验怀有浓厚的学术兴趣。贝特森在人类学、心理学等方面都成绩卓著。人类学方面著有《纳文》（*Naven: A Survey of the Problems Suggested by a Composite Picture of the Culture of a New Guinea Tribe Drawn from Three Points of View*）、《巴利人的特质》（*Balinese Charcter: A Photoarphic Analysis*）、《交流》（*Communication: Thesocial Matrix Of Psychiatry*）、《精神生态学进程》（*Steps to an Ecoloqy of the Mind*）等。在心理学方面，他主要关注人的精神健康问题，提出用来解释精神分裂行为的“双重束缚”理论。这两位老师的思想对普瑞斯创建伊瑟兰社区中都产生了深远的影响。

③ 20世纪70年代，哈纳、卡斯塔尼达先后来到伊瑟兰，将他们的最新萨满教研究成果（当时哈纳主要进行萨满教与致幻剂的研究，卡斯塔尼达已经出版了《巫术唐望的教诲》一书）与这里的学者进行思想碰撞，为其新萨满教的发展奠定了基础。

Maslow）和茱莉亚·希尔弗曼（Julian Silverma）。

人本心理学兴起于20世纪40年代，是在反对行为主义心理学和精神分析学的基础上兴起的。前者主要以动物、幼儿的简单行为和行为异常者的心理为主要研究对象，人本心理学则强调心理学的研究应该关注社会上绝大多数人即健康人的心理，特别是关注人的意识经验在心理学中的重要作用。马斯洛在人本心理学框架下提出人的五种需要理论。[①] 到了60年代，心理学中的第四势力——超个人心理学兴起，它是一个试图将世界精神传统的智慧特别是东方精神性智慧融汇到现代心理学中的学派。从某种意义上说，超个人心理学是“迷幻革命”下的产儿，几乎所有的超个人心理学者都受到了致幻物的影响，或对致幻物影响下的意识状态的变化有着浓厚的兴趣。致幻物作用下的意识改变状态是超个人心理学的一个重要研究对象。1962年，他到了伊瑟兰社区，深切感受到人的精神需求的迫切性。其后，他提出了超个人心理学理论，指出人类还有一项“超越性需求”，也可以称为精神性需要（或者称灵性需要）或超越自我实现的需要，这是人类五种基本需求之上的最高需求。在马斯洛看来，致幻物特别是LSD和“神圣蘑菇”提取物能够满足人们灵性需求的个人高峰体验的可能。另一个超个人心理学家阿萨鸠里则更关注心理治疗实践，著有《心理综合的理论与技术手册》。他发展出一套临床上较为完整的治疗模型和技术。这些技术包括利用象征物进行有目的的想象，目的是唤醒个人沉睡的超意识能量；唤醒意识之后，进入沉静的体验和意义。在这个阶段，可以想象诸如太阳、神圣人物等象征物，目的是进入深层次的意识状态，发现真实的自我。最后，实践者将这种体验讲述出来，并表达它的意义。阿萨鸠里的这套实践技术对后来出现的西方新萨满教实践影响

① 即生理上的需求、安全上的需求、情感和归属的需求、尊重的需求和自我实现的需求，这五种需要按照从低到高的顺序先后满足。

很大。无论从哈纳的核心萨满教还是卡斯塔尼达的无极实践中，我们都可以看到它的影响。

实际上，希尔弗曼是对伊瑟兰社区走向萨满教灵性实践起到直接作用的人。她长期关注萨满教的心理治疗功能，在伊瑟兰做了一场名为“萨满教、致幻物及精神分裂症”的报告，主张将萨满教作为人类主要的精神疗法。她的报告引起了积极的回应。1971—1978年，伊瑟兰一直在她的管理下，从一个集合嬉皮士的“营地”转变为通过体验萨满教、禅宗等到达自我实现为目的的灵性中心。

作为加州精神体现的伊瑟兰社区，对周围有着强烈的辐射作用，加州大学就是其中之一。加州大学的青年学子曾是校园反战和反正统文化的积极参与者，该校师生也因在这里参与、目睹了社会的风云变幻，对此在学术上进行积极探讨。以加州大学人类学系为例，20 世纪 60 年代起，他们就非常关注灵性、意识改变、潜能运动等问题，师生的学术选题经常与此类问题相关。

第四章

西方新萨满教的开启

第一节　卡斯塔尼达与巫士唐望之争

一　在西方引起轰动的印第安巫士师徒

1968年，加利福尼亚大学出版了人类学专业学生卡洛斯·卡斯塔尼达（Carlos Castaneda）的硕士学位论文，取名为《巫士唐望的教诲：亚基人的智慧之路》（以下简称《唐望的教诲》）（*The Teaching of Don Juan*：*A Yaqui Way of Knowledge*）。书中讲述了作者在加利福尼亚大学人类学系攻读硕士时，出于田野调查的需要①，在朋友的介绍下，认识了来自墨西哥索诺拉地区的亚基族巫士②唐

---

① 卡斯塔尼达坚称《唐望的教诲》一书是自己在美国亚利桑那州与墨西哥索诺拉地区所做的人类学田野调查的结果，但是20世纪70年代以后质疑声不断产生，并引发当时著名的“卡斯塔尼达之争”。

② 卡斯塔尼达同时使用了萨满（shaman）、巫士（sorcerer）来指称唐望。1968年，西奥多·罗莎（Theodore Rosak）对卡斯塔尼达进行了访谈，其中就“巫鲁荷”（brujos）一词的含义请教于他。卡斯塔尼达的回答是：“巫鲁荷是一个西班牙的概念，它可以翻译成不同的词语，在英语对应（会施魔法的）男女巫师、（会使用药草治疗的）医者或草药医生、草药治疗者，用专业术语来讲就是‘萨满’。”Theodore Rosak Radio Interview With Carlos Castaneda，1968，具体见http：//www. nagualism. com/1968 – radio-interview-carloscataneda. html。在《做梦的艺术》一书中，卡斯塔尼达也对此进行了说明：“照着唐望的建议，我避免使用shamanism这个字来代表他的知识，虽然在人类学上这是适当的术语，我一直都用他自己所用的称呼：巫术（sorcery），然而经过考虑，我发现称之为巫术只会使他在教导中所展现的神秘现象变得更为暧昧。”参见《做梦的艺术》之《自序》。为了叙述的方便，这里笔者谈及唐望时使用“巫士”一词。

望，并成为其门徒，在其引导下开始认识、尝试印第安的致幻药草——麦斯卡灵佩约特、曼陀罗魔鬼草、致幻蘑菇等物，并经历种种幻觉体验。令出版社意外惊喜①的是，这本书面世后很快在西方社会中引起了极大的轰动，并且成为最畅销的作品之一，当年销量高达30万册。之后，作者又乘胜追击出版了《解离的真实》《前往伊斯特兰的旅程》等书。②

到了20世纪70年代初，读者对卡斯塔尼达的迷恋、社会对他的关注达到几乎空前绝后的程度。《纽约时报》《生活周刊》《芝加哥先驱报》《洛杉矶报》等各大报刊先后对其进行评论报道："我们能够拥有卡洛斯·卡斯塔尼达的著作，真是幸运得令人难以置信……这些作品的重要性，无论再怎么夸大也不为过。""卡斯塔尼达促使我们相信，唐望是人类学作品中最非凡的人物之一，是新石器时代式的圣人。他有助于我们接受来自美洲的神秘智慧之礼"；"看完他的作品之后，对世界的看法不发生变化是不可能的……假如卡斯塔尼达是对的，要是就在此刻，就在我们面前，确实存在另一个世界，一个有时候美丽有时候可怕的世界，那该有多好。要是我们也能看到就好了"。③"这本书里没有一般民族志著作烦琐的表

---

① 1967年，卡斯塔尼达将《唐望的教诲》的书稿拿给加州大学人类学系的克莱门特·梅根（Clement Meighan）教授时，教授认为它不像一本学术论文更像普通读物。之后，在教授的推荐下，卡斯塔尼达将书稿寄给加州出版社。出版社编辑虽然也对书中内容的真实性表示怀疑，但鉴于梅根的推荐，加上又是加州大学人类学系学生的硕士学位论文，于1968年春勉强出版了该书。

② 卡斯塔尼达共出版了12本著作，分别是《巫士唐望的教诲》（*The Teaching of Don Juan: A Yaqui Way of Knowledge*, 1968）、《解离的真实》（*A Separate Reality*, 1971）、《前往伊斯特兰的旅程》（*Journey to lxtlan*, 1972）、《力量的传奇》（*Tales of Power*, 1974）、《巫士的传承》（*The Second Ring Power*, 1977）、《老鹰的赠予》（*The Eagle's Gift*, 1981）、《内在的火焰》（*The Fire from Within*, 1984）、《寂静的是知识》（*The Power of Silence*, 1987）、《做梦的艺术》（*The Art of Dreaming*, 1993）、《巫术之道》（*Magical Passes*, 1998）及去世后出版的《无限的积极面》（*The Active Side of Infinity*, 2000）、《时间之轮》（*The Wheel of Time*, 2001）。

③ ［美］卡洛斯·卡斯塔尼达：《巫士唐望的教诲》之封面页，鲁宓译，上海文艺出版社2010年版。

格、注脚，有的只是卡斯塔尼达诚实、清楚地向我们讲述了发生的事情，让读者也能身临其境地与他一起分享、分担着他的欣喜、困惑、恐惧等多种情绪。”①

学术圈子里的部分人也开始讨论卡斯塔尼达的写作且多有褒扬。著名人类学家利奇（Edmund Leach）等将卡斯塔尼达和彼得·福斯特、迈克·哈纳一同视为人类学青年新秀。② 曾任美国人类学学会主席的沃尔特·古德施密特（Walter Goldschmidt）为《唐望的教诲》作序并赞扬卡斯塔尼达：“唐望让我们瞥见了一个亚基族巫士的世界，由于我们是在知觉转变性物质的影响下看见了那个世界，我们所得到的了解完全不同于其他任何来源，这是本书所具有的特殊价值……卡斯塔尼达很正确地评估了这个世界虽有千变万化的知觉方式，但仍有其内在的秩序存在。他尝试由内在来解释，根据他自己在唐望指导下丰富而强烈的个人经验，而不是由我们所依赖的逻辑。他的方法完全成功，是因为我们的文化及语言所设下的知觉限制，而不是他个人的无能；但是他造了一座桥梁，连接一个亚基族巫士的世界与我们的世界，也就是非常现实的世界与日常现实世界。”③ 玛格丽特·米德也指出：“卡斯塔尼达发展出一种新方法，这种方法使那些没有美国印第安宗教体验的人通过读这本书也有了同样的体验。”校园成了卡斯塔尼达的阵地，学生几乎人手一册，津津乐道地讨论着唐望，沉浸在亚基人的巫术世界。学校也对“卡斯塔尼达热”做出回应，在人类学系开设宗教人类学课程，指定的阅读书目将卡斯塔尼达的《唐望的教诲》与马凌

① ［美］卡洛斯·卡斯塔尼达：《巫士唐望的教诲》之封面页，鲁宓译，上海文艺出版社 2010 年版。

② Leach · Edmund, “High School”, *The New York Review of Books*, New York Press, 1969, 见 http://www.nybooks.com/articles/archives/1969/jun/05/high-school/。

③ ［美］卡洛斯·卡斯塔尼达：《巫士唐望的教诲》之封面页，鲁宓译，上海文艺出版社 2010 年版，第 11 页。

诺斯基的《巫术、科学和宗教》、普利查德的《阿赞德人的巫术、神谕和魔法》、克拉克洪的《纳瓦霍人的巫技》、道格拉斯的《洁净与危险》、特纳的《象征之林》、列维－斯特劳斯的《原始思维》并置。

二　卡斯塔尼达之争

（一）质疑之声

1973 年，当卡斯塔尼达在社会上的名声越来越大时，美国最具影响力的新闻杂志《时代周刊》决定对其进行专题访谈报道。[①] 在准备期间，通讯记者桑德拉·顿（Sandra Burton）却意外地发现卡斯塔尼达伪造了自己的身份信息：他公开宣称自己出生于巴西，曾在意大利的米兰学习过艺术，父亲是一位高级政府官员。但是，事实上，他的出生地是秘鲁安第斯山脉的卡哈马卡（Cajamarca），其父是一位有一定文化的金器工匠，在洛杉矶城市大学学习，专业是心理学和文学创作。同时，他还在其他事情上不诚实，如他逃过兵役，母亲去世时他 24 岁而非他所说是 7 岁。在访谈中，伯顿就此提问。面对伯顿的质疑，卡斯塔尼达回答道："要求我通过给你数据来证实我的生活，就好比用科学来证明巫术。这种做法剥夺了世界的魅力，将我们所有人都变成了路碑。"[②] 最终，这次访谈近万字的《卡斯塔尼达：巫术与现实》一文刊登在《时代周刊》杂志上。这期的杂志出版之后，社会上、人类学界影响强烈。一场关于卡斯塔尼达的大讨论正式开始，直到 1998 年他去世，对他的争议从来没有平息过。但是，卡斯塔尼

---

① 《时代周刊》于 1972 年对《唐望的教诲》一书进行了详细的介绍，参见 Robert Hughes, "Books: The Sorcerer's Apprentice", *TIME Magazine*, Dec. 6, 1972。

② "Don Juan and the Sorcerer's Apprentice", *TIME Magazine*, Mar. 5, 1973.

达本人并没有公开回应这些争论[1]，而是从公众视野中消失，过起了隐士般的生活。同时，他的1977年以后的作品中（包括《巫士的传承》《老鹰的赠予》《内在的火焰》《寂静的知识》等），唐望这一人物也“消失”了。

自《时代周刊》刊发《卡斯塔尼达：巫术与现实》一文以来，学界展开了一场关于卡斯塔尼达著作的真实性问题[2]的论战。这次论战与“米德—弗里曼之争”“奥贝塞克里—萨林斯之争”一起成为人类学史上就田野调查真实性展开激烈讨论的著名论战。卡斯塔尼达之争中，一方认为卡斯塔尼达制造了一场骗局，他的田野调查内容以及唐望其人都是虚构的。简·凯莱（Jane H. Kelley）、爱德华·斯派塞（Edward H. Spicer）等印第安亚基人文化研究学者指出，卡斯塔尼达关于亚基文化的描写与事实不符。汉斯·西博尔德（Hans Sebald）考察了索拉诺的环境，指出卡斯塔尼达书中的描述与当地实际的地理、气候、植被分布差异太大。1976年，理查德·德·米勒（Richard de Mille）出版了《卡斯塔尼达之旅：力量与寓言》，将这场论战推向高潮。米勒从《唐望的教诲》的叙述内容、写作方法、细节等方面，指出该书时间前后顺序混乱，逻辑错误层出，看起来像小说的框架。[3] 同时，他还批判卡斯塔尼达笔下的唐

---

[1] 《老鹰的赠予》自序中，卡斯塔尼达说道：“虽然我是一个人类学家，这不是一本严格的人类学著作；但本书是根源于文化人类学，起始于多年前我的一项田野研究。我当时对于美国西南部及墨西哥北部印第安人药用植物的研究感兴趣……现在我距离原来的西方人或人类学家的身份已经相去甚远，但首先我要强调这不是虚构。只是因为我的描述对于我们而言是陌生的，因此似乎不真实。”从这些话语隐约可以看出卡斯塔尼达对唐望系列作品真实性的回应或辩解。着重号为笔者所加。引文参见［美］卡洛斯·卡斯塔尼达《老鹰的赠予》之《自序》，鲁宓译，方智出版社1997年版。

[2] 实际上，从1969年（《唐望的教诲》出版的翌年）起就以“神圣蘑菇”闻名于西方社会的沃森发现，卡斯塔尼达书中描写的致幻蘑菇生长的环境、使用方法是错误的。但是，这一发现并没有引起当时的关注。

[3] 1968年，卡斯塔尼达接受广播访谈时，坚称自己的神秘体验完全是真实的。记者也提到他的写作中时间前后顺序不一致这一问题，他的回答是，“这是出于写作和关注点的需要，即只是有选择性地择取了一部分重要的内容，舍弃了一些琐碎的内容”。Theodore Rosak Radio Interview With Carlos Castaneda, 1968. 具体参见 http://www.nagualism.com/1968-radio-interview-carlos-cataneda.html。

望身上体现不出鲜明的亚基族文化背景。[①] 他教授的内容是美国印第安人民间故事、东方神秘主义和欧洲哲学思想的大杂烩[②]，也混合了宗教学家伊利亚德、哲学家维特根斯坦（Ludwig Wittgenstein）和苏珊·朗格（Suzanne Langer）、东方学家妮尔夫人（Alexandra David – Neel）、禅学大师铃木大拙（D. T. Suzuki）、新思想运动者依仪·罗摩恰拉卡（Yogi Ramacharaka）[③] 等人的学说思想。此外，米勒还质疑道："卡斯塔尼达跟随印第安致幻植物'专家'唐望学习长达九年时间，他们一起采集植物、捕获猎物，但是他竟然对任何植物或动物的印第安名称毫不知晓……唐望的说话语气更像一个学者而非巫士。"[④] 为了证明他的猜测，米勒重返加利福尼亚大学图书馆，在那里查看了卡斯塔尼达当年的借阅书目记录，发现他阅读了大量描写美洲印第安人社会、文化尤其是佩约特仪式的文献。他

---

① 1968 年，卡斯塔尼达接受广播访谈时，记者问及唐望身上感觉不到鲜明的文化背景时，卡斯塔尼达对此的解释是唐望的父母亲给予了他不同的文化渊源（其父是来自索诺拉的亚基印第安人，其母则来自亚利桑那州的印第安人），而唐望本人游历了许多地方，自然他的知识就受到这些地方文化的影响。当问及唐望的谋生之道时，卡斯塔尼达给出的回答是："我不能在这谈论这些。" 见 Theodore Rosak Radio Interview With Carlos Castaneda，具体参见 http：//www. nagualism. com/1968 – radio-interview-carlos-cataneda. html。在《唐望的教诲》中，也可以看到卡斯塔尼达对唐望身份的注解："虽然他把自己视为来自索诺拉的印第安人，我不确定是否把他的知识完全归类为诺诺拉印第安人的文化里，但是在这里，我并不想去划分他的文化背景。" ［美］卡洛斯·卡斯塔尼达：《巫士唐望的教诲：亚基人的智慧之路》之封面页，鲁宓译，上海文艺出版社 2010 年版，第 6 页。

② De Mille，Richard，*Castaneda's Journey*：*The Power and the Allegory*，Santa Barbara：Capra Press，p. 166.

③ 依仪·罗摩恰拉卡是威廉·沃克·阿特金森（1862—1932）的笔名。此人被认为是"吸引力法则鼻祖"、"身心灵培训先驱"。他倡导的"新思想运动"带动了 20 世纪美国历史上一次心理学思潮，许多著名的心理学家、作家都成为这一运动的主将，著有《最后的讲座》《新引力法则》《秘密之书》等书和大量的瑜伽训练教程。米勒发现卡斯塔尼达的《解离的真实》下面一段内容与阿特金森的著作内容完全相同：在"看见者"的眼中，人类是由明亮纤维环绕而成的明亮蛋体，他也说过在这些明亮蛋体上最显著的特征，是一束从肚脐部位发出的长纤维。这些长纤维对于人类有莫大的重要性。这些长纤维也就是唐哲那罗平衡的秘密。他的教诲与跳过瀑布顶端毫无关系。他的平衡特技其实是他使用这些长纤维的一种方式，这些纤维就像触角。

④ De De Mille，Richard，*Castaneda's Journey*：*The Power and the Allegory*，Santa Barbara：Capra Press，1976，p. 19.

锁定爱德华·莫里斯的《阿帕切人的生活方式：关于奇里卡华印第安人的经济、社会和宗教习俗》（*An Apache Life-Way: The Economic, Social, and Religious Institutions of the Chiricahua Indians*）和《阿帕切人的奥德赛：两个世界之间的旅行》（*Apache Odyssey: A Journey between Two Worlds*）、芭芭拉·梅耶霍夫的《墨西哥乔维印第安人的鹿、玉米与佩约特情结》（*The Deer-Maize-Peyote Complex among the Huichol Indians of Mexico*），认定卡斯塔尼达大量参考甚至剽窃了这几本著作中的内容。最后，米勒宣称他发现了20世纪人类学史上的最大骗局，巫士唐望只在卡斯塔尼达的虚构中存在。

丹尼尔·诺埃尔（Daniel Noel）是另一个质疑卡斯塔尼达学术造假的学者，著有《萨满教的灵魂：西方的想象，臆想的现实》（*The Soul of Shamanism: Western Fantasies, Imagined Realities*）一书。他称："加利福尼亚大学图书馆就像一个密室，一个说谎的人类学者在那里造就唐望，以及随之而来的新萨满教浪潮。"[①] 人类学家杰伊·菲克（Jay Fikes）在《卡斯塔尼达、学术机会主义和迷幻的60年代》一文中指出，唐望并非一人，而是混合了两个甚至三个真实的印第安萨满形象，其中之一就是给沃森"神圣蘑菇"的赛琳娜萨满。[②]

（二）支持的力量

米勒、诺埃尔等人的打假带来了学术界截然不同的反应。一部分人将卡斯塔尼达视为人类学学科的耻辱、禁忌。在这种压力之下，卡斯塔尼达离开了学术圈。另一部分学者则给予卡斯塔尼达积极的支持。

卡斯塔尼达的大学老师、加州大学人类学家和考古学家克莱门

① Daniel Daniel Noel, *The Soul of Shamanism: Western Fantasies, Imagined Realities*, New York: Continuum International Publishing Group, 1999, p. 87.

② Jay Fikes. *Carlos Castaneda, Academic Opportunism and the Psychedelic Sixties*, Madison Books, 1993.

特·梅汉[①]（Clement Meighan）针对当时对卡斯塔尼达田野调查的真实性质疑，回忆了当年在加利福尼亚大学教授印第安人课程时的情景。他说："当年我要求选修这门课程的学生们交上一份论文，规定论文的内容最好是直接访谈一个印第安人（部落）而不是从图书馆摘抄一些相关的文献资料，并许诺对认真进行田野调查的学生给 A 成绩……结果在选这门课的八九十人中只有三人完成田野调查，其一就是卡斯塔尼达……但是他调查的是尤马印第安人[②]，也可能是科罗拉多河流域的某些部落而非加利福尼亚印第安人。我教授这门课程已经很多年了，我想我所掌握的加利福尼亚南部的印第安人的文献资料要比任何一个本科生多。所以，我没有理由相信也不愿相信卡斯塔尼达在撒谎。"[③] 对于很多人提出的唐望身上没有显著的亚基印第安人特点这一问题，梅汉的解释是，唐望是个有阅历丰富的人，在美国西南部亚利桑那州、墨西哥北部、墨西哥的瓦哈卡等地都生活过，而非只是生活在亚基印第安人保留地。此外，还有很多学者支持卡斯塔尼达。核心萨满教的创立者哈迈克·哈纳就认为他的田野调查为 110% 的真实。大卫·扬（David Earl Young）和吉恩 – 盖伊·力特（Jean-Guy Goulet）强调，尽管卡斯塔尼达的传记和对外公开的身份很大程度上是伪造的，但是这并不意味着唐望这一形象完全没有进行任何田野调查。[④]

---

① 卡斯塔尼达的大学老师，他在《唐望的教诲》中提到过这位教授，称他是当时加利福尼亚大学为数不多的公开鼓励他进行对亚基族巫士唐望进行田野调查的人，并且声称："我对于人类学的研究都要归功于他的启发。他是唯一敦促我尽量去深入挖掘我所遇到的任何可能性……他告诉我，透过他的研究，他明白时间是最重要的关键，正在式微的古老文化所拥有的庞大复杂知识在现代科技与哲学的冲击下所剩无几。"参见《巫士唐望的教诲》之《跃入新认知系统的多重地平线——出版三十周年之纪念序文》。

② 尤马（Yuma）是生活在美国西南部的一个印第安人部落，笔者注。

③ Andrei A. Znamenski, *Shamanism: Critical Concepts in Sociology* (volume Ⅱ), London: Routledge, 2004, p. 34.

④ David Earl Young, Jean-Guy Goulet, *Being Changed: The Anthropology of Extraordinary Experience*. Ontaio: Broadview, 1994. pp. 273 – 294.

卡斯塔尼达之争在社会和学术界的反应却截然不同。当以米勒为首的一批学者如火如荼进行卡斯塔尼达造假大批判时，就有普通读者站出来证明唐望确有其人。一位妇女写信给米勒，内容是："我在1969年在美国的西南部遇见过唐望，请不要再讲唐望是虚构的，我已对这一观点厌倦之至。"另一位女性写信给《时尚周刊》（*Vogue*），说她1980年在加利福尼亚地区跟随一个名叫唐·乔斯的萨满学习过，这个人具有卡斯塔尼达笔下的唐望的基本特征。尽管卡斯塔尼达在学界遭遇非议，但是对社会上的数百万卡斯塔尼达迷来说，他的著作的真实性不容怀疑，也不愿去怀疑，或者即使是虚构的，也不会影响对他的痴迷。

（三）是人类学的民族志还是萨满小说

卡斯塔尼达之争最后演变成关于民族志理论、方法的讨论。反对者将卡斯塔尼达的著作排除在人类学学术作品之外，将其视为文学作品，以诺埃尔为代表。他将唐望系列直接命名为"萨满小说"（shamanovels）[①]，指出西方那些萨满教灵性智慧的追求者正是阅读了这些假借学术之名的萨满小说，再加上自己的想象，就认为自己也可以像卡斯塔尼达一样成为萨满，所以，在这种意义上讲，唐望系列促使了新萨满教（neoshamanism）的诞生。[②] 支持者以格尔兹、米德、道格拉斯为代表，他们称"卡斯塔尼达发展出一种新方法，这种方法使那些没有美国印第安宗教体验的人也通过读这本书有了同样的体验"，"人们迷恋卡斯塔尼达的著作是因为书中综合了常人方法学、超现实主义和现象学的写作手法"。利奇也指出，卡斯塔尼达著作的艺术性大于学术性，"他将超凡的个人体验以日记的形式表现出来，这是这本书值得关注的

① 诺埃尔的萨满小说还指称伊利亚德的《禁忌森林》，认为这本书不是一本严肃的学术著作。

② Daniel Daniel Noel, *The Soul of Shamanism: Western Fantasies, Imagined Realities*, New York: Continuum International Publishing Group, 1999. pp. 83 – 85.

地方”[①]。

卡斯塔尼达发展出的一种新方法是什么呢？自人类学诞生起，人类学的书写模式先后经历了不同的阶段。最先是传教士、旅行者、殖民地官员等奇风异俗式的记录，之后是弗雷泽式人类学家在“书斋中、扶手椅上”按照自己的臆想对已有文献资料的加工整理，此后是以《西太平洋的航海者》为代表的马凌诺斯基创建的现代民族志。现代民族志有一套系统的田野工作方法。第一，融入当地即田野调查时间不少于一年，熟悉调查对象的语言，建立良好的双方关系，这样可以达到不但“土著的日常生活经常呈现在我眼前，偶发的、戏剧性事件，如死亡、吵架、村落纷争、公共的和庆典性事件等也未逃过我的注意”[②]。第二，强调采用调查对象的观点和视角来观察和思考，但是要求调查者与调查对象保持距离。第三，重视文化整体观，即“必须把该社区中社会的、文化的和心理的所有方面作为一个整体来处理，因为这些方面是如此错综复杂，以至于不把所有方面考虑进来就不可能理解其中的一个方面”[③]。第四，强调民族志的真实性、客观性，目的是建立“科学的民族志”。在上述几点的基础上，人类学者开始写作、分析“异文化”，这就是整个现代民族志的“制造”过程。自建立到20世纪中叶，现代民族志方法几乎成为人类学界一个“神圣”范式。但是，到了20世纪六七十年代，事情开始发生变化。

“60年代前后，出现了一股针对主流社会文化人类学的反话语。”[④] 这股潮流以阿萨德、萨伊德、格尔兹为主要代表，他们就民

---

① New York Review of Books. 12/11 1969.

② ［英］马凌诺斯基：《西太平洋的航海者（前言）》，梁永佳、李绍明译，华夏出版社2002年版。

③ 同上。

④ ［美］詹姆斯·克利福德等编：《写文化：民族志的诗学和政治学》之《中文版序：〈写文化〉之后20年的美国人类学》，高丙中等译，商务印书馆2006年版，第7页。

族志的书写者——人类学家的身份、民族志的书写内容——“他者”和民族志对“异文化”的解释三个方面，对当时一统天下的现代民族志提出质疑。在这些批评者看来：第一，人类学家永远无法摆脱自身社会意识形态的影响做到价值中立，所谓的“科学民族志”中也无法掩藏西方的殖民意识，因为被描写对象的“视野”是被动地放置在西方殖民主义或新殖民主义统治的世界中来看待的。第二，民族志中对“异文化”的描述虽然标榜去民族中心主义，但是文本实际上呈现出来的“他者”，却成为凸显西方“威望”的参照物。第三，现代民族志自诩为“文化科学”，具有客观性，但是实际上，人类学者不管是从事田野调查还是在民族志写作过程中，表达出的都是一己的所观所思，那么文本的客观性就备受怀疑。

1967 年，马凌诺斯基的私人日记——《严格意义上的日记》被整理、出版，直接将人类学和民族志写作推向风口浪尖。它记录了马凌诺斯基在田野调查中的孤独、焦虑、无聊及对特罗布里恩德岛居民的厌恶与轻蔑的情绪，还暴露出他在田野中参考被他视为反面教材的《人类学笔记与询问手册》等情况。民族志的合法性、田野作业的真实性和人类学者的职业道德，在此时遭到空前质疑。在这种情境下，人类学界一些新的、具有实验性的民族志开始出现。这种实验的潮流被称为“实验民族志”，可以说它是当时人类学学科危机下的反思和新的尝试。“当前民族志形式和内容的实验，不应该被看作一种精英式的奇想，相反，它应该被看成存在于民族志读者当中的普遍期待，存在于民族志作家当中的自觉心境。民族志的读者和作者都期待着通过扩展民族志写作来创造出比起先辈们来说越来越多的好文本。”①

① ［美］乔治·马尔库斯、米开尔·费彻尔：《作为文化批评的人类学：一个人文学科的实验时代》，王铭铭、蓝达居译，生活·读书·新知三联书店 1998 年版，第 65 页。

在格尔兹等人看来，卡斯塔尼达的作品中那些具有实验性的写作特点正好契合了这份“期待”。马尔库斯和库斯曼将马凌诺斯基创建的现代民族志称为“现实主义民族志”。[①] 参照马尔库斯的分析，卡斯塔尼达的作品有别于以往的民族志新的特点主要体现在以下几点。

第一，“我”的主观描述、日记体叙述风格。“唐望系列”以人类学者本人与被研究者之间的对话体形式和第一人称“我”进行主观叙述，与“现实主义民族志”蓄意要树立的客观性截然不同。但是它契合了“实验民族志”的口味，因为在他们看来，民族志文本的权威最终需要作者的个人经历来确立，然后由表述的原创性来证实。

第二，反思性。在卡斯塔尼达的著作中，巫士唐望代表了来自古老墨西哥印第安人的智慧，他对世界的认识充满诗意和洞见，关注生命、自我、心灵，这些与西方社会形成鲜明的对比。这种对比实质上体现的是作者对西方社会的深度反省。

第三，实践性。卡斯塔尼达的作品开启了白人学习、实践“异文化”巫术的先河。他写道：“在某个时刻，毫无觉察地，我的任务神秘地从搜集人类学资料变成使自己发自内心地接受巫士世界的新‘认识系统’。”[②] “新的认识系统”，即巫术的世界认知模式。在卡斯塔尼达看来，只有从外在的观察转变为亲自的尝试，才能真正地理解巫术的世界。在这一点上，他与马凌诺斯基式田野调查中要求与调查对象保持距离的戒律形成鲜明的对比。

第四，文本内容方面，作者以自己的田野经历作为民族志文本的主要内容，其中有作者对异文化的困惑、艰难的认知和最终认同

---

① 具体参见王铭铭《西方人类学思潮十讲》，广西师范大学出版社 2005 年版，第 150—153 页。

② ［美］卡洛斯·卡斯塔尼达：《巫士唐望的教诲》之封面页，鲁宓译，上海文艺出版社 2010 年版，第 221 页。

的复杂过程展示，而非过去民族志中只是单一地记叙研究对象的“故事”，民族志的形成过程却对外秘而不宣。

第五，非整体性。叙述结构不是对“异文化”整体、全貌性描述，民族志中的主要人物（唐望）不再是被动的被研究对象，他有自身的鲜明特点，而非只是刻板单一的集体形象。

如果说卡斯塔尼达的作品只是当时人类学实验风格的无意的先行者，那么到了20世纪80年代，这股破旧立新的思潮已经蔚然成风，最终凝聚成两部理论著作：《写文化：民族志的诗学和政治学》和《作为文化批评的人类学：一个人文学科的实验时代》。这两本书对民族志的文本体裁（包括小说、诗歌、散文等）、叙述风格（对话体、独白或其他）、人类学者与调查对象的关系（调查对象也可以是虚构的人物①）、处于现代世界体系中的民族志写作存在政治权力等问题进行探讨。在“写文化者”们看来，民族志写作是人类学者工作的核心所在，而民族志的创作实质上是人类学者主观性对“异文化”发现、解读和文化意义的创造过程（creation of meaning），它体现的是部分真理（partial truth）。在他们看来，民族志是混合的文本活动，它的诗性可以跨越不同的体裁和学科，虽然他们“并未声称民族志‘只是文学’，不过它们确实坚持民族志向来是写作”②。而“写文化者”们要寻找的新民族志的特点，几乎都可以在卡斯塔尼达的著作中找到。所以，“写文化者”认为，卡斯塔尼达之争中“被争论的不是民族志的准确性问题，而是民族志权威、个人经历、科学性和表达

① 在“写文化者”们看来，民族志学者，虚构作品中的一个人物，站在舞台中央。他可以访谈以前被认为是“无关”的话题：暴力与欲望、疑惑、斗争以及被访人的经济交易。这些事情（在学科内部长久以来被非正式地讨论着）不再处于民族志的边缘地位，而被视为民族志不可避免的成分。参见［美］詹姆斯·克利福德等编《写文化：民族志的诗学和政治学》，高丙中等译，商务印书馆2006年版，第35页。

② ［美］詹姆斯·克利福德等编：《写文化：民族志的诗学和政治学》，高丙中等译，商务印书馆2006年版，第55页。

之原创性之间令人困惑的关系”①。

这场关于卡斯塔尼达的论战，使卡斯塔尼达这个人类学界初出茅庐的无名小卒变成学界的焦点人物，他笔下的萨满文化也受到广泛的关注。卡斯塔尼达在著作中表现的新风格正好契合了反思旧民族志、探索新民族志的潮流，所以赢得了一些具有新思想的人类学家的支持。正因为这股新思潮的支持，卡斯塔尼达的作品被视为人类学民族志（尽管只有少部分认同）而非文学小说，得以学界之“保举”（尽管只有少数人），西方新萨满教得以立身而非被视为空中楼阁。正是在新思潮的学术之名下，卡斯塔尼达拥有了一批学界的追随者，他们兼具研究古老的萨满文化和身体力行地实践萨满术，这批西方学者被称为“萨满人类学家”。他们是西方新萨满教的积极倡导者、实践者，也是一支推动西方新萨满教发展的重要力量。

第二节　“虚构”的民族志开启西方新萨满教

一　卡斯塔尼达的巫术之旅：从反文化到新时代

尽管卡斯塔尼达及其著作受到主流人类学家的诟病，被鄙称为“嬉皮士人类学者”“萨满小说”，但是这并没有影响到普通读者对他的痴迷。据统计，仅 1973 年，《唐望的教诲》每年可以卖出一万六千多册。根据美国最权威的图书销售调查机构尼尔森公司（Nielsen Book Scan）的数据，2000 年以来，《唐望的教诲》《解离的真实》和《前往伊斯特兰的旅程》每年仍能够卖出一万多册。卡斯塔尼达的著作为何能够如此流行，它对西方新萨满教的产生又

① ［美］詹姆斯·克利福德等编：《写文化：民族志的诗学和政治学》，高丙中等译，商务印书馆 2006 年版，第 58 页。

有着怎样的意义？

首先，回到20世纪五六十年代。前面已有论述，50年代西方社会物质的极大丰富、精神的极大压抑、“神圣帷幕”的消退，使人们处于一种享乐与精神无所安放并存的状态。60年代，人们试图打破这一状态。自沃森向西方社会宣告他在马萨特克印第安萨满那里尝试了“神圣蘑菇”的体验之后，得到赫胥黎、莱瑞等人的积极响应。他们成为致幻物体验的积极鼓吹者，大肆宣扬吸食LSD等可以打开内心世界，拥有萨满式超凡体验，吸引了大批青年学子的加入。在60年代，吸食致幻剂实际上具有工具性，是一种反抗和希望的体现，正如一位嬉皮士所言，是“打破现实生活中的虚假与伪善，穿破当代美国社会这个活地狱……寻找未被正统文化破坏的美丽景色”[①]，即反抗当时西方正统文化的价值理念，希望借助致幻剂感触到非西方的或前基督教时期的“原始”灵性之美。虽然莱瑞、赫胥黎等人都有精彩的致幻药物自体实验后意识改变情景的报告，但他们的体验都是完全西方个人自悟的。对绝大多数有着此方面强烈意愿的人来说，真正原始的、神圣的灵性之术应该是什么样子，作为西方人如何接触到它，又如何能够体验到它？因为没有一个西方人深入异文化的内部有过切实的实践和体验，也就没有人能够给出答案。服食致幻剂也带来各种结果：有人产生了神秘的灵魂体验甚至宇宙意识，有人产生了强烈的视听、气味幻觉或其他感受，也有人因强烈的化学反应产生了惊惶和恐惧感之后导致抑郁甚至自杀。问题亟待解答。

卡斯塔尼达是第一个解答上述问题的人。他走进了“他者”的世界，成为亚基族印第安巫士唐望的门徒，接受了来自古老的墨西哥印第安先民托尔特克人的巫术智慧的洗礼，以实践者的身份向读

---

① 王恩铭：《美国反正统文化运动：嬉皮士文化研究》，北京大学出版社2008年版，第117页。

者展示了亚基族的巫术面貌和自己的巫术体验，被赞誉为“制造了一座桥梁，联结了一个亚基族巫士的世界与我们的世界，也就是非常现实的世界与日常现实的世界”。

在卡斯塔尼达看来，要走进巫术的世界，首先要接受古代墨西哥巫士的认知系统，即承认巫术所呈现的是一种真实的现实状态（“非寻常现实状态”“特殊共识”[①]）。《唐望的教诲》《解离的真实》和《前往伊斯特兰的旅程》主要展示的是唐望对他以魔鬼草、佩约特、致幻蘑菇三种致幻物为中心的巫士认知系统的训练，里面有大量关于致幻植物的认识（包括获取、使用方法、魔力、控制技巧）和在它们的作用下意识转换后“旅行”的描写："旅行”开始时遇到的世界是可怕、难以理解的，充满着异族的动植物，接下来逐渐呈现出一幅和谐的、自然的、充满灵性的景象。当一个西方知识分子“原始”的萨满体验与人类学之名义下的真实和详细的巫士训练记录混合在一起的时候，它自然会吸引成千上万的人。人们通过巫士门徒的经验去体验这一“原始之美”，而这些东西在西方人看来正是他们苦苦寻觅但教堂宗教和主流文化极力遮蔽的。

20 世纪 70 年代，致幻剂被视为毒品遭到法律禁止，年轻的嬉皮士也走过了躁动的青春进入中年，新时代运动登场。新时代运动是一股混合多种思想元素的后现代思潮。可以说，新时代运动的思想是反正统文化的后继与转向，是从之前的外在批判、反抗转向对个体自我的肯定和意义追寻。它宣称“现代”已经结束，“后现

① 卡斯塔尼达指出，“非寻常现实状态”是“与日常现实相对的特殊现实，其中的区别是根据非寻常现实状态的内在意义”，因为“那是一种惊人、不同凡响的共识。对一个刚入门的门徒来说，如此的现实是不正常的”。但是，当时唐望不断地训练他去经历这种状态时，日常与“非寻常”之间的差别就会失去意义，意识转变后所见之景就不再是不正常的现实而是真实的现实，这就是“特殊共识现实”。参见［美］卡洛斯·卡斯塔尼达《巫士唐望的教诲》之封面页，鲁宓译，上海文艺出版社 2010 年版，第 9、221 页。

代”已经来临：要与西方传统的教会和制度化宗教决裂，推崇神秘智慧（尤其是东方神秘主义），强调活在当下，积极追求个人的内心圆满和灵性的擢升，希望到达身、心、灵的和谐统一。同时，新时代的响应者将人与自然世界的和谐相处看作达到人的身心平衡的一种途径。

布鲁斯在《新时代与世俗化》中把新时代的宗教特征归结为以下三点。其一，相信自我的神圣性，人人可以成圣。其二，整体观，即人与宇宙万物处于同一整体之中。其三，自我最高权威。《整体观、治疗与新时代》的作者赫奇斯将新时代运动的特点总结为四点，它们分别是希望（希望在人类的知识、信任、勤勉和耐心的美好品质之上，人们可以真实地表达自我的内心世界）、批判（批判现代西方工业社会的物质至上思想，认为它是人类的精神桎梏，指出人类的感官看到的只是世界的一面；同时，批判制度性宗教中如地狱、末日审判等带给人们的负罪感）、开放（对新思想、新经验和实践敞开，希望在它们的作用下，人们能够实现人的最高价值）、欣赏（欣赏那些拥有人与自然和谐、统一思想的文化）。此外，一些新时代者认为，新时代运动贯穿如下的重要概念。第一，“我们是神的一部分”，指出传统的“神”是一种超越外力、父性的、权威式的判官，新时代则倡导宇宙意识和能量为一切的源头，能量不生不灭，所以“我们是本质上不灭的精神体……吾心即宇宙，宇宙即吾心”。第二，创造自己的本真：因为人们都是自己命运的主宰，不必受外界任何权威的摆布，而外界的一切只是人类内心世界的投射。第三，肯定自己的人生意义。第四，道德的内在性即认为没有所谓的“天堂”和“地狱”，也没有神灵的原罪审判，自我的良知就是内在的道德。第五，身心整体疾病观即疾病更多地源于内心，因此调整、改变内心状况，就可以改变身体状况。第六，注重环境保护。第七，不私爱，倡导从爱己到爱人，从而达到内心的充盈。[①]

与反正统文化不同的是，新时代运动拥有广泛的群众基础（尽管很多人不标榜自己是新时代运动者，但是已经积极地接受了新时代运动中的诸种思想），已经很大程度上渗透到西方的主流文化当中。据统计，1978 年，伦敦近郊举行的“身心节”有将近九万人参加。《伦敦泰晤士报》的评论员伯纳·雷文（Bernard Levin）对这场运动这样评论：“这个数字告诉我们，人民对于转变的关心正在迅速地普遍起来：这个世界目前赖以生活的方式就是没有用，将来也不会有用。许多人也不再认为它有用。像我们这样的国家，到处都是想要什么物质慰藉就有什么物质慰藉的人。可是他们的内心却有一种默默不语的孤绝（有时候会吵出来）。他们别无所知，只知道自己内心空虚。不管他们从这个洞里灌进多少食物、饮料，塞进多少汽车、电视机，周围有多少教养良好的孩子、忠心的朋友……这个洞就是痛。所有参加这个节日的人都在寻找一种东西。这种东西不是‘确定’，而是‘了解’——了解自己。所有看得见的路差不多都是从一个地方开始，那就是追寻者的内在。”[②]

与社会环境的变化对应，卡斯塔尼达作品的重点也发生了变化。从《力量的传奇》（1974）开始，致幻植物在转变意识方面的重要性不再被强调，巫术中蕴藏的古老灵性智慧和它对个体精神成长的意义被突出。如《力量的传奇》讲述的是修补生命存在漏洞、达到自我完整的力量；《做梦的艺术》是作者历经 30 多年巫术生涯之后的总结性著述，集中探讨了一个重要的巫术主题——做梦，也就是对梦进行有意识的控制与探索；《内在的火焰》所阐明的是能量放射观念。从《巫士的传承》开始，唐望女门徒成为作品的一个重点，并且书中强调女性比男性在萨满修习

① 王季庆：《新时代系列·总序》，方智出版社 1992 年版。

② ［美］玛丽琳·弗格森：《宝瓶同谋》，廖世德译，湖南人民出版社 2012 年版，第 19 页。

中更有优越性。对于女性与灵性智慧关系的强调，非常适合新时代运动者的口味，在他们看来，比起男性，女性更代表着人的自然状态，她们是将西方人从物质主义、理性主义牢笼中解救出来的力量。当然，对于女性的强调，也是吸引女性参加萨满实践的一个重要因素。事实也表明，参与西方新萨满教实践的人数中，女性占到大多数。新时代运动者在这些作品中发现了可以滋养他们灵魂的精神性力量，于是，他们赋予卡斯塔尼达“新时代运动之父”的赞誉。

不管是偶然的契合还是有意的为之（迎合的成分应该更大些），从反正统文化到新时代运动，卡斯塔尼达的作品都与时代气息完美契合，这成为它们热销的秘籍。随着这些作品的流行，印第安人的萨满文化受到西方人的空前关注。卡斯塔尼达的“现身说法”则激起人们对萨满体验的热情，这种热情将成为他们加入新萨满教实践的动力。

二 唐望故事推动下的萨满文化热潮

（一）学界的萨满热潮

卡斯塔尼达带来了萨满文化的热潮。一些人类学研究者被卡斯塔尼达的体验报告深深吸引，他们纷纷步其后尘，走进印第安人部落。[①] 如芭芭拉·梅耶霍夫与彼得·福斯特一起到墨西哥乔维印第安人部落朝圣，在当地萨满的引导下，食用佩约特仙人掌后经历了“萨满旅行”[②]。保罗·斯托利走进尼日尔，在那里跟随桑海族萨满学习，著有《在巫术的笼罩下：在尼日尔桑海做门徒的回忆》。[③]

---

① 这些人多出身加州大学人类学系或与这座大学有密切联系。

② Myerhoff, Barbara G. , *Peyote Hunt*: *The Sacred Journey of the Huichol Indians*, New York: Cornell University. 1974.

③ Paul Stoller and Cheryl Olkes, *In Sorcery's Shadow*: *A Memoir of Apprenticeship among the Songhay of Niger*, Chicago: The University of Chicago Press, 1987.

约翰·希区柯克在尼泊尔成为当地萨满萨克兰特（Sakrante）的门徒，他声称自己看见萨克兰特从病人身上吸出来的魔箭。人类学者琼·哈利法克斯（Joan Halifax）等人收集了美洲、西伯利亚、非洲等地区的萨满及信徒的宗教体验，将它合集出版，书名为《萨满之声：关于幻觉的故事》。这本书扩展了西方人的视野，让人们“目睹”世界范围萨满的宗教经历。以至于1978年著名的人类学家马文·哈里斯不得不感慨道：“美国人类学充满形形色色的神秘主义、宗教狂热症和加利福尼亚邪教观，一群研究萨满教、巫术和‘超自然现象’的‘专家’操纵了人类学年会，用‘实证方法做研究的好文章’一再受到排斥。”[①]

道格拉斯（Douglass）[②] 与卡斯塔尼达是校友，同就读于加州大学人类学系，她著有《夏波诺：造访遥远而又神秘的南美洲雨林世界》[③] 一书。在书中，她以第一人称“我”叙述了在委内瑞拉和巴西南部的雅诺马马印第安人中进行田野调查期间，被当地人选中，与他们一起共同生活的经历。这本书出版后，卡斯塔尼达褒奖它为“将艺术、巫术和杰出的社科成果融为一体”。但是，在人类学界，它遭到和《唐望的教诲》一样的命运，学者们对它褒贬不一。赞同此书的学者认为，唐纳[④]造就了一本罕见和精彩的书，书中刻画出当地印第安人的生活和精神世界，向西方社会传达了他们神秘又令人惊叹的萨满仪式。批评者主要围绕作品的真实性、民族

① 《20世纪下半叶的欧美人类学理论》，谢丽·奥特纳、何国强译，《青海民族研究》2010年第2期。

② 道格拉斯在读博士期间认识了卡斯塔尼达，之后就一直追随他，被视为唐望的女门徒之一。雷金·玛格丽塔（Regine Margarita）、弗洛琳达·唐纳（Florinda Donner-Grau）都是道格拉斯的化名。

③ Florinda Donne, *Shabono: A Visit to a Remote and Magical World in the South American Rain Forest*, Delacorte Press, 1982. 夏波诺是Shabona的音译，系委内瑞拉和巴西南部的雅诺马马印第安人用棕榈叶搭建的住屋的名字。

④ 她此时用的是弗洛琳达·唐纳（Florinda Donner）这一名字。

志的合法性而展开。[①] 他们的观点被主流人类学界所采纳。美国人类学学会最后将《夏波诺》判决为虚假的民族志。尽管学界为此书判了死刑，但是并没有影响它在普通读者中的欢迎程度。《新闻周刊》称赞它"超越了人类学的问题和范畴，进入了一种迷人的异文化的纵深之处"。20 世纪 90 年代，弗洛琳达·唐纳与卡斯塔尼达、卡罗尔·提格（Carol Tiggs）和泰莎·阿贝拉（Taisha Abelar）[②] 一起创办了无极萨满工作坊，并担当灵性指导师。她的《女巫之梦：治疗者的知识之路》[③]《进入梦境：巫士世界启蒙》[④] 被作为无极工作坊的指导用书。前者主要讲述作者跟随南美萨满学习治疗之术的经历；后者则与卡斯塔尼达作品中的女巫相呼应，讲述了巫术世界中女性战士的训练法则。

卡斯塔尼达的影响与超个人心理学的结合，使一些心理学家将萨满与心理治疗联系起来，将人们对萨满教的兴趣导向灵性治疗方面，如心理学家拉森·史蒂芬。在《萨满之门》[⑤] 一书中，他讲述了自己的幻觉体验，并且提出可以将古老的萨满改变意识技术用于

---

① 丽贝卡·霍姆斯质疑作者未在雅诺马马人中生活过，批评唐纳所谓的民族志材料大部分抄袭自一个名叫海伦娜的女子写作的《雅诺玛尼：被亚马孙印第安人绑架的白人女孩的故事》，称《夏波诺》一书是"拼凑的故事加上作者的想象混搭而成，而卡斯塔尼达正以此法著称"。参见 De Holmes, "Shabono: Scandal or Superb Social Science?", *American Anthropologist*, No. 85, 1983, pp. 664 – 667。《雅诺玛尼：被亚马孙印第安人绑架的白人女孩的故事》讲述了海伦娜·瓦莱罗在童年时期因为自己的家庭被雅诺马马的一个部落袭击，她被俘虏而去，此后在这个部落成长直至成年的故事，笔者注。德布拉·皮基指出，该书是作者过于"自恋式地关注自己在田野中的个人成长……将个人经历作为人类学主题，牺牲了它作为一门社会科学应有的地位"。参见 Picchi, D., "Cultural/Ethnology: Shabono: A Visit to a Remote and Magical World in the Heart of the South American Jungle. Florinda Donner", *American Anthropologist*, No. 85, 1983, pp. 674 – 675。

② 被认为唐望的其他两名女门徒。

③ Florinda Donne, *The Witch's Dream: A Healer's Way of Knowledge*, New York: Simon & Schuster Press, 1985.

④ Florinda Donne, *Being-in-Dreaming: An Initiation Into the Sorcerers' World*, San Francisco: Harper Collins Press, 1992.

⑤ Larsen, Stephen, *The Shaman's Doorway: Opening Imagination to Power and Myth*, New York: Station Hill Press, 1976.

治疗西方社会的异化和人们的精神困惑，使人们生活得更有意义。1989 年，他建立斯通山治疗咨询中心[①]（Stone Mountain Counseling），主要进行心理健康服务。阿贝托·维洛多（Alberto Villoldo）也是将萨满教用于治疗的重要人物。他著有《治疗状况：走进灵性治疗和萨满教的世界》《四风：一个萨满在亚马孙流域的冒险》[②]《印加巫士的智慧洞见》《印加灵魂复元疗法》《四风之舞》《日之岛》（*Island of the Sun*）等书。[③] 20 世纪 80 年代，当萨满实践培训机构在西方兴起后，维洛多建立了“四风社会”萨满工作坊，这些书都成为该工作坊的培训手册。

（二）新时代萨满文学的兴起

被称为新时代教主的玛里琳·弗格森（Marilyn Ferguson）指出，从 1976 年开始，很多西方人的价值观正在朝着积极、正面的方向转变，人们试图共同谋划一个“更人道、更和谐的社会”，这就是新时代的来临。卡斯塔尼达中后期的作品正是契合了这一社会思想潮流，赢得了持续的流行。随着卡斯塔尼达的名声越来越大和作品热销，社会上许多人开始模仿他的风格、主题创作，并且获得了成功。

有“女卡斯塔尼达”之称的琳·安德鲁斯（Lynn Andrews）就是其中最受关注和最成功的一个。她著有《医女》《星女》等女性萨满系列作品，主要向人们展示“神圣的女性知识”。关于她的作品的具体介绍，参见《琳·安德鲁斯的姐妹盾牌学校》一节。

琳·安德鲁斯并不是唯一一个以女性萨满为中心的写作者，克拉丽莎·埃斯蒂斯（Clarissa Estes）（著有《与狼共舞：未开化的

---

① http：//stonemountaincenter. com/site/.

② 参见 Alberto Villoldo，*The Four Winds*：*A Shaman's Odyssey into the Amazon*，San Francisco：Harper and Row，1990。这一作品完全可以被看作卡斯塔尼达唐望系列的仿照之作。

③ 这些书部分已由许桂绵翻译、台湾的生命潜能出版社出版。2009 年，阿贝托·维洛多在中国台湾地区宣讲自己的萨满能量疗法。

女人的神话和故事》）等也是步其后尘者。道格·博雅德（Doug Boyd）是一位不得不提的出色的卡斯塔尼达风格的模仿者。对话体风格、白人学徒、切罗基部落的萨满滚雷传授的神圣而隐秘的印第安知识——萨满治疗观念及与自然万物和谐相处的思想——组合了《滚雷》（*Rolling Thurder*）一书。1976 年，这本出版后销量达百万册。

除了白人外，还有一些印第安人成为卡斯塔尼达风格的后继者，如荷耶梅约斯特·巨风（Hyemeyohsts Storm）。他著有《七箭》（*Seven Arrows*）。该书的封面写道："这是一本完全由印第安人自己写的关于平原印第安人古老的智慧之路的书。"实际上，斯托姆是德国与印第安夏安族和克劳族的混血后裔。他自称在蒙大拿夏安（Cheyenne）印第安人部落长大。在那里，他非常幸运地成为"零部落"（Zero Chief）酋长兼"圣女"（Holy Woman）伊斯特其玛赫的学徒，而此人是当时最具影响力的萨满和"医药之轮"（Medicine Wheels）的传承者、传授者。她给他讲述了关于"零部落"悠久的历史、复杂的地方性认知体系和"医药之轮"知识。荷耶梅约斯特·巨风声称自己花费了若干年的时间去学习、理解这些内容，而《七箭》是他对他的导师伊斯特其玛赫故事和所传授内容的记述。但是无论从题材（印第安萨满文化），还是人物关系（都有一个充满智慧的土著精神导师，都是师徒关系），处处都流露出对"唐望"的模仿。尽管如此，这并没有影响《七箭》在北美的热销。之后，荷耶梅约斯特·巨风还写作出版类似风格的《黑哟卡之歌》（*Song of Heyoehkah*）和《闪电光》（*Lightningbolt*）等书。

梅桂尔·鲁伊兹（Miguel Ruiz）诞生于墨西哥萨满家族，也是一位因描写印第安萨满而出名的新时代作家。他著有《四种契约》《知识之声》《祈祷》《对爱的掌握》等，第一本出版后，当年创造了 400 多万册的销量。作者在书中指出，现代人之所以痛苦、困惑，是因为自我限制和缺乏爱。所以，作为一个托尔特克族的萨满后裔，他要将自己家族所传和在沙漠中遇到的充满力量的萨满导师所授的智慧之学与世人分享，引导世人走出迷雾，唤醒内心真正的爱与生命。

当然，在卡斯塔尼达推动下的萨满热潮，不仅仅体现在上述人物身上，他们只是其中最具代表性、最重要的几个。随着新时代运动人们对灵性体验渴望的高涨，大部分人开始华丽地转身，创办了各种萨满教培训机构，教授西方人都市人萨满之术，他们所著之书则是修习指导用书。

第五章

西方新萨满教的主要类型

第一节　伪印第安萨满、白人伪萨满引领下的西方新萨满教

一　太阳熊等伪印第安萨满的西方新萨满教

随着西方社会对印第安灵性的渴望，一些自称是印第安萨满的人借此东风涌现出来，开始向白人传授所谓的印第安部落的“秘密知识”。这些人中最有名的是印第安名为太阳熊（Sun Bear）的文森特·拉杜克（Vincent LaDuke）。拉杜克实际上是德法混血后裔，在美国明尼苏达州奇佩佤族（Chippewa）印第安人保留地度过自己的青少年时期。这一经历使他非常熟悉该族的印第安文化。加上文化的侵染，他身上有一股印第安人的气质。一个偶然的机遇，促使他在好莱坞电影中扮演一名印第安萨满形象，受到导演和观众好评。这次成功的角色扮演，激发了他开始传授所谓的“部落神圣知识”。

20 世纪 60 年代，拉杜克成立了一个名叫“熊部落”的组织，以奇佩佤印第安萨满之名向白人传授萨满知识，此时期的参与者多是反抗正统文化的嬉皮士。在“太阳熊”的引导下，这些年轻的嬉皮士试图“印第安化”（穿得像印第安人的模样，身披流苏鹿皮，头发绑了起来，脸上画上色彩，取一个印第安名字），以此对抗

"邪恶的资本主义社会"。玛丽丝就是这些人中的一个，她的印第安名字是蔓本·风（Wanbun Wind），后来她成为拉杜克的治疗助手（medicine helper），"熊部落"的萨满实践导师。玛丽丝出生在一个白人中产阶级家庭，18 岁之前都以"乖乖女"的形象生活。但是当经历了 20 世纪 60 年代嬉皮士轰轰烈烈的反正统文化运动之后，她希望"变得与以往不同，想要了解大众、政治、黑豹党、反战示威游行、体悟治疗、女性的解放运动、激进的律师们、地域天使帮[①]、摇滚乐、心理致幻剂、葛吉夫、藏式瑜伽"[②]。契机源于一次伍德斯特克摇滚节上她对拉杜克的采访。经过交流后，玛丽丝加入"熊部落"，成为其中的一员。当时，通过吸食致幻物体验印第安式灵性是该组织的一项内容。但是到了 60 年代末，美国政府将致幻剂列为严禁使用的毒品。随着这股风向，"熊部落"开始严厉禁止成员吸食致幻剂。

70 年代，太阳熊将"熊部落"改名为"熊部落医疗协会"，并调整了指导方针，称不是要反对现代科技而是反对科技的滥用，强调他传授的萨满治疗法是以医药之轮仪式为主，但也杂糅了灵境追寻（vision quests）仪式、汗屋仪式、密德未（Midewiwin）草药治疗仪式等。基于此，拉杜克自称是"普遍意义上的医者"（universal medicine man），目的是改善人的身体与精神状态，帮助人们寻找生命的意义和教会人们如何与自然和谐相处。有大批白人加入该协会。拉杜克的这些理念贯穿在《医药之轮：大地占星术》（*The Medicine Wheel: Earth Aatrology*）、《力量之路》（*The Path of Pow-*

① 地狱天使帮现在因贩毒、洗钱、讹诈等活动被界定为犯罪黑帮团伙组织。最初，这一群体主要由美国嬉皮士摩托爱好者组成，他们身穿黑色皮衣，蓄着络腮胡子，一副玩世不恭的样子，喜好骑着大功率的摩托车沿着北美的高速公路一路穿越。后因加入者的鱼龙混杂，此群体的性质逐渐发生了变化。使"地狱天使"一朝闻名的事件是在一次滚石摇滚乐队演唱会上打死了一个黑人青年。葛吉夫（Gurdjieff）是一名俄国人，因在欧美宣讲集佛教、伊斯兰教苏菲神秘主义、基督教等混合的"第四道"灵修理论而著称，被其门徒褒称为"二十世纪的达摩"。

② http://www.marlisewabunwind.com/index.htm.

er)、《与轮共舞》(*Dancing with the Wheel*)、《平衡之道：健康、快乐、和谐地生活之路》(*Walk in Balance*：*The Path to Healthy*，*Happy*，*Harmonious Living*）等著述之中。如《医药之轮：大地占星术》一书，以所谓的灵境追寻和医药之轮仪式为中心，鼓吹按照书中的方法练习，就会打开心灵，和大地母亲及世间万物更好地相处。《与轮共舞》则是告诉实践者应该在石头组成的医药之轮上起舞，获得积极能量和心灵的透彻之净。

除了太阳熊之外，暴风雪（Hyemehosts Storm)、黑麋鹿（Wallace Black Elk)、药鹰（Brooke Medicine Eagle)、高处流水（Jamake Highwater)、快狼（Fast Wolf）等也是向西方社会传播新萨满教的伪印第安人或半印第安人。之所以说他们是伪印第安人或半印第安人，是因为他们中有的人只有很少的印第安血统，有的人只是曾经被印第安某部落领养过，还有的人完全是假冒印第安人之名，如快狼。她的祖先是爱尔兰人，跟印第安血统没有半点联系，是完全的“冒牌货”。她的印第安名字——“快狼”，是她对偶遇的一位拉科塔印第安人的假冒。这些所谓的印第安萨满凭借印第安之名，吸引了不少白人加入他们开办的萨满培训机构。但是，他们的行为也遭到正统印第安人的强烈谴责。他们与西方新萨满教的另一重要分支——白人萨满一起被印第安人称为“伪医者”（plastic medicine men）或“伪萨满”(plastic shaman)。

二　“白人伪萨满”的西方新萨满教

“伪萨满”是传统萨满教（尤其是北美的印第安人）地区的人们对盗用、虚假使用萨满文化遗产并自称是“萨满”的人的蔑称。在西方被列为伪萨满的人（包括培训机构）很多，可达数百种，具体可见美国土著反对伪萨满网站。[1]

下面仅选择在西方社会中几种典型的、影响力度大的“白人伪萨满”进行论述。

（一）卡斯塔尼达的无极

卡斯塔尼达唤起了西方社会对萨满文化的浓厚兴趣，但是他的作品被质疑其真实性后，他离开了学术界，成立了一个名叫明净之绿（cleargreen）的公司。之后，以卡斯塔尼达为核心，加上弗洛琳达·唐纳、卡罗尔·提格和泰莎·阿贝拉（卡斯塔尼达称她们是“唐望的女弟子”）一起创办了无极萨满培训工作坊。现在，无极萨满培训工作坊已分布在欧洲多国（荷兰、法国、德国、意大利、西班牙、俄国、芬兰等地都有其分部）[2]。

“无极”（Tensegrity）一词取自美国著名建筑师、思想家福勒（Buckminster Fuller）的建筑思想[3]，它体现了建筑中个体的张力和完整性的完美组合。在卡斯塔尼达看来，唐望传授的萨满训练过程中也存在张力（tension）和整体力（integrity）这两种动力。其中，张力是通过收缩、放松人体的肌肉和筋骨产生的力量；整体力是将身体看作一个完整的、完美的整体单元，在此观念下产生的动作。所以，卡斯塔尼达以“无极”命名他的培训机构和训练动作。

无极工作坊向外宣传它传授的是来自托尔特克智慧的继承者、墨西哥亚基族萨满唐望的学说体系，它以现代的形式教授人们体验传承自上古的萨满智慧之术。它指出，通过特定的锻炼，个体就可以与“源头”——体现在大地、星体和围绕着人类的其他事物等这

① http：//www.stelling.nl/simpos/native_ americans.htm.

② 无极在荷兰的宣传网站为 http：//www.tussenin.nl/，在德国的宣传网站为 http：//www.wachtraum.de/eng/index.html，在意大利的宣传网站为 http：//www.passimagici.it/，在西班牙的宣传网站为 http：//www.tensegrity-spain.es/，在俄国的宣传网站为 http：//www.energia-info.ru/，在芬兰的宣传网站为 http：//www.greenwarrior.com/。

③ 即张拉整体结构，这种结构由一组连续的拉杆和不连续的压杆组合而成，呈网状杆系结构，具有自撑力和自压力的特点。

些宇宙智慧紧密联系起来，从而使个人意识到自己与世间万物相依相存于宇宙之中。

无极宣称为了“有效”地扩展人们的意识，训练主要有以下四大内容。第一，“对于我们未知的平行世界，我们不仅曾瞥见它们，还需要有足够的能量来看见它们”。通过培训，运用唐望世系的先知发明的身体姿态、身体运动和调整气息训练，参与者达到直接感知宇宙中能量流、聚集能量、调节能量场域的效果，因为只有拥有足够的能量才是打开意识世界的基础条件。第二，再现练习或者跟踪练习，即在身体和呼吸的调节下，复现个人生命中的关键性场景。第三，打开无限意识，唤醒生命中的其他形式（如鲸鱼、蝴蝶、狼等）和它们互动或从它们的视角来看世界。第四，梦的实践：在人体清醒和睡眠的两种状态下，打开和看见永恒之门的技巧，从而开启自己的巫术旅程。

卡斯塔尼达写作的《巫术之径：古代墨西哥萨满的实践智慧》（*Magical Passes: The Practical Wisdom of the Shamans of Ancient Mexico*）一书，是无极训练的实践指导用书。所谓的“巫术之径”是指一系列身体动作，卡斯塔尼达鼓吹通过这些动作，“可以帮助人们聚集那些促使增强觉悟、冲破有限意识限定的必要能量”。同时，“人的身体、精神都会得到极大的提升。不管是以个人还是团体形式练习，都会给人们带来良好健康状况，使其充满活力……人们在生活中会跟随自己的心，为他们赢得自信、专注和耐性”。[①]

在书中，他提出六大导引系列帮助实践者练习，它们分别为：准备意向系列（the series for preparing intent）；子宫系列（the series for the womb）；关注五个问题：韦斯特伍德系列（the series of the five concerns: the westwood series）；左右侧身体分离：热系列（the

① http://www.cleargreen.com/interviews/founders-carlos-castaneda-student-of-don-juan-matus.

separation of the left body and the right body：the heat series)；阳气训练系列（the masculinity series)；用于衔接特定巫术、进入其中的辅助手段系列（the series for devices used in conjunction with specific magical passes)。

每个导引系列又包含一组特定动作。为了让大家能理解无极的培训内容，下面仅以准备意向系列和子宫系列为例做一说明。准备意向系列认为人体的肝脏、胰腺、肾等部位蕴含着大量未被利用的能量，但因受到身体的束缚，它们处于“被锁定”状态，只有通过一定的训练才能释放它们。这一系列包含四组动作，分别为糅合能量、激发能量、聚集能量和呼吸能量。

在糅合能量中（见图5－1[①]），又包含15个步骤。第一个步骤为脚部摩擦产生能量，具体做法为身体以脚为轴心，向左向右旋转，旋转时身体须保持平衡；然后，身体的重量定位到脚跟，脚趾离开地面转动直至最大化后落回地面。此时，手臂的动作为：手肘弯曲，两掌相对，手臂带动肩膀和肩胛骨移动。这些动作被看作有助于增强能力在脚部、腿部和腹股沟区域的流通。第二个步骤为重复三次上一个步骤的动作。第三个步骤为侧向滑动脚部摩擦产生能量，主要刺激能量在全身的流动。第四个步骤为用脚跟敲击地面，混合能量，主要刺激骨盆部位。第五个步骤为重复三次上一个步骤的动作。第六个步骤为单脚提起并移向腿部内侧聚集能量，主要释放过去的动觉记忆或便利储存新的记忆。第七个步骤为产生膝盖刺激能量。第八个步骤为将膝盖产生的能量推向躯干，促使身体中微弱的能量聚集，一般与前一个步骤联合起来进行，目的是准备将膝盖激起的能量汇集到以肝脏和胰腺为中心的人体两个元气点。第九个步骤为向身体前、后方踢出能量，其功能是导引四肢吸收能量，

① 无极动作图片来自 Carlos Castaneda，*Magical Passes*：*The Practical Wisdom of the Shamans of Ancient Mexic*，Harper Perennia，1999。

有助于解决消化系统问题。第十个步骤为从单脚提升能量，其功能是将脚部的能量转移到以肝脏和胰腺为中心的能量元气点。第十一个步骤为推倒能量墙，其动作为左膝盖弯曲，抬至臀部高度脚尖拱起，然后向下推动，就像推倒一面墙。第十二个步骤为跨越能量障碍，动作为想象前面有个障碍，迅速抬起左、右腿跨越。第十三个步骤为做由侧面踢门状。第十四个步骤为迅速击破能量块。第十五个步骤为刮泥的能量，其功能是用脚部带动腿部聚集能量，用于集中注意力和快速记忆。

图 5－1　无极萨满培训中的动作

所谓的为激发能量，即通过十个步骤激发起包括膝盖以下、头顶、肾脏和肝脏周围以及腹腔神经丛、脖子等部位的能量，因为这些能量被认为由意愿控制，对日常生活非常有必要。第一个步骤为用脚部激起能量发光球的底部，然后用手臂托举至头部上方。第

二、三个步骤为通过拳头在肾上腺部位的移动以及膝盖的弯曲动作，激起该区域的能量，带着实践者的益处增加其耐性、无畏精神和自信心。接下来为糅合左、右侧能量动作，即通过深呼吸以及身体向前弯曲、手臂最大化向前伸展等动作，促使在肾、肾上胰腺中心区域产生能量涡流，被认为对身体的年轻化、活力化大有裨益。第五个步骤为用能量束穿过身体，主要是在身体中间建立界限，区分身体左、右侧的能量。第六个步骤为通过身体扭转，激起肝脏和胆囊、胰腺和脾脏以及肾脏和肾上腺三大活力中心区域的能量，增加实践者对周围人与环境的察觉度。第七个步骤为通过左、右手在身体前后画半圆来聚集能量，目的是让身体保持长时间、持久的清醒。接下来是激起颈部的能量，主要目的是将分散在脖子下端咽喉部位（呈 V 形的地方）、用于决策的能量收集起来。无极训练认为位于神经节上的能量分布在肩胛骨周围，它们很容易卡住、不流动，从而导致决策中心的迟缓反应，所以，第九个步骤是通过肩胛骨的运动唤起这些能量。第十个步骤为搅动头部的能量，让其散落并向整个身体流动，功能是帮助实践者解除失眠、疲惫状态，保持清醒。

聚集能量意向下面包含九个步骤，主要是围绕心肝、胰腺和肾脏这三个活力源点收集前两组能量意向激起的能量。这一组中所有的步骤都要以手部快速颤抖动作开始，这个颤抖的动作象征着激起臂部的能量和刺激停滞在手背、手腕部位的微弱能量点。该组前三个步骤是将能量输送到身体的下半部，分别为将能量输送到膝盖以下、肾上腺、身体左右侧，目的是增加人的整体精神活力和健康状态。接下来的六个步骤分别为：打开能量圈；从身体正面、头部上方收集能量；激起并抓住膝盖以下、头部上方的能量；融合身体左、右侧的能量；为肝脏、胆囊两个活力中心抓住头顶的能量；触及头部上方的能量。

最后一组动作为呼吸能量意向，包括三个步骤，分别为沿着大腿骨前方向膝盖骨提拉能量、从腿部两侧提拉能量、从腿部的前方提拉能量。它主要用于刺激并收集脚、脚踝和膝盖三个部位的能量，并向肾脏、肝脏、胰腺、子宫和生殖器输送能量。这组动作在训练过程中，需要注意通过呼气、吸气来调节气息。

据此训练手册，为了达到最佳效果，练习六大导引时需要注意下列问题和身体姿势。第一，保持身体平衡：要求练习者双脚与肩同宽，以平衡身体的重量，具体做法为双脚并拢，以脚跟为轴，双脚掌旋转为 V 字形，将重心放在脚掌上，以相同的距离，脚跟旋向外。第二，注意膝盖、肘部、手部等身体部位的特定姿势：在所有的练习中，膝盖和肘部都要保持微屈状态，做动作时轻柔、缓慢地打开。这种微屈膝练习状据说与一个叫作罗班（Lo-Ban）的中国水手有关。此人于 19 世纪来到墨西哥，传授给当地巫师一些中国武术的动作，最后成为他们的领袖之一。在无极训练中，手尤其是大拇指跟被看作聚体能量、发挥功能的关键因素，它被认为可以让能量在此停滞，同时调节其他身体部位的能量流动。所以，练习时，大拇指被要求处于内锁状态，手腕动作也要尽可能地缓慢，达到柔韧性的要求。第三，放松身体。该书指出，“巫术之径”（magic passes）作为一种巫术练习，它的本质就是一种让身体特定区域的肌肉交互地绷紧与放松地运动，目的是让人体自身的能量爆发。在练习中，有个称为“打开身体”的关键动作，它要求身体所有的肌肉，特别是横膈膜都要在瞬间收缩。腹部和小腹的肌肉以及肩部肌肉和肩胛骨要急剧地抽紧，手臂和腿部同时以相同的力量收紧。身体的紧张状态、肌肉的僵硬化都被看作身体负荷过大，只有在肌肉被放松或心定神凝时，身体才会被打开。第四，呼吸的锻炼。该练习指出，呼吸锻炼是墨西哥巫师自我修炼的一个重要手法。他们区分了肺部顶端呼吸、肺部中段呼吸和腹部呼吸，将横膈膜呼吸[①]称为动物呼吸法，认为该呼吸法对身体健康和延长寿命很有益处。这种呼吸法类似于中国的丹田呼吸法，即以横膈膜升降的力量来吸气与吐气。同时，它还指出，现代人的呼吸多为浅呼吸，他们的很多健康问题都可以通过调控呼吸（深入吸气、吐气）得到治疗。

1995 年，《洛杉矶报》记者就“无极”向卡斯塔尼达访谈：“无极是托尔特克人的太极拳还是墨西哥的武术？基督或者佛陀适合融入无极吗？”卡斯塔尼达的回答是：“无极没有政治性的疆界，墨西哥是一个国家，推敲其来源是毫无意义的。无极与瑜伽或太极是不可能一起比较的，它有不同的来源与目的。它的来源是巫术，目的是巫术。基督、佛陀都是理想（偶像），都过于伟大，以至于看上去不那么真实。他们都是神，一个是佛国王子，一个是上帝之子。理想（偶像）不能用于有着实用主义目的的运动。萨满和宗教的不同之处在于萨满是非常实际的，巫术之路只是它的一个方面。”[②] 正如这位记者的质疑一样，实际上，不难发现无极训练内容的混杂性，既有卡斯塔尼达所谓的“唐望学说体系”，又明显有类似于瑜伽、中国功夫等内容。也有人指出，卡斯塔尼达曾跟随美国 20 世纪 80 年代红极一时的能量大师霍华德·李（Howard Lee）学习，无极训练中混合了李的能量理论。

无极训练还注重“拉拢”女性（见图 5 -2），其中的子宫系列就是针对女性实践者的训练。它分为四个部分，分别对应四个人物：唐望的三个女门徒（泰莎·阿贝拉、弗洛琳达·唐纳、卡罗尔·提格）和一个出生在唐望世界的孩子蓝·斯扣特（Blue Scout）。子宫系列指出，女性独特的身体器官——子宫存在巨大的

---

① 横膈膜是胸腔和腹腔之间的分隔，它位于心脏和双侧肺脏的下面，肝脏、脾脏、胃的上方，就像一个大圆盘平放在身体内部分隔了胸、腹腔，随着呼吸运动而上下运动。

② http：//aquakeys. com/toltec/1995 – los-angeles-times-carlos-castaneda-questions-answers.

能量，但女性一直没有意识到这个问题，使其处于蛰伏状态。该系列训练的目的是解放子宫，激发女性的内在潜能，带来子宫除了生育之外的第二功能的觉醒，即进化。进化的意思是子宫被看作认知工具，具有直接处理知识、理解和解释知觉数据的能力。“墨西哥的萨满们是通过特定的巫术途径将女性子宫的解释能力提升到知觉的水平，即将它从一个生殖工具转变为进化工具……墨西哥萨满将人体看作一个可以聚集能量、类似发光球体的能量场域，解释能力就发生在这些散发着耀眼光芒的聚合点上。女性的优势在于可以将聚集点的解释功能转移到子宫……因为人们从出生到死亡，这些隐藏的能力一直处于未被利用的混沌状态，并且不断衰退，直到消失殆尽……”①

图5－2　无极训练场景

① Carlos Castaneda, *Magical Passes: The Practical Wisdom of the Shamans of Ancient Mexic*, Harper Perennia, 1999, p. 83.

（二）琳·安德鲁斯的姐妹盾牌学校

你的生命充满意义！
你的生命独一无二！
你的生命与众不同！
颂扬你的独特性吧！
赞美你的天资吧！
为你的完美独一的个性欢呼雀跃吧！

——琳·安德鲁斯的萨满培训机构宣传口号

女性的天真和真诚的友谊，是打开邪恶力量的伟大能量。

——《豹女》

女人是最终极的，大地之母是属于女人，而不是男人。她拥有了空无。

——《药女》

琳·安德鲁斯有“女卡斯塔尼达”之称，是继卡斯塔尼达之后深受欢迎的新时代作家，她自称是“国际作家、萨满和萨满培训师”①。当萨满训练在西方流行开来后，她也成立了萨满培训机构——姐妹盾牌学校，教授人们练习萨满术，在西方萨满培训界颇有影响。她的培训机构总部设在加利福尼亚，美国亚利桑那、康涅狄格、佛罗里达等11州和澳大利亚、英国、巴西、加拿大、冰岛等地设有分部。此外，她的个人网站也是她宣传和培训的一个重要阵地。

与卡斯塔尼达和唐望的故事情节相似，琳·安德鲁斯的故事是一个生活在都市中的白人女性与印第安萨满偶遇，成为其门徒，最

① 参见安德鲁斯的个人网站介绍：http：//lynnandrews.com/。

后成为萨满的故事。对于“女卡斯塔尼达”这个称号，她并不认同。她强调她的女性身份和所接受女性印第安萨满的教导，使她对女性的力量和地位有了更深刻的认识，这完全不同于卡斯塔尼达。具体来讲，她宣称自己跟随一个称为“姐妹盾牌圈”的萨满团体学习。这个团体由44位女性萨满组成，她们分别来自世界不同地区，既有来自澳大利亚、北美、埃及，也有来自尤卡坦半岛、尼泊尔、巴拿马和危地马拉地区的。据说这些女萨满世世代代持守着一套古老、神圣的女性知识体系。这些知识是建立在地球母亲观念和神圣之药轮的四极平衡观念之上的神圣能量、萨满治疗术和神圣女性气质。它们的目的是找回“被剥夺的女性灵性传统”和帮助女性“发现内在的自我和美，唤醒身心智慧”“滋养其灵魂，寻找生活的意义”，提供成为“充满能量、爱、备受爱戴的神圣治疗者——萨满的机会”[①]。长久以来，它以隐秘的方式在萨满师徒和母女间保存、练习与传承。据安德鲁斯叙述，她当初为了寻找一个印第安人神圣婚礼篮，以艺术品收藏家的身份无意间踏入了加拿大曼尼托巴省克里族的领地，成为美洲原住民药女爱格妮斯·哨鹿的门徒。在这位女萨满的引领下，她最终成为一名女萨满，一名所谓的“彩虹人类的女战士”，沟通着黑色、白色、红色与黄色等不同肤色人们以及两个不同世界——原始智慧和白人意识——的桥梁。

如果说唐望系列是卡斯塔尼达对自己萨满经历、领悟的叙述，那么，药女系列也是琳·安德鲁斯对自己萨满经历的描述。她自称在这一系列书中，借由记录这非凡的冒险和自己遭遇的萨满教导，企图来圆满爱格妮斯的教诲。这些书强调女人的古老力量。为了让美丽的大地生生不息，保护与保存古老的知识，充满力量的美洲女人记住了这些知识，并且载入历史。

① http：//lynnandrews. com/lacsat/lacsat-enroll/，http：//lynnandrews. com/online-academy/.

在第一部《药女》[①] 中，安德鲁斯叙述了她踏入加拿大土著居民克利族的领地后，与爱格妮斯·哨鹿相遇，成为其门徒，并在她的指引下，逐渐认识到女性力量的价值，即“最终极的大地之母是属于女人的而不是男人的”。《月女》[②]《豹女》[③]《星女》[④] 是安德鲁斯跟随哨鹿萨满学习萨满之术的继续，分别叙述了她对曼德拉盾牌法、医药之轮的学习和在萨满训练中对恐惧、弱点、自我局限性的克服。继《星女》之后，安德鲁斯又完成了其他八部医女作品[⑤]，分别讲述了她跟随澳大利亚、尼泊尔、尤卡坦半岛的萨满学习的故事，其中涉及从感情到生理变化的女性各个方面。因为她的作品展示的是女萨满的“神圣的女性知识”，是对女性精神和价值的肯定，尤其受到女性的热爱。

安德鲁斯的萨满培训方式富有选择性，有兴趣者可根据自己情况选取普通集中授课、一对一电话教学或者网上培训，以三种不同方式进行。当然，一对一电话教学的价格不菲，每小时 150 美元。以下是其萨满训练的基本内容。[⑥]

---

① Lynn V. Andrews, *Medicine Woman*, New York: Grand Central Publishing, 1981.

② Lynn V. Andrews, *The Flight of the Seventh Moon*, New York: Grand Central Publishing, 1985.

③ Lynn V. Andrews, *Jaguar Woman: The Wisdom of the Butterfly Tree*, New York: Grand Central Publishing, 1985.

④ Lynn V. Andrews, *Star Woman: We Are Made from Stars, and to the Stars We Must Return*, New York: Grand Central Publishing, 1988.

⑤ 这些作品分别是《水晶女：黄金时代的姐妹》（*Crystal Woman: The Sisters of the Dreamtime*）、《风马女：灵性婚姻》（*Windhorse Woman, A Marriage of Spirit, Warner Books*）、《魏瑞德：内在火焰的觉醒》（*The Woman of Wyrrd, The Arousal of the Inner Fire*）、《沙克凯：神圣花园的女人》（*Shakkai, Woman of the Sacred Garden*）、《行走在两个世界边缘的女人：更年期女性的灵性之路》（*Woman at the Edge of Two World: The Spiritual Journey Through Menopause*）、《黑暗的姐妹：巫士的情爱故事》（*Dark Sister, A Sorcerer's Love Story*）、《情爱与力量》（*Love and Power*）、《梦之树：通灵女觉察的变化》（*Tree of Dreams, A Spirit Woman's Vision of Transition and Change*）。除了女性系列之外，她还著有其他萨满修习相关作品，如《神圣之轮的教诲》（*Teachings around the Sacred Wheel*）、《力量卡牌》（*The Power Deck*）、《力量面具》（*The Mask of Power*）、《灵性上行走》（*Walk in Spirit*）等。

⑥ http://lynnandrews.com/lacsat/what-is-lacsat/.

发现内在的自我

用神圣之轮平衡生活

用女性的意识无限地接近世界

成为你自己的对立面

用自己的发光纤维释放身体中的压力，给身体以活力

学会辨析和移动世界中的能量

使用黑幽卡（Heyoka）教学中传授的知识写作

创造你自己的圣坛

分析不同方位的能量

理解和治愈身体中的情绪

唤醒自己的灵性配偶

寻找力量神兽

冥想和仪式培训

发现你的讲故事才能

制作盾牌、面具和其他仪式用具

在年度集会和每天的日记与冥想中设计、扮演萨满的角色

通过培训内容不难发现，该机构与卡斯塔尼达的新萨满培训中心一样，传授的内容呈现“拼盘式”：既有安德鲁斯书中提到的萨满盾牌训练、哨鹿萨满的女性知识，又有四风协会的人体光能量内容、哈纳核心萨满教中的力量神兽、东方宗教式的冥想和心理学方面的情绪倾诉与角色扮演。图 5 – 3 和图 5 – 4 为安德鲁斯萨满学员及其宣传情况。

图 5－3　安德鲁斯萨满培训工作坊的学员

图 5－4　安德鲁斯萨满培训的宣传画

（三）维洛多的四风协会

四风协会——萨满治疗和能量医学培训机构（the Four Winds Society：Shamanic Healing and Energy Medicine），是西方新萨满教的另一重要团体，下面简称四风协会。它宣称传授的是来自南美洲的萨满大法。该协会的创建者是阿贝托·维洛多，他师从以对人的意识和反常行为研究著称的斯坦利·克里普纳（Stanley Krippner），学习人本心理学，获得博士学位。在旧金山大学工作后，他建立了人的生物性自主调节实验室，主要关注能量治疗对人类大脑和血液的化学反应在健康方面的影响。但是由于对学院式研究种种局限的不满，他离开了学术圈子。

据维洛多在《四风：一个萨满在亚马孙流域的冒险》中所言，他远离都市，深入南美洲的安第斯山区、巴西亚马孙雨林，跟随秘鲁萨满学习治疗之道。[①] 开始的时候，因为西方式物质、精神二元思维模式，他无法领悟萨满之道的真谛。直到在萨满唐·安东尼奥[②]（Don Antonio）的引导下喝下了死藤水之后，他醍醐灌顶地拥有了萨满般的超凡力量和新意识，并且在"旅行"中遇见到自己的"神圣动物"，与它并肩完成一个新萨满艰难的入会考验，成为一名真正的萨满。最后，他根据唐·安东尼奥传授的"神圣"萨满治疗

① 唐纳德·尤拉勒蒙（Donald Joralemon）指出，维洛多书中所言跟他在秘鲁的调查情况存在很大差异。例如，维洛多描述的萨满导师和他在秘鲁调查所见的萨满形象以及他们对超自然的思考没有一点相同之处，也跟经典文献对安第斯山地区萨满的记载不相符。尤拉勒蒙是萨满教研究专家，在秘鲁等地针对萨满做过人类学田野调查，著有《巫术和萨满教：秘鲁北部的库冉德如及其就医者》（Donald Joralemon，*Sorcery and Shamanism：Curanderos and Clients in Northern Peru*，University of Utah Press，1993）、《秘鲁人的治疗仪式中的象征性空间和仪式性时间》（Donald Joralemon，"Symbolic Space & Ritual Time in a Peruvian Healing Ceremony"，Ethnic Technology Notes Series，*San Diego Museum of Man*，No. 19，1984）等文。"库冉德如"是秘鲁北部对萨满的称谓。

② 据维洛多称，在美洲存在一些由萨满组成的秘密小团体，他们扮演着大自然服务者、地球守护者的角色，并且秘密地守护着古老的智慧。唐·安东尼奥就是古代秘鲁印加智慧的传承者（他们被称为拉依卡），而他是第二个成为拉依卡传人的非印第安人（第一个是具有印第安与西班牙混血血统的天主教耶稣会的神父）。

技术和自己的领悟所得创造出一套适合都市人实践萨满的方法，目的是达到比西方医学和心理学机构更有效地治疗人们在身体、心理、情绪、精神方面的问题。因为“我自己实践萨满教是为了体悟人的完整性，治疗自己的心灵之伤。当我经历了受伤的治疗者之路，学会了将疼痛、愤怒、羞愧等情绪转化为怜悯之心和力量，我更能够体会到他人的痛苦”[①]。所以，他要将传统的萨满医术的精髓教授给学习者，使西方都市的人们能够分享古老的萨满治疗之术。基于此，1984 年，他建立了萨满培训机构——四风协会。该协会主要传授所谓的南美洲萨满能量医学智慧，并自称是世界上能量医学培训的领军者。[②] 现在，除了美国外，在新英格兰、英国、荷兰等地设有分部。

四风协会能量医学实践的依据是维洛多提出的发光能量场（Luminous Energy Field）理论。具体来讲就是，每个人都拥有一个发光能量场，它为人们提供身体所需的活力。[③] 同时，它就像个人的生命蓝图一样，“包含了个人及祖先传下的记忆档案、早年创伤，甚至前世的痛苦和经验。这些记录或印记以全然的强度和色彩分毫不差地烙印在情绪里”[④]。在发光能量场中，有两个重要构成部分——能量经络和能量脉轮。“如同能量线顺沿着地球的表面流动，身体的能量经络亦在皮肤的表面流动，把身体上每一个穴点（即非常小的脉轮）联结起来。这些能量经线相似于身体内的循环系统，

① http：//rasaliving. com/ddtv/？ p =973 DDTV 对阿贝托·维洛多的访谈记录。

② 参见四风协会网站 http：//thefourwinds. com/about-energy-medicine/。

③ 按照维洛多的理论，人体的发光能量场由外到里分为四层，分别是身体（肉体）层、心理（情绪）层、心灵（灵魂）层和因果（大灵）层。每一层都储存不同性质的能量，依次为提供肉体所需的能量、维持心理和情绪活力的能量、滋养灵魂和精神的能量。同时，这些能量层又与物质世界、思想和理念的世界、神话世界和灵性世界四个领域对应。

④ ［美］阿贝托·维洛多：《印加能量疗法——一位心理学家的萨满学习之旅》，许桂绵译，生命潜能文化事业有限公司 2002 年版，第 61 页。

是发光能量场的动脉和经脉。”[①] 能量脉轮则是人体内外九个大的能量集合点，表现为旋转的光轮。[②]

> 在南美洲的部分地区，脉轮被称为光之眼，我的印加导师称它为光之泉……人透过脉轮来感知世界的轮廓：在心的部位接受爱；在肚子部位感受性、恐惧与危险（第二脉轮）；在额的脉轮开悟洞察（第六脉轮）……东方的传统里存在一种假设，即脉轮存在于身体之内，然而对巫师而言，脉轮会从体内向外伸出发光的线条，将我们与树木、河流、森林联结在一起，如同它联结我们过去的历史和命运一般。[③]

基于人体发光能量理论，四风协会的萨满培训内容主要包括能量疗法和灵魂复元术两项。能量治疗法是教授实践者如何解读铭印在人体发光能量场中的“故事”，以及如何解开当事人的身心情境（尤其是痛苦的心结）。灵魂复原法则是一种“疗愈”技巧：“治疗是药物的工作，它的目的是解除症状，而疗愈是一种维系健康生活的技巧，借由排除受苦与疾病的因，来创造一个有意义的命运……西方医学专注于治疗身体，心理学专注解决心理问题——但疗愈所服事的却是灵魂和精神。”[④] 图 5 -5 到图 5 -7 为四风协会培训相关内容。

---

① ［美］阿贝托·维洛多：《印加能量疗法——一位心理学家的萨满学习之旅》，许桂绵译，生命潜能文化事业有限公司 2002 年版，第 66 页。

② 分别是位于人体内部的喉轮、顶轮、灵魂脉轮、精神体脉轮、海底轮、脐轮、心脉轮，以及身体之上、发光能量场之内的瓦拉可恰（意为神圣之源）和身体之外、居于灵界的可赛·普拉（意味无限）。

③ ［美］阿贝托·维洛多：《印加能量疗法——一位心理学家的萨满学习之旅》，许桂绵译，生命潜能文化事业有限公司 2002 年版，第 66—70 页。

④ ［美］阿贝托·维洛多：《印加灵魂复原疗法》，许桂绵译，生命潜能文化事业有限公司 2006 年版，第 11 页。

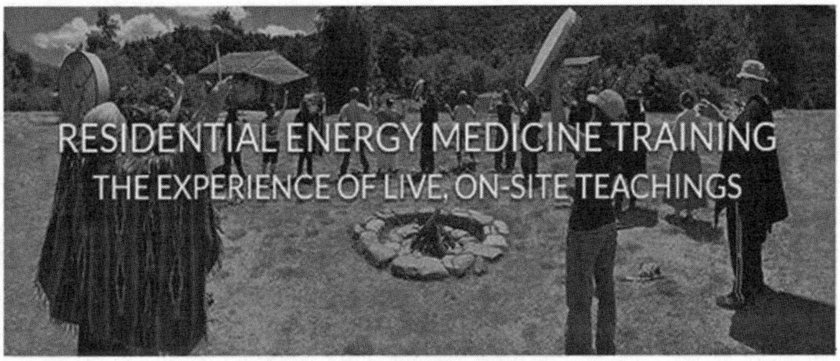

图5－5　四风协会培训宣传图

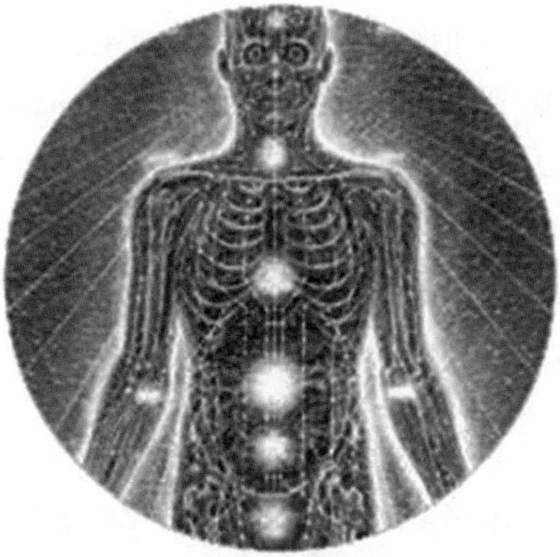

图5－6　四风协会的人体发光能量图

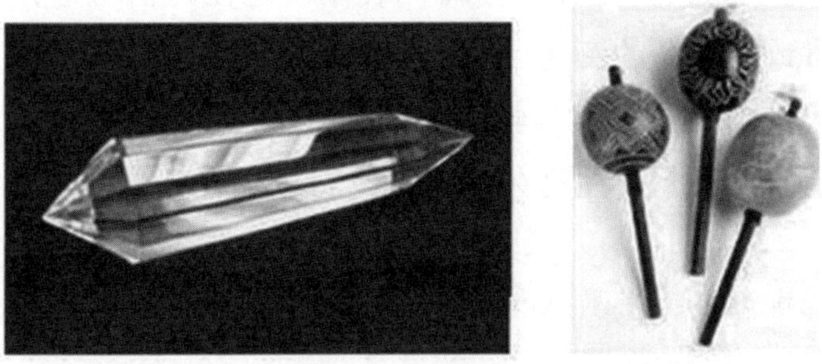

图5－7　四风协会培训工具：能量水晶和鼓槌儿

第二节 迈克·哈纳的核心萨满教

随着卡斯塔尼达之唐望的影响，西方一批白人开始创建工作坊教授人们实践萨满教。他们有的出身学界，有的来自流行文化圈子，如卡斯塔尼达、迈克·哈纳、琳·安德鲁斯、阿贝托·维洛多等。20 世纪 70 年代末，人类学者、萨满教研究专家迈克·哈纳（Michael Harner）在数十年研究的基础上，创建了核心萨满教（core shamanism）。核心萨满教主要以工作坊的形式传授，是目前西方新萨满教中影响和规模最大的一支。目前，它除了在美国拥有本部外，还传播到了拉丁美洲（Alicia Luengas Gates）、日本（Michal Mugrage）、澳大利亚和新西兰（Jill Bathgate）、荷兰（the Shamanic Journey to Power and Healing）等地。在一些国家，核心萨满教与当地本土文化相结合，对当地传统萨满教的复兴起到重要的作用。

一 核心萨满教的创建背景

迈克·哈纳出生于美国华盛顿，1957 年在加利福尼亚大学伯克利学院获得了人类学博士学位。毕业后，他先后在耶鲁大学、哥伦比亚大学及加利福尼亚大学等任教，从事传统萨满教文化研究。《致幻药与萨满教》是他的一篇代表作。他在开篇写道："近年来，美国人对致幻物品的痴迷促使人类学者去关注此类药物在其他民族文化中的作用。虽然人类学家（如阿伯勒[①]、伯尔[②]）对北美印第安文化中的仙人掌关注已久，但是他们总是轻视这些天然致幻物在

---

① 阿伯勒（Aberle David），人类学家，著有《纳瓦霍人的佩约特仙人掌崇拜》（*The Peyote Religion among the Navaho*）。

② 拉·伯尔（La Berre），人类学家，从 20 世纪 30—70 年代就非常关注印第安人的仙人掌崇拜仪式。

一个民族文化中的重要性，比如作用于人的大脑神经的蘑菇和一些茄科植物。另外，他们也忽略了将这些东西作为一个整体来研究的理论重要性。所以，是莱温[①]等药物学家和舒尔茨[②]、沃森夫妇等植物学家而不是人类学家在致幻物研究方面取得了重大的研究成果。”[③] 他指出，人类学者之所以长时间以来低估这些致幻物在萨满教或其他宗教方面的影响，最大的原因是：“几乎没有人亲自尝试服用过，更缺乏服用后的主观感受。所以，他们对那些使用这些致幻物的民族文化的理解是自相矛盾的。”[④]

由于以上的不满，哈纳踏上了寻找神秘致幻物的旅程。居住在南美洲亚马孙河流上游的印第安人是当时世界上唯一还在完全天然状态下服用致幻物的人群。[⑤] 1956 年，哈纳前往那里。他首先到达的是希瓦罗人[⑥]居住地。遗憾的是，他没有得到印第安人的信任，只是作为一个外部观察者记录了迷幻水 natema 的制作材料、制作过程和当地人服用这种药饮后产生的幻象。此后，也就是 1960 年哈纳接受美国自然史博物馆的邀请，一同前往秘鲁科尼堡（Conibo Indians）印第安人居住的乌卡亚利河流域调查当地的文化。当地人非常友好，但是一旦谈及超自然神灵等问题，他们就缄口不语。直到 1961 年的一天，一位土著长者（Tomas）告诉他，若想了解当地的信仰，就必须先喝下用死藤树枝熬制的圣水——灵魂之酒（soul

---

① 莱温（Louis Lewin）是第一个分析墨西哥仙人掌致幻作用的药理学家，1924 年出版《迷幻药》一书，是致幻药物研究的先驱。

② 舒尔茨（Richard Evans Schultes），哈佛大学植物学家，在墨西哥南部偏远山区找到了用于宗教仪式的致幻蘑菇。但是当时他只是作为旁观者观察记录了当地印第安人宗教仪式中使用这种蘑菇的情况，并没有亲自尝试。

③ Michael Harner, *Hallucinogens and Shamanism*, Oxford: Oxford University Press, 1973, preface.

④ Ibid..

⑤ Ibid., p. 1.

⑥ 希瓦罗印第安人（Jivaro Indians），世居亚马孙河流域，主要分布在秘鲁和厄瓜多尔边界的密林深处，以信奉萨满教和“缩头术”著称。1956—1957 年，哈纳在这里做调查。

vine)。在好奇和惊恐的双重心理作用下，哈纳饮用了这种植物致幻水。以下是他的记录：

> 喝了这种饮品几个小时后，我发现自己的头脑清醒，但是确确实实处在了一个比我做得最离奇的梦还离奇的世界中。我看见了鸟头人身的人和像龙一样的动物，它们告诉我它们是这个世界的真正的神。当我试图飞向遥远的星系时，得到了其他神灵助手的帮助……那些地方的超自然物看起来是那么真实……①

后来，在《萨满之路》一书中，他回忆了自己服用致幻物的感官变化：开始的时候，看到了光线由弱变强，变得鲜亮，之后耳边响起潺潺的泉水声，再后来又看到了很多古埃及壁画上蓝色的鸟头人身神兽，听到了缥缈的仙乐，并且体验到灵魂脱离躯体的感受。②死藤水的幻觉体验，使哈纳深刻地意识到这些致幻植物有可能是萨满教和萨满体验的物质基础与源头，以至于他发出如下感慨："我做人类学学生时所接受的文化解释，不足以说明这种跨文化体验的一致性。这个发现从根本上向我的有关实在的西方观点提出挑战，并使我开始了一种真正认真的学术研究。"③

1964 年，当哈纳重返希瓦罗印第安人部落做人类学调查时，对致幻药物对当地萨满意识的影响给予了特别关注。他发现致幻药水 natema 为每个要像萨满一样进入迷幻状态的人提供可能性，所以，

① Michael J. Harner, *Hallucinogens and Shamanism*, Oxford: Oxford University Press, 1973, p. 16.

② Michael Harner, *The Way of the Shaman*, New York: Harper & Row Publishers, 1990, pp. 2 – 3.

③ ［美］迈克·哈纳：《意识变异形态与萨满教——个人回忆录》，郭淑云译，《蒙古学信息》2003 年第 1 期。

希瓦罗印第安人社会中四分之一的男性都是萨满。对当地人来说，"真实的世界"就是饮用了 natema 之后看到的世界，日常生活的世界是虚幻的谎言世界。日常生活事件的发生取决于超凡（supernatural）的力量，在入迷状态下进入的是"真实的世界"。在这个世界中，人们可以操控日常事件的发生。[①] 在调查期间，哈纳还接受了当地萨满的实践训练，使他对萨满教有了更深刻的认知。

为了证实他的假设——萨满教与致幻物之间有着必然的联系——他返回加利福尼亚大学后查阅大量跨文化文献，结果找到了大量证据。延续这一思路，他对致幻物在欧洲的使用史进行了考察，结果发现，欧洲人使用致幻剂是一种非常普遍的做法。空中飞翔、参与魔鬼的狂欢、变形术（相信人可以将自己变成狼或相似的食肉动物）都是致幻下的产物，即在欧洲巫术中，精神药物不仅非常重要，而且清晰表明它与萨满仪式的关系。[②] 1965 年，哈纳在美国人类学协会会议上宣讲自己的研究成果，引起与会者的热烈讨论。之后，他将自己和其他人类学者（他们都食用了死藤水、卡皮木水、佩约特仙人掌或裸盖菇等物，亲历了致幻体验）的田野调查报告结集，这就是著名的《致幻药与萨满教》一书。

20 世纪 60 年代，哈纳并非致幻物与宗教文化研究的独行者，沃森、莱瑞等人的自体实验报告也相继出版。他们的研究成果不断地验证这一观点，即"摄取生物活性物质是进入彼岸世界之萨满体验的关键……20 世纪 60 年代后期和 70 年代初期，卡尔罗斯·卡斯坦伊达的第一部著作充实了这种主张"[③]。

---

① Michael Harner, *Hallucinogens and Shamanism*, Oxford: Oxford University Press, 1973, pp. 15 – 27.

② Ibid. , p. 128.

③ ［美］迈克·哈纳：《意识变异形态与萨满教——个人回忆录》，郭淑云译，《蒙古学信息》2003 年第 1 期。

二 何谓核心萨满教

（一）利用鼓声进入萨满状态的实验

当哈纳在北美一些印第安部落中调查时，他发现加利福尼亚州的温顿族（Wintun）和波莫族（Pomo）、华盛顿的海岸赛利希人（Coast Salish）和南部达科他州的拉科塔族（Lakota）的印第安萨满并没有使用死藤水、卡皮木、裸盖菇等致幻物质，仪式上的鼓点、音乐、自我调息和禁食等方式也可以帮助萨满达到“旅行”状态。面对这一发现，哈纳不得不提出这样的质疑：世界上到底有多少种文化是萨满需要通过致幻物质进入入迷状态，又有多少不是呢？为此，他翻阅了大量的民族志和历史文献资料，得出这样一个令他自己也始料不及的结论：在大多数文化中，萨满并不需要或不完全依赖致幻物质，萨满主要依赖致幻物质进入他界“旅行”的论断是对萨满文化的一种误读。他发现在世界范围内，声音单调的打击性器物是萨满借助的主要工具（如北美洲萨满的鼓，澳洲萨满的手杖，东南亚地区萨满的铜锣、手镯、脚镯），烟草、仙人掌等只是附带使用或者根本不使用。

20 世纪 70 年代，西方走过了“迷幻的时代”，新时代运动兴起。新时代运动吸收东方与西方许多古老的精神和宗教传统，积极奉行者非常注重通过个人修习在“心灵”和“精神”层面的探索。同一时代的学者发现，节奏性的鼓声能够诱发人的意识状态发生变化。[①] 在这一背景下，哈纳开始了击鼓实验。他推测萨满意识状态

---

① 内赫认为，在节奏性的声音刺激下，大脑会产生电极传导作用，使通常不受影响的许多感官和脑部运动神经系统区域，与受到刺激的感官区域连接起来。原因在于，鼓声包含了许多段声波频率，会沿着大脑内的各条神经回路传导多种脉冲。此外，鼓声发出的主要是低频率、高能量的声波，这样不至于耳内接收器产生疼痛感。参见 Neher A.，“Auditory Driving Observed with Scalp Electrodes in Normal Subjects”，*Electroencephalography and Clinical Neurophysiology*，No. 13，1961，pp. 449 – 451。

通常处于 Ø 波和略浅层的 α 波间。[①] 实验结果表明，用同一种频率（每分钟 205—220 次）平稳有力地敲击鼓面约十分钟，就会达到和使用致幻物质体验类似的效果。这说明，鼓声和致幻物只不过是通往同一精神领域的不同途径。这一研究结果与其他学者的研究相印证。当时的精神病学家沃尔夫·吉莱克通过对莎利什印第安人萨满的精灵之舞的研究，指出在最初阶段当地萨满的鹿皮鼓敲击鼓面的频率是每秒钟 4—7 次，在脑波图上是以阿尔法波的形式呈现的。吉莱克认为，这是萨满进入入迷状态的最佳频率。[②]

经过研究和实践，哈纳还得出如下结论：萨满鼓和致幻药导致的变异状态体验基本相近；这些变异状态体验对同时代的西方人和非西方本土文化成员来说是基本相同的。[③] 相对致幻物过于强烈的药效可能会损害大脑神经，给使用者带来严重的心理影响等缺点相比[④]，击鼓做法具有下列优势：简单易学，可控制体验的长度和深度，当返回日常生活状态时，修习者会清晰地回忆“旅行”中的细节等。哈纳以真正学术的力量为西方人找到了一条不需要借助致幻物就能通往他界的萨满之路。

（二）核心萨满教的概念

“我曾在亚马孙河流域上游的两个印第安部落学习萨满教，为发现全世界范围内萨满教跨文化的基本法则进行了大量的研究，对

---

① Michael Harner, *The Way of the Shaman*, San Francisco: Harper & Row Publishers, 1990, p. 80.

② Wolfgong Jilek, *Salish Indian Mental Health and Culturale Change: Psychology Gienic and Therapeutic Aspencts of the Guaidian Spirit Ceremonial*, Toronto and Montreal: Holt, Rinehart and Winston of Canada, 1974, pp. 74 – 75.

③ ［美］迈克·哈纳：《意识变异形态与萨满教——个人回忆录》，郭淑云译，《蒙古学信息》2003 年第 1 期。

④ 研究表明，致幻药物对脑部含血清素的神经元有毒害作用，对心理亦有严重损害。在致幻剂作用下，心理的防御机制会崩溃，产生诸如恐惧、黑暗感、无助等情绪。这也是医学上致幻剂辅助治疗方法被禁止的原因。

于所有这些修习萨满教的基本原则，我将它称为核心萨满教。”① 也就是说，核心萨满教是剥离传统萨满教生存的文化背景，从中选择性地抽取一些所谓的核心元素，将这些元素作为世界范围内萨满教的普遍特征。他选择的标准以伊利亚德对萨满教的理解为基础。伊利亚德在《萨满教——古老的入迷术》一书中指出，萨满教的特殊之处并不在于萨满所代表的神灵群体，而是经由它带来的入迷状态。神灵群体和被神灵附体只是一种外在的现象，它们并非严格意义上的萨满教的必要成分。所以，他将萨满教定义为入迷术，提出“萨满教这一复杂现象也许最保险的定义应该是萨满教 = 入迷术……萨满的入迷表现为灵魂可以升入天国，漫游中界，潜至充满亡灵的下界”②。受伊利亚德观点的影响，哈纳的核心萨满教之“核心”，主要是萨满意识改变后的入迷状态、三界的“旅行”。他认为，上天入地的旅行是萨满（教）与其他宗教（神职人员）的最大区别，为此他们（她们）通常通过单调的鼓声，或者其他的打击声音，诱发出意识转换状态。

如果要给核心萨满教下一个定义，应该是指美国人类学家迈克·哈纳根据自己对萨满教的研究，结合伊利亚德的“萨满教 = 入迷术”的认识，提出入迷、意识转换、“旅行”是世界上所有萨满教的共同特征，并在此认识论的基础上，通过击鼓等方式改变意识，进入萨满意识状态，进行身心治疗。

（三）核心萨满教的理念

哈纳认为自己为西方人提供了一套自我治疗和帮助他人的方法，而不是巫术之道，这与卡斯塔尼达不同（卡斯塔尼达一直强调自己传承和所授的是来自亚基族萨满唐望的巫术知识）。具体来讲，

---

① 哈纳的核心萨满教网站 http：//www. shamanism. org/articles/article10. html。

② Mircea Eliade，*Shamanism-Archaic Techniques of Ecstasy*，New Jersey：Princeton University Press，1974，pp. 23 – 24.

哈纳的核心萨满教的理念方法如下。

1. 核心萨满修习是现代医学的补充

虽然哈纳的核心萨满教以伊利亚德的萨满教概念为基础，但是仍然指出伊利亚德关于关注入迷而忽略萨满治疗这一重要的问题。他强调萨满教是人类迄今为止最古老、传播最广泛的身心治疗术[①]，是个体对以身心健康为目的的精神权利的民主性追求[②]，对西方科学主义、物质主义具有很好的反观作用。所以，在《萨满之路》开篇，哈纳就旗帜鲜明地写道："本书的目的是帮助西方人从古老的萨满教那里获得有用的知识，以便作为现代医学的补充……通过本书中提到的方法修习，你就会体验到萨满的神奇力量；你可以用这种神奇的力量自我治疗，也可以帮助他人。"[③] 他的这一提法吸引了很多对现代西方式医疗方法和体制不满的人们。他们经常将核心萨满教视为生物医学和常规的心理疗法之外的替代性治疗手段。

2. 治愈成就萨满

哈纳强调他发明的萨满实践方法中，个人体验是最重要的。对西方人来说，由于宗教压迫和政治原因，萨满（教）传统已不复存在，所以绝大多数人对萨满教非常陌生。所以，他指出，只有先学习萨满的基本技术，然后通过自我实践，才能真正体悟萨满的精髓，找到隐藏的世界和内心深处的自我。

"训练本身并不能成为一个萨满，尽管训练与由此产生的知识和纪律可以帮助你与你的守护神建立牢固的关系。真正的萨满的力量来自守护神。如果你和这些神灵建立了紧密的联系，那么他们可能会给你力量去帮助他人，减轻痛苦，并且找到解决生活难题的答

① Mircea Eliade, *Shamanism-Archaic Techniques of Ecstasy*, New Jersey: Princeton University Press, 1974, p. 40.

② http://www.shamanism.org/articles/article04.html.

③ Michael Harner, *The Way of the Shaman*, San Francisco: Harper & Row Publishers, 1990, xvii.

案。如果你有治愈的奇迹，那么你就会被赋予‘萨满’的称号。”① 核心萨满教认为，成功地从事萨满的工作，你就是萨满：“你曾经以力量疗愈和帮助过他人，才能授予你这样的地位。换言之，当你的萨满工作成功得到肯定时，你就是一名萨满了。”②

（四）核心萨满教的实践工具和培训内容

要修习核心萨满教，需要一些基本的工具，它们分别是萨满鼓（或拨浪鼓）、沙铃、鼓槌儿、遮眼器等。鼓是核心萨满教修习最重要的工具。最初，核心萨满教工作坊使用的是美国新墨西哥州陶斯印第安人的双面鼓，比较笨重，后来又引进了西伯利亚和北美西北海岸印第安部落使用的单面萨满鼓。这种鼓的好处就是轻便，不管是长时间站立还是走动击鼓，都不会太累，它在室内发出的共鸣也比陶斯印第安人的双面鼓效果好。核心萨满教工作坊现在出售的就是这种鼓（见图5－8）。除了鼓之外，哈纳认为，沙铃亦是帮助人们转换意识状态的很好工具。因为与鼓声相比，沙铃的声音会对脑部产生更高频率的刺激，有助于强化鼓声，进一步提升整体声音效果。同时，沙铃也具备和鼓声一样的效果，即虽然音频较高，但是振幅比较低，所以不会使使用者感到耳部受到强烈的刺激，有疼痛之感。遮眼器的作用主要是遮蔽光线，避免外界干扰，使实践者处于黑暗之中，便于进入状态。当然，如果没有这些工具，甚至可以找一些临时替代物，如一本硬皮书、一把汤勺，将书本放在头上，用汤勺按照一定的频率敲击即可。

核心萨满教工作坊的授课形式、时间灵活，分为周末课程和时间较长的持续课程。周末课程中，又分为初阶课程和高阶课程。初

① http：//www. shamanism. org/workshops/faq. php#faq11，If I complete the training programs of the FSS，will I be a shaman?

② 麦可·哈纳：《萨满之路：进入意识的时空旅行，迎接全新的身心转化》，达娃译，新星球出版社 2014 年版，第 35 页。

图5－8　核心萨满教实践使用中的萨满鼓、鼓槌儿、遮眼器

阶课程培训内容为“萨满之路：萨满的旅行、力量和治疗”。该课程[①]主要向实践者介绍什么是核心萨满教，萨满为了治疗、解决问题进入非日常现实的方法，以及通过击鼓训练使实践者改变意识状态进入萨满的“旅行”。其中，“萨满旅行”是被特别强调的学习环节。核心萨满教工作坊称，通过它，实践者可以“以不可思议的方式让人们去探索，除了在神话及梦境中才出现的隐藏宇宙。伴随着鼓声及其他的技术，学员开始了萨满之旅程，去体验开启萨满意识状态及唤醒内在灵性的能力（例如与自然沟通的能力）。在课程中，学员将会互相分享探索旅程的经验，以及介绍一般萨满占卜及疗愈；并实践典型萨满的教导，借由旅程的方式，在非寻常世界中认识并与自己个别的指导灵学习。学员将学习如何利用旅程去恢复灵性力量及健康，以及如何应用萨满教导在日常生活中来疗愈自己、他人以及地球”[②]。

“萨满之路：萨满的旅行、力量和治疗”课程的具体要求和内容为：开始“旅行”之前，实践者需要调整个人状态，做好一些准备工作，如心态轻松、平和，饮食尽量少食或者不食，酒精是绝对禁止的，找一个黑暗的房间，脱掉鞋子，放松衣带，平躺在垫子上。做好上述准备工作之后，闭上双眼，用遮眼器或一只手挡住任

① 《萨满之路》一书是该课程的指导手册。

② http：//www. shamanism. org/workshops/calendar. php？ Wkshp_ ID =10.

何可能的光线，最好旁边有帮助修习者敲击萨满鼓的助手。接下来，实践者要做的是打开自己的记忆阀门，搜寻可以使自己进入的通道，并将它视觉化。一旦进入这个通道，须提醒助手要有力、快速、保持同一音频（每分钟 205—220 次）地敲击鼓面，保持这一过程 10 分钟左右，这样实践者就进入了萨满意识状态。10 分钟过后，助手应该重重地敲击萨满鼓，提醒“旅行”的人返回。等实践者完全从萨满意识状态恢复到普通意识常态[①]后，他应该描述和记录下“旅行”中看到的具体情境。

该课程建议实践者拥有一个自己的保护精灵。因为在“旅行”中，保护精灵是必不可少的，它们是人与自然灵性关系的体现。保护精灵充当着修习者的精神向导，起到保护、引导和治疗的作用。同时，它们也是修习者人格、深层自我的体现。保护精灵主要是灵兽（power animal），但也可以是其他灵性物（如植物）。灵兽会以鸟、虎、鹰、熊、鹿、龙等形式出现。要想拥有自己的灵兽，首先要做的是呼唤它的到来，然后通过赞美、歌咏或为它舞蹈等方式，促使它自愿留下来，成为修习者的保护精灵。在核心萨满教的观念里，每个人都有一个或多个灵兽，它代表了个人的健康、能量、法力。但是，很多人根本就对此一无所知或者由于疾病、灾难等失去了它们，更糟糕的是，他们竟然不知道可以通过某种途径重新拥有它们。[②] 在哈纳看来，如果一个人失去了自己的灵兽，就会出现下

---

① 在哈纳看来，萨满意识状态（Shamanic State of Consciousness，SSC）是指一种意识改变状态。在这种状态下，萨满可以获得知识、信息，洞晓秘密。哈纳认为，它与卡洛斯·卡斯塔尼德（Carlos Castaneda）的“非常态现实”（nonordinary reality）、罗伯特·罗维（Rorbert Lowie）的“现实的非凡展示”（extraordinary manifestations of reality）的含义相似，但这一术语区别于含义模糊的“入迷”（trance）、“出神”（ecstasy）等术语，与之相对的是普通意识状态（Ordinary State of Consciousness，OSC）。哈纳指出，真正的萨满可以自由穿梭于两种状态，法力高强者还可以在萨满状态下看到、听到、感觉到和体验到非同寻常的景象。

② Michael Harner，*The Way of the Shaman* ，San Francisco：Harper & Row Publishers，1990，pp. 65 – 68.

列症状：生病、能量丢失、心智发生变化、失去自信等。想要重新找回病人的灵兽，修习者首先应该拥有一首或多首属于自己的力量之歌，在力量之歌、鼓声的帮助下进入萨满意识状态；然后，借助自己灵兽的力量进入下界（要想到达下界，萨满术修习者首先应该找到一个入口，它可能是一个通道，也可能是洞口、泉眼、沼泽地等），搜寻病人的灵兽（一般多次出现在萨满修习者面前的动物就是丢失的灵兽）；等找到了它，将它带回来重新放置到病人的身体中，病人就会康复。

工作坊一般鼓励学员在接受基本培训之后进行自我修习，也可以组成训练小组共同实践，如有进一步学习的意愿，可以参加高阶课程学习。这一阶段的培训内容较多，包括萨满占卜训练课程、萨满祛除治疗课程、认识萨满教、死亡与超越课程、萨满教和自然灵性训练课程、萨满梦训练课程、萨满创造力训练课程、萨满教实习训练课程、灵魂能量复原培训课程等。为了更好地理解核心萨满教，下面就这些课程做一简单介绍。

核心萨满教认为，占卜是萨满的工作之一。通过占卜，萨满为自己或他人提供相关信息，解答疑问，预测未来。在萨满占卜训练课程中，学员主要学习、体验各种萨满占卜技巧（学习如何与动植物神灵沟通，如何运用石头、水晶、铜镜等，以及如何从灵境的源头找寻与获得启示和启发），也为自己与其他学员进行占卜旅行。

核心萨满教占卜的前提是，认为在萨满的世界中，石头、动植物等与神秘的大自然密切联系在一起，它们的灵性是神秘大自然的一部分，能提供给人们力量和智慧。《萨满之路》提供了核心萨满教用石头占卜解疑的方法。首先，学员有一个需要解答的问题，带着问题到野外行走，直到被两块拳头大小的石头吸引。其次，他带着石头寻找一个舒服的地方坐下，向石头提出问题，并仔细观察石头的纹路，直到看到一个或多个动植物的形状，思考它们有可能对问题的回答。再次，反转石头，依次重复上述活动，第二块石头与第一块石头相同。最后，将两块石头的四面得到的信息整合起来，形成提问人问题的答案。汉妮克·明克坚在《从神灵那里寻求引导——现代荷兰社会中的新萨满占卜仪式》[①] 一文中为我们提供了荷兰核心萨满占卜训练的具体情况。

> 玛丽安，63 岁，寡妇，坐在冥想垫上，被参加为期两天的“萨满力量和治疗之旅”学习的人环绕着。“萨满力量和治疗之旅”工作室是萨满教研究基金会荷兰分部，由人类学家迈克·哈纳资助。她手里缓缓地转动着一个拳头大小的石头，就像在做罗夏测验。在拉科塔石头寻找仪式（Lakota rock-seeing ritual）中，她试图找到“我在情感上怎样才能独立”这个问题的答案。在这个仪式中，当参与者处于浅度意识改变状态时，她们会将看到的各种形状与石头联系起来，解答生活中的疑惑。新萨满教相信万物有灵，参与新萨满教学习的人此时正在和石头的精灵交流。另一个学习新萨满教仪式的人问玛丽安：“这些联系是如何解决你独立的问题的?”玛丽安在寻找石头仪式（the rock-seeing ritual）中“看到”了眼镜蛇的头、绵羊和熊、木屋和小鱼，她对看到的东西很满意，说自己应该坚强，鼓励自己不断成长。
>
> ……
>
> 在萨满铜镜工作室（工作室名，译者注）期间，实践者要学习用铜镜占卜。不同的直觉占卜仪式，要用不同的传统萨满教铜镜。镜子来自蒙古或西伯利亚，由青铜和红铜等金属制

① ［荷兰］汉妮克·明克坚：《从神灵那里寻求引导——现代荷兰社会中的新萨满占卜仪式》，郑文译，《世界宗教文化》2011 年第 6 期。

成。大部分铜镜表面虽然不反光，但是仍被用来占卜。这种铜镜不同于传统的镜子，因为在它里面能够“看到”超神灵的神迹，“听到”他们的话语，并且人们相信萨满的精神向导就住在里面。据新萨满教导师琳达·霍特讲，这些神灵是传统西伯利亚或蒙古萨满的协助神灵，他们是铜镜最初的主人。这些神灵可能是男性或女性的祖先神，萨满需要用香料、煨桑、白菖蒲或音乐等来滋养它们，这也是传统萨满教的风俗。占卜仪式由参与者自己表演。在仪式中，人们要问的是关于存在的问题，如友谊、如何找到伴侣、工作、闲暇时间等问题。在第一个仪式期间，参与者被要求手持或怀抱萨满镜在有光的房间中挪步，目的是在鼓声的诱导下改变仪式状态。做占卜的人得到的信息可能是镜中的图像、有启发性的思想或给出建议的声音。当这些人得到上述信息时，他们还会保持沉默，以求获得更多的信息。对镜子启示的解释有时像解梦，有时却按字面意思解释。其他仪式要求两个修行者共同进行，他们要为对方从镜中获得信息。总之，参与者看上去十分愉悦，对占卜仪式的结果都很满意。最后，有些人觉得自己和镜中的神灵紧紧地联系在一起，甚至不愿意将镜子还给萨满修行指导者琳达，所以仪式后，经常会发生丢铜镜的事件。

高阶课程的第二部分内容为萨满祛除治疗培训课程，它是核心萨满教治疗训练的一部分。该课程并不是为寻求个人自我治疗的学员设计的，它是专门针对想要将萨满治疗带入团体练习的人设计的，主要内容为如何观察、感觉和祛除精神因素导致的局部性疾病与疼痛。

传统萨满教中，萨满的一个职责就是送魂仪式，运送死者的灵魂顺利到达彼岸。在核心萨满教工作坊中，认识萨满教、死亡与超越课程涉及的就是死亡和灵魂归宿的主题。课程内容涵盖熟悉死亡之后的疆域、利用萨满旅程寻人、完成未了的心愿、协助他人跨越，以及典型的灵魂引领工作。

自然灵性训练课程将萨满教跟生态环境联系起来，认为它能帮助现今的人们更好地理解人与自然的关系。该课程宣称，“从古代起，萨满就与自然灵性一起为治疗、生存和知识而工作。为了帮助他们的子民与宇宙和谐相处，萨满向植物和动物、岩石和山脉、风和水、太阳、月亮和星星学习。在一个失去平衡的世界里，萨满以他的方式再次教导我们如何去尊重自然、尊重我们的地球以及地球上的生灵。正如我们的祖先认识到的，我们人类的生存也深深依赖地球上的其他物种。我们通过自己的萨满旅行和其他灵性经历，努力在两种现实中恢复和维持一个充满生机的地球”①。

萨满梦训练课程主要传授的是萨满的梦理论与大梦、梦与灵魂及萨满旅程、梦中灵境追寻以及利用梦占卜和治疗。核心萨满教认为，梦对一个人来说非常重要，它有预兆作用。核心萨满教对梦的认识有十大原则。第一个原则是神灵是真实存在的；第二个原则是神灵创造梦；第三个原则是这些神灵各有特点，并且有不同的分工、掌握的权力也不同；第四个原则是那些制造梦的神灵可能是个人灵魂、护佑神灵，也可能是带来灾难或入侵的非护佑性神灵；第五个原则是来自灵魂、护佑神灵或非守护神灵的“坏”的梦或噩梦可能发出的有益的警告；第六个原则是法力强大的人拒绝来自非守护神的梦；第七个原则是大的守护神会带来大梦，传达重要的灵性力量和信息；第八个原则是以上原则使用于各种梦，包括睡着时的梦、白天醒着做的梦和幻想；第九个原则是为了理解梦的含义，人们可以呼唤护佑神唤回梦进行研究，或者采取萨满“旅行”方式到

① http：//www. shamanism. org/workshops/calendar. php？ Wkshp_ ID =25.

他们最重要的预见神灵那里获得信息；第十个原则是应该对旅行中的象征，特别是与神灵的对话进行深入研究，这样才能更好理解梦的含义。

萨满创造力训练课程认为，萨满的“旅行”可以激发创造力。意识改变后，人们会看到与日常现实世界不同的情境，刺激灵感的爆发，并将这种灵感付诸实践加以验证，这就是创新的过程。萨满创造力训练课程就是教授学员通过萨满“旅行”激活并释放蛰伏的创造力。萨满教实习训练课程主要是对学员进行萨满治疗、占卜的实际指导，并与其他学员就此进行讨论。

灵魂能量复原培训课程主要讲授如何找回因创伤或经历无法处理的情绪而解离的灵魂碎片。灵魂碎片化表现为：感觉麻木、迟钝；有忧郁倾向；免疫系统不好，常生病；童年时常生病；童年记忆有缺失，自己在刻意回避一段创伤；在酒精、毒品、食物、性、赌博等方面有成瘾性；刻意通过外物来填补内心的空白；在家人离世或婚姻出现问题后，无法跨越；存在多重人格等。核心萨满教认为，灵魂复元治疗是萨满的主要治疗方法之一，它可以帮助人们找回失落的灵魂，重回健康与活力。

除了这些周末课程外，还有需要更长时间的进阶课程，即为期两周的萨满康复治疗课程、为期三年的萨满教和萨满治疗课程。与前面的课程相比，进阶课程的授课对象为治疗师、身体按摩师、社会工作者、临终关怀工作者等专业技术人员，传授的内容更深入、更专业。这些学员完成学习后，可以获得萨满研究基金会颁发的证书。两周课程获得的是白色证书，三年课程获得的是青铜证书。如果继续学习，还有更高级的白银、黄金证书。这些证书在一些国家被看作个人继续教育培训的有效证件，找工作时有一定的优势。图5－9和图5－10为核心萨满教网站展示的“旅行”中遇到的场景。

图5－9　核心萨满教网站展示的“旅行”中遇到的灵兽及灵性世界中人与自然和谐相处

图5－10　核心萨满教成员的活动场景

（五）核心萨满教的特点

1. 去传统萨满教语境

哈纳称自己的这套萨满实践方法为核心萨满教，是自己通过跨文化的民族志研究，发现世界范围内的萨满教虽然呈现的面貌有很大的差异性，但在多元的面貌下却存在惊人的相似特征，即萨满改变日常意识状态、入迷、在三界中“旅行”。所谓核心萨满教，就是不去管它是西伯利亚地区的萨满教、北美印第安人的萨满教还是东南亚的萨满教，统统去除这些传统萨满教生长的文化背景、发生的社会因素，只抽取其核心元素（即哈纳所谓萨满教的普遍特征）重新整合，强调萨满治疗功能的新型萨满教。用哈纳的话来讲，就是“萨满的职责与工作反思最异乎寻常的地方，在于他们总是分隔千里且地处偏远，在全球各地的呈现方式竟都非常相似，其中包括澳洲、北美洲、南美洲原住民，以及西伯利亚、中亚、东欧和北欧、非洲的原住民。就连地中海的经典历史文献，或中世纪及文艺复兴时期的西欧文献，也能找到基本萨满知识的踪迹，直到宗教法庭的审判期，萨满知识才遭到大举消灭……正是因为这套古老力量和疗愈系统所保有的一致性，伊利亚德和诸多人士能充满信心地在彼此隔离的部人间谈论萨满的存在”[①]。

萨满教的“核心化”遭到很多学者的不满，如人类学家格尔茨指责说：“萨满教经过宗教人类学家之手，被夺取了它原有的生气，被他们晒干了。”刘易斯在《萨满教与神灵附体的研究》一书中指出，入迷有两种：一种是萨满被动地入迷（神灵降临附体）；另一种是萨满主动地入迷（萨满灵魂离开身体去他界“旅行”），所以，哈纳的核心萨满教是对真实萨满教的偏离。哈维等人批评哈纳的萨满教实践脱离了萨满教原有的文化背景，是对萨满教的曲解、盗用。对此，哈纳的回答是：核心萨满教“呈现的是我亲自向南美及北美印第安人学习的，某些千年之古的萨满运作方式的精华和诠释，还补充了人类学的文献，包括来自其他洲的资讯。我将这些运作方式做了调整，使西方读者无论在宗教或哲学信念上的取向如

① 麦可·哈纳：《萨满之路：进入意识的时空旅行，迎接全新的身心转化》，达娃译，新星球出版社 2014 年版，第 98 页。

何，都能将这些技术运用在日常生活中”[①]。“如果我们实践的核心萨满教完全跟传统的萨满教一模一样的话，那任务将太艰巨了……我们需要的是实践萨满教的基本原理，而这些原理可以在绝大多数社会中适用。”[②] 哈纳指出，对大多数西方人来说，学习和实践核心萨满教是比模仿某一文化中的萨满教更有效的修习方法，因为每种文化都有其自身的象征系统、神话和阐释概念。如果一个人没有生活在这种文化中，这套东西只适合该文化中特定的土著民，而不是适合这个人。[③] 一些学者称核心萨满教为实践性的萨满人类学。[④] 更多的学者愿意将这种萨满实践称为“西方工业社会中的萨满教”[⑤] 或哈纳式萨满教（Harnerism）[⑥]。

2. 简化的入会仪式、实践活动与浪漫化的萨满

在传统萨满教中，要成为一个萨满，并非易事。伊利亚德通过对中亚、东北亚地区的研究，总结出获得萨满神职的三种方式，分别为：世袭性传承萨满神职；神灵的“召命”和选择成为萨满；根据个人或部族的意愿成为萨满。但是在传统社会，人们会认为前两种萨满的能力远远高于第三种萨满。不管是哪种形式的萨满，萨满候选人都要历经考验。同时，伊利亚德还指出，一个准萨满在得到社会承认之前，必须经过训练掌握两种技能：一种是入迷术，改变

① 麦可·哈纳：《萨满之路：进入意识的时空旅行，迎接全新的身心转化》，达娃译，新星球出版社2014年版。

② 哈纳的个人网站 http：//www. Harner pers. com。

③ http：//www. shamanism. org/workshops/faq. php.

④ Constructions，Normativities，“Identities：Recent Studies on Shamanism and Neo-Shamanism”，*Religious Studies Review*，Vol. 31，No. 3，2005.

⑤ Annette，Høst，“What's in a Name? What's in a Name? Neo-Shamanism，Core Shamanism，Urban Shamanism，Modern Shamanism，Modern Shamanism or What? ”，*Spirit Talk*，Vol. 14，2001，pp. 3 – 6.

⑥ Jeffrey A. Kottler，Bradford P. Keeney，Jon Carlson，*American Shaman*：*An Odyssey of Global Healing Traditions*，New York：Taylor & Francis，2004. Merete Demant Jakobsen，*Shamanism*：*Traditional and Contemporary Approaches to the Mastery of Spirits and Healing*，Berghahn：Berghahn Books，1999.

意识状态；另一种是洞晓传统文化，了解神灵的名称和职能、部落的神话传说、氏族的传承体系、萨满的行业术语。[①] 在一些文化中，成为萨满的人表现出异于普通人的先天症状，如精神异常、经常幻觉、突发性昏厥，或者形体怪异（表现为聋哑、六指、比常人牙齿多、驼背、瘸拐等）。这些先天性特点都被传统萨满教信仰群体视为未来萨满的潜在特质。

通过人类学家的民族志描述，我们可以从中管窥传统萨满艰难的成圣之路。如博格拉斯在其著作《楚克奇人》中，对楚克奇萨满的出马仪式进行了详细的描述。

> 萨满的召唤通过很多种方式显现出来……按照惯例，年轻人是非常不愿意听候神灵召唤的，特别是如果这种召唤包括着装上的特殊要求和生活方式的改变的时候。他们出于恐惧而拒绝拿起鼓去呼唤“神灵”。那些“注定受到神灵召唤”的年轻人的父母，则根据孩子的脾气禀性和家庭传统而选择不同的行动。有些时候他们保护自己的孩子，不让神灵召唤他们，并且试图引导他们拒绝神灵以维持普通人的生活状态。这种情况通常发生在那些只有一个孩子的家庭中，因为萨满的召唤，特别是在最初的时候总是与危险相关联的。然而，父母的保护是无效的，因为对神灵的拒绝是非常危险的，甚至比接受他们的召唤还要危险。一个年轻人在受神灵召唤的过程中受到阻碍的话，就会生病或者短命。或者“神灵”会引导他离家出走到很远的地方，在那里他会不受阻碍地开始其追随神灵的旅程。
>
> 对人们来说，在受到萨满神灵召唤的准备阶段，很大程度

① 参见吉林省民族研究所编《萨满教文化研究》第二辑：《伊利亚德的〈萨满教总论〉》，天津古籍出版社 1990 年版，第 325 页。

上是非常痛苦的过程，而且这个过程会延续很长的时间。这种召唤通常以突然的和隐匿的方式到来，使得年轻的新手很难把握它。他处于半失去意识和半违背自己意愿的状态，他的精神经历奇怪和痛苦的转变，而且这段时期可能会持续几个月甚至几年。有一些人待在屋子里很少出去。另一些人则以外出打猎或看守牧群为借口在荒野里游荡……

与此相对应的是，在西伯利亚的楚克奇人当中，这种准备阶段要经历更长和更剧烈的患病阶段，而在接受召唤之后，则（最终）会康复。有些年轻人在遭受缠绵病痛（通常是一种焦虑的性格）几年之后，最终接受召唤而从事萨满活动，并通过这种方式战胜了病痛。①

克纳德·拉斯姆森在其民族志中讲述了因纽特人成为萨满的历程。

当我快要成为萨满的时候，我选择了忍受两种对人类来说是极为危险的苦难：饥饿和寒冷。我先是饿了五天，而后被允许喝了一小口热水。老人们说只有水是热的，神灵才会注意到初学者并帮助他。接下来我又饿了十五天，之后又喝了一小口热水。在那之后又饿了十天，然后才开始吃东西……

寻找“知识”的日子里，我非常疲劳。不论天气如何，我都必须不断地走动，其间只能休息一小会儿。在我找到自己想要的知识时，我通常都已经筋疲力尽，身心俱疲……真正的知识只能发现于远离人群和巨大的孤独状态当中，只能通过忍受苦难而不是游戏而被获得。孤单与受难的经历能开启人的头

① Narby, Jeremy & Francis Huxley, *Shamans through Time: 500 Years on the Path to Knowledge*, New York, Tarcher/Penguin, 2004, p. 53.

脑，因此萨满必须在这种状态下寻找知识。①

根据伊利亚德的描述，在西伯利亚地区，萨满的入会考验更是惊心动魄，他们要在幻觉中经历被肢解。

> 当说到昏迷状态的受难仪式，西伯利亚的萨满便肯定地说，他们在自己的尖顶帐篷里或僻远处静卧三至七天，形同“亡人”。在此期间，他们的躯体被恶魔或祖先神灵肢解……神灵将未来萨满的灵魂带入下界，关进一所房子里达三年。在地狱的避难所里，他经历了痛苦的考验：鬼神将他的头砍下（将其放置一边，以便新萨满的这颗脑袋亲眼目睹自己的躯体被肢解），而后乱刀砍在他的肉体上，再将砍下的碎片分发给掌管各种疾病的鬼怪。只有经历到这一步，未来萨满才能获取治病的能力。于是，他的骨骼上长出了新肉，有时还会重新获得血液。
>
> ……
>
> 一个通古斯萨满说，当他因为受到神灵的召唤而患病时，他的萨满祖先会用箭射他，直至他昏死倒地。然后，他们把他的肉一块块割下，取出骨头，当着他的面一根根地数；如果骨头少了一根，他就不配当萨满。布里亚特人认为，萨满祖先通过折磨的方式考验继任者是否胜任萨满一职。②

与传统萨满不同，核心萨满教提出“人人都可以成为萨满”的口号。在核心萨满教看来，只要实践者按照所传授的方法规

---

① Narby, Jeremy & Francis Huxley, *Shamans through Time*: 500 *Years on the Path to Knowledge*, New York, Tarcher/Penguin, 2004, pp. 81 – 82.

② 参见吉林省民族研究所编《萨满教文化研究》第二辑：《伊利亚德的〈萨满教总论〉》，天津古籍出版社 1990 年版，第 327—328 页。

范、持续地练习，就处于成为萨满的途中。当他们成功地改变意识状态进入非寻常世界，最终能够做到帮助自己、帮助他人并得到他人肯定时，他就是一名真正的萨满了。我们发现，那些在传统社会中历经磨难的萨满入会考验在这里变得非常简化。

只需经过一两周时间的培训，借助一面鼓、一个鼓槌儿、一个播放器、一盒录有鼓点的磁带甚或一本硬皮书、一把汤勺、十几分钟的击鼓，经过几个月甚或几周的练习，实践者就有可能被称为“萨满”。正如哈纳指出的那样，核心萨满教的萨满并不能像传统萨满教的萨满可以代表当事人担当其去他界“旅行”的任务。但是，在核心萨满教导师的指导下，当事人可以通过自己去他界“旅行”，成为自己的萨满。所以，一些学者感慨，将核心萨满教实践称为心灵有氧运动、“舒适的萨满教”，认为只要人们有闲钱就可以参加这种特定的课程，而不必非得在加利福尼亚的旅游胜地大瑟尔修习，“这真的是宗教大师全球化的时代”。

此外，传统萨满教中有很多“阴暗面”，如有血淋淋的牺牲祭神的场面、萨满使用黑巫术伤害他人的做法、萨满与邪恶精灵的斗争、萨满斗法、萨满面临死亡威胁等。但是，哈纳在选取萨满教元素时，有意“屏蔽”了传统萨满中的很多血腥，将萨满（教）田园化和浪漫化。所以，不难想象，当一些核心萨满实践者看到印度萨满用猴子血与恶魔战斗时，他们否认这是真的萨满教。[①] 通过对比英格兰岛的传统萨满教和核心萨满教，雅可布森指出，萨满与神灵的关系在两种萨满教中存在明显差异：传统的英格兰萨满是人神的中介和神灵的主人；核心萨满教中，神灵是帮助者，人是接受帮助、知识和力量的。传统的格兰岛萨满多为中立，也有邪恶的，但

① Drury，Nevill，*The Shaman and the Magician*：*Journeys between the Worlds*，London：Routledge Press，1982，p. 1.

核心萨满教中，萨满是善意的、同情的，随时准备帮助人类。①

核心萨满教是经过改造的萨满教，向人们呈现的是温和萨满教，是所谓“灵性生态学”的萨满教。如哈纳所指出的，“萨满教是一种灵性生态学。在全球环境日益恶化的今天，萨满为人们提供了那些‘以人文本’的宗教所欠缺的东西，即对地球上其他存在物，以及地球本身的尊敬和灵性上的沟通。对萨满来说，这并非简单的大自然崇拜，而是双向的灵性沟通，以此重建现在人类失落的、人类祖先过去与伟大灵性力量的联系和美丽的地球花园。伊利亚德认为，萨满是最后一群能与动物对话的人，而我却要更大胆地说，他们是最后一群能和大自然全体，包括植物、溪流、空气和石头对话的人”②。

三　作为治疗的核心萨满教

传统社会中的萨满是氏族或家族萨满，治疗疾病只是其职责的一部分，而且，人们相信大部分疾病是恶灵附体或得罪祖灵所致。此时，萨满需要通过自己所领的神灵附体和入迷进入萨满意识状态，上天入地地为病人搜寻被恶灵夺走的灵魂或与入侵病人身上的恶灵搏斗，直至治疗族人的病痛。除了治疗之外，传统社会的萨满还负责重大事情发生和节日时为族人、家族祈福、占卜吉凶、预测未来、为死者送魂等重任。此外，传统萨满还是该族群道德规范的监督者。在一些仪式上，萨满会借祖先或神灵的口吻，告诫族人处世应当遵守的规矩，起到道德教育的作用。

在传统社会，万物有灵。但是现代社会，圣与俗截然分开，人们想要回到传统，必须借用一些来自传统的象征物才能进入“神圣

① Merete Demant Jakobsen, *Shamanism: Traditional and Contemporary Approaches to the Mastery of Spirits and Healing*, New York: Berghahn Books, 1999.

② Michael Harner, *The Way of the Shaman* , San Francisco: Harper & Row Publishers, 1990, preface.

的空间”。在核心萨满教实践中，印第安人的羽毛、贝壳和西伯利亚的萨满铜镜等常常被选择，它们成为打破现代社会物与灵二元划分、搭建从现代世俗社会进入神圣空间的重要工具。与传统萨满教不同，核心萨满教撇开传统社会的萨满的诸多功能，强调萨满的身心治疗功能。在《萨满之路》中，哈纳在借鉴伊利亚德的“萨满教 = 入迷术”这一观点的基础上，认为萨满能够按照自己的意愿进入入迷下的意识改变状态，借此与通常隐而不见的世界沟通，并且在这个世界中取得知识和力量，用于帮助他人。他还特别补充了萨满在入迷状态的任务：萨满灵魂通常会离开身体，“修复有益或维持生命所必需的力量，或通过去除有害的力量，来为患者进行疗愈工作。伊利亚德所提到的旅程，是专门用来修复力量或找回失去的灵魂”①。

汉妮克·明克坚对荷兰核心萨满教进行了调查。② 结果发现，在日趋世俗化的荷兰，传统教堂越来越少，替代传统宗教的是诸如五旬节、灵恩运动和新世纪灵性运动等强调个人体验的宗教。其中，核心萨满教属于新世纪灵性运动之一，在荷兰非常流行。实践者认为，核心萨满教是一种灵性方式，人们可以借助它在复杂的社会环境中寻求安全感和宗教满足感，解答生活、心理中的一些问题。

荷兰新萨满教中，最重要的仪式是通过出神“旅行”（trance travel）去下界寻找“魔兽”。新萨满教创始人哈纳称它为“萨满的核心技术”。在意识发生改变的情况下，实践者“旅行”到各种“萨满教的世界”中，在栖居者（他们可能是下界的动物，也可能是上界的天使，还可能是居住在中界即我们看得见的世界的精灵或地神）的带领下游历那个世界。萨满的这种核心技术（可以将它想

---

① 麦可·哈纳：《萨满之路：进入意识的时空旅行，迎接全新的身心转化》，达娃译，新星球出版社 2014 年版，第 68 页。

② Hanneke Minkjan, “Seeking Guidance from the Spirits: Neo-shamanic Divination Rituals in Modern Dutch Society”, *Social Compass*, Vol. 55, No. 1, 2008, pp. 54 – 65.

象为直觉预言）是其他出神预言仪式的基础，其他预言要围绕它产生。

例如，63 岁的玛丽安希望在实践中找到个人情感独立的答案，一个年轻的妇女试图从母亲去世的悲痛中脱离出来，36 岁的卡琳咽喉疼痛且人生处于低谷状态。核心萨满教的旅行在“神圣”“灵性”的名义下，为实践者提供了走进自我内心世界和倾诉的机会，类似于心理疗法，让他们能够为内心深处积压已久的种种问题寻找可以释怀的答案。如卡琳在她的“旅行”中，她的灵兽——独角兽给她的建议是必须净化自己。另一个灵兽——美洲豹带领她穿过茫茫丛林，直到走到一个万丈峡谷前，她不得不做出选择：停下来还是跳下去。她没有害怕得跳了下去，结果没有像她想象的那样掉到谷底，因为峡谷没有底。这些让她明白了下面的道理：在现实生活中，她应该积极地面对未知的事情。①

伯克特（Tim Burkett）对在哈纳工作坊学习核心萨满教的人员进行访谈时，试图让他们回答核心萨满教如何作用于自己。调查结果与汉妮克·明克坚对荷兰人的调查相似：修习者认为借用萨满旅行比只凭想象更容易解决问题，萨满式灵性体验过程中的逻辑是否合理并不重要，他们看重的是它对他们的生活赋予了意义。②

四　萨满研究基金会对传统萨满教的贡献

哈纳辞去大学人类学教授一职后，将精力全部用于萨满教相关活动，成立了萨满研究基金会。萨满研究基金会是一个非营利组织，其经费主要来自哈纳及其他中心研究人员对参加核心萨满工作坊学员的培训费用、出版核心萨满教教材和磁带的赢利，以及部分

① 参见［荷兰］汉妮克·明克坚《从神灵那里寻求引导——现代荷兰社会中的新萨满占卜仪式》，郑文译，《世界宗教文化》2011 年第 6 期。

② Tim Burkett, “A Psychological Inquiry into Neoshamanic Practice”, *ReVision*, No. 3, Vol. 27, 2005.

捐赠所得。

萨满研究基金会主要致力于以下几点活动。

第一，保护、保存和复兴传统萨满教，这是该基金会最重要的任务，如帮助北美的派尤特印第安人重建萨满的鬼舞仪式，帮助巴西的巴尼瓦人保护和恢复他们的萨满教传统。同时，该基金会开展了“活着的珍宝”项目，为欠发达地区的杰出萨满提供经济资助，表彰他们对萨满教所做出的贡献，鼓励他们将萨满文化传承下去。被资助的萨满集中在西伯利亚、尼泊尔、图瓦、亚马孙流域、中国等地（具体见附件“活着的珍宝”主要萨满简介）。此外，该基金会积极参与尼泊尔、西伯利亚、中国、中亚、亚马孙等地的萨满教相关文物保护工作。

第二，在迈克·哈纳和桑德拉·哈纳的主持下，基金会还开展了萨满知识、物件档案化工作。他们将收集到的世界范围内的396种文化中的萨满教和萨满实践活动文献，按照萨满治疗、萨满、宇宙学、末世论和占卜分为五类，并做了数字化处理以便保存。此外，收集到的东西还包括萨满文物、鼓和各种视听媒体。在遗产项目（The Legacy Project）中，他们致力于将收集、保存的萨满资料作为一种学术和教学资源，包括书籍、期刊、萨满文物、田野笔记、照片、影音资料和迈克·哈纳个人收集的其他材料。该项目现在已经形成数千本萨满书籍、期刊、缩微胶片，还有丰富的研究论文、录音和纪录片等。

值得一提的是，萨满研究基金会开展的“非寻常现实图谱”项目（The Mapping of Nonordinary Reality）。这是该基金会建设的一个大型数据库，主要收集世界上跨文化的萨满教旅行、濒死体验和其他日常现实获得的探索等内容，目的是通过这些材料，发现只有萨满和特定文化中的长者才能洞晓的、一直被隐藏的宇宙地图。这项活动始于20世纪70年代，从那时起，哈纳就开始注意收集西方人参加萨满教实践的经验，对他们上界、下界的萨满旅行感受给予特别关注。随着收集的资料进一步增多，为了比较西方人和传统地区萨满“旅行”的异同，萨满研究基金会建立了“非寻常现实图谱”项目。目前，位于加利福尼亚州马林地区的基金会已经收集了3万多页由体验者自愿提交的萨满“旅行”等幻觉体验。[①] 该基金会称，希望“这项雄心勃勃的项目的结果有望挑战正统科学对现实的定义”[②]。

基金会非常关注萨满教在治疗方面的作用，通过萨满教和健康项目对此展开研究，希望能够以这种古老的方式解除人们的病痛，化解人们日常生活的困惑，成为主流医学的补充。为了获得更多的发现，基金会还邀请医生、精神治疗师等相关人员加入该项目，共同研究萨满在治疗身体、情绪和精神紊乱方面的贡献。此外，基金会还支持萨满教与保护地球等项目的学术研究，设立萨满研究奖学金资助北美土著学生对萨满教的研究和对萨满文化的田野调查。

五　对核心萨满教的评价

西方学者对哈纳及他的核心萨满教给予的更多的是褒奖。为了表彰他在萨满教研究领域的卓越贡献，2003年，他被授予荣誉博士头衔。2009年，加利福尼亚太平洋健康和治疗中心因核心萨满教对人的身心健康的作用，授予他“整体医疗奖”。同年，美国人类学学会因为他对“萨满教在人类学研究中的重要性和意义的提升”，对他进行表彰。著名的瑞典人类学家艾克·胡克朗茨（Ake Hultkrantz）将哈纳和伊利亚德在萨满教方面的贡献等同视之，称其对萨满教的研究和发展做出卓著的贡献。伊利亚德褒奖哈纳在萨满教方面的工作是富有激励性和充满原创性的。

① 在《萨满之路》一书中，可以看到哈纳收集到的一部分西方人的“旅行”体验。

② http：//www.shamanism.org/fssinfo/research.html.

更多的学者认为核心萨满教是传统萨满教的浓缩或变形，有利于萨满教的发展。如《重新发现萨满文化遗产》一书指出："无论如何，核心萨满教是对萨满教的浓缩，它并不是也并不打算成为传统图瓦的、西北海岸的或者任何其他社会的萨满教。这样的结果是将来被实践的萨满教可能会是核心萨满教方法与土著传统中的萨满教碎片的合成品。我们可能由此会看到萨满教传统的进化，其显然更像是向全球散布的综合体……新萨满教精神生活，特别是核心萨满教，有些时候是对那些需要它并且正在试图重新获得正在消失的萨满教传统的人们的回复。结果可能是一个重新组装的萨满教，但也可能是早年的传统萨满教。重新组装和发明的传统也能从西方和本土的普遍主义发明者那里进入土著社会，在那里他们可能被用于政治和精神的双重目的。"[①]《萨满教：西伯利亚的灵性与西方的想象》的作者称："西伯利亚本土的萨满教为哈纳奠基的萨满教在欧洲、美国的建立与发展提供了源泉，但它绝不是传统萨满教的堕落，而是它的变形。"[②]

但也有人对核心萨满教提出批判。一些学者指出，核心萨满教传播的萨满教已经不是原版的萨满教，"西方大众一旦接受了'盗版'的印第安灵性主义，正宗的却要遭到拒绝"[③]。这一点不是毫无道理的。如前面提到的核心萨满修行者看到印度萨满用猴子血与恶魔战斗时难以接受，直接断定这个故事是虚假的。

哈纳在保存、研究和复兴萨满文化中做出了很大的贡献，他是第一个借鉴传统的萨满经验和方法，将它运用到西方现代生活中的人。他的核心萨满教是在西方人处于物质极大丰富而精神传统单一，并且面临现代生活的多重抉择却又深感存在性危机和思想困惑

① 米哈里·霍帕尔主编：《重新发现萨满文化遗产》，苑杰译，未刊本。

② Ronald Hutton, *Shamans: Siberian Spirituality and Spirituality and the Western Imagination*, New York: Hambledon and London, 2001, p. 159.

③ Graham Harvey, *Shamanism: A Reader*, London: Routledge, 2009, pp. 324 – 325.

的状况下产生的，目的是通过发掘人类自身的潜能来改善现代西方人的身心健康。在某种意义上说，他确实在一定程度上做到了这一点。

附件　“活着的珍宝”主要萨满简介

费尔南多·蒙都阿·奎达（Fernando Mendúa Queta，现已故），亚马孙流域哥伦比亚高凡（Kofán）印第安人的灵性领袖，是当地最受尊敬的萨满，以萨满知识、智慧闻名于当地，是哥伦比亚亚马孙传统治疗师联盟长老委员会的成员。费尔南多出生于哥伦比亚—厄瓜多尔边境地区，在亚马孙圣米格尔和阿瓜里科河流域的原住民保护区长大。从八岁起，他就跟随祖父母用死藤水制作致幻药水并在宗教仪式上饮用它。现在，他的一个孩子承袭父业，为当地有名的萨满。同时，他将自己丰富的萨满知识传授给了很多学生。在土著印第安人的领土、文化、权利的恢复和发展方面，他做出了杰出的贡献。

娜迪亚·杜万（Nadia Duvan），乌尔奇最后一位萨满，也是一位家族世袭萨满。她生活于西伯利亚地区东南部。她的祖母是一位满族萨满，她的外曾祖父是乌尔奇本地的一位萨满。她及家人是人类学者在当地进行萨满田野调查的主要信息报告人，也是语言学家研究乌尔奇语言的重要对象。

童年时期，娜迪亚就经常在家人的带领下和村落里的著名萨满有往来，她的母亲是当地一位著名萨满的朋友和助手。从村落学校毕业后，她进入舞蹈学院，也是第一批受到当时政府资助的土著学生。毕业之后，她回到故乡，成为当地传统舞蹈和传统文化团体盖瓦的负责人。在任 25 年间，在政府允许的情况下，她带领这个团队在美国、意大利、中国、日本等地演出。

20 世纪 30 年代，斯大林的萨满清洗政策对西伯利亚的很多土著民族造成了严重的后果，许多萨满被迫害，萨满教几近消失。但是由于乌尔奇地区人口稀少，远离莫斯科，它并没有引起苏联当局的关注，当地的萨满仍然秘密地活动。苏联解体后，她和赫哲族人一起到美国展示和传授他们的传统萨满教。1994 年，她和祖父一起重返美国，向在萨满研究基金会学习的高级学员进行了为期一周的萨满教知识讲授。之后，她每年都到美国讲学，向学术机构和公众传授传统萨满教的知识。1998 年，她出版了《第一鱼，第一民族，沿北太平洋的鲑鱼传奇》一书，并获得大奖。在国际上，她是俄国远东地区满—通古斯民族传统文化的代表，积极为当地文化宣传。在家乡，娜迪亚萨满通过教科文组织这一渠道积极参与土著权利项目建设，并通过各种学术机构、萨满研究会积极发表关于乌尔奇萨满的著述。可以说，她将乌尔奇的传统萨满文化带到世界各地，并引起广泛的关注。

曼杜萨满（Mandu Manuel da Silva），巴西亚马孙地区巴尼瓦族五大支系之一的霍霍代尼人（Hohodene）的头人。1930 年，他出生在艾阿瑞河（the Aiary River）的乌阿普流域（at Uapui Rapids），是当地圣人的后人，他的祖辈是乌阿普最大村落的建立者。据曼杜说，大约 13 岁的时候，他像亚马孙西北部地区的男人和女人一样，离开家人独自在哥伦比亚旅行。三年后，他回到故乡，娶了另一支系著名人物的孙女为妻。20 世纪，他和兄弟一起改变了乌阿普传统的房屋居住类型，围绕祖先最初建立的长屋，又营建了许多小房子。

他自称在年轻的时候患过严重的疾病，这对他的生活产生了深远的影响。他做过一个梦，梦见他旅行到亡灵之家，在那里，看到一个萨满和先知命令他回阳间去，对他说：“你的时间还不到，不能进入亡灵之家。”于是，他的灵魂又返回到人间。当醒来之时，他发现自己躺在母亲的怀抱中，家人告诉他，他已经昏迷了好几天。从那时起，他的父母决定让他成为一位萨满。于是，他跟随哥伦比亚、委内瑞拉、艾阿瑞河流域等地众多法力强大的萨满学习。20 世纪 60 年代末，原来的老萨满——他的伯父因为年老，将头人职位传承给曼杜，他成为出色的领导。当地土著将曼杜萨满视为该地区活着的、真正的萨满之一。他的完整称号为“鼻烟—美洲虎”萨满，这是当地几种萨满类型中最重要的一种，也是活着的最后一位“鼻烟—美洲虎”萨满。

1997 年，他与人合作出版了《我们祖先的智慧》一书，对霍霍代尼人的文化进行了详细的讲述。现在，他一方面为乌阿普地区的人们治疗；另一方面，在巴西的圣加百列为城市中的当地土著、混血人还有白人治疗。

蒙古什·博拉霍维奇·凯宁-洛普桑（Mongush B. Kenin-Lopsan），图瓦著名的萨满。1925 年，他出生于图瓦西部的一个小村庄，他的家族中有民间歌手、故事讲述者、铁匠和萨满。他的外祖母就是当地一位著名的萨满，在斯大林时期因宗教原因被捕入狱。

蒙古什还是一位历史学博士，曾任列宁格勒大学教授，是突厥学家谢尔盖·叶菲莫维奇·马洛夫的弟子。他创办了萨满鼓社团，对图瓦萨满教的保存和复兴起到很大的推动作用。他还致力于图瓦萨满文化的收集、研究。在 50 多年间，他的足迹遍布图瓦，通过寻访老萨满和萨满习俗知情者，成为最了解图瓦萨满文化的人。他著有 50 多本著述，包括与萨满有关的小说、民谣、短篇小说和研究著作，还把一些俄国文学作品翻译成图瓦语。在他的著述中，最有名的是《图瓦人的古代礼仪》《图瓦的萨满》《呼唤熊神》和

《图瓦的萨满和鸟崇拜》等。他提出，在研究宗教信仰时不要忽略民俗的重要性，像研究萨满教，不仅仅要研究萨满的仪式，还要注意相关民间传说、萨满神歌唱词，因为萨满通过唱词告知听众他在“旅行”中的经历，预知未来。《呼唤熊神》一书，就是对图瓦萨满神歌的收集、整理。在《图瓦人的古代礼仪》一书中，他对图瓦萨满的礼仪、超自然能力的传说、萨满仪式的见证人、萨满的死和葬礼等仪式仪礼以及图瓦医疗巫术的构成、萨满歌的基本体裁和手法、萨满民间创作的诗意等萨满民间创作内容进行了详尽的探讨。《图瓦的萨满》是作者在多年田野调查基础上写作的一部著作，是对图瓦萨满教的总结性研究，其中包括图瓦萨满本人、礼仪实践、世界观、所领神灵、神器、神衣以及他们的生活、风俗习惯等内容。他还对萨满的降神会特别关注，对降神会仪式的发生地点、萨满的神灵助手以及萨满在仪式上的治疗和预言都有专门的研究。因为蒙古什萨满对图瓦萨满文化的杰出贡献，萨满研究基金会授予他“活着的珍宝”称号。

斯琴挂萨满，中国内蒙古海拉尔地区的达斡尔族萨满，其名声享誉呼伦贝尔。她对保存、传承、研究达斡尔族萨满文化做出了重要贡献。

斯琴挂萨满出生于1950年的呼伦贝尔盟的巴彦托海镇（俗称南屯）。她的家族姓氏为鄂嫩哈拉[①]。鄂嫩哈拉家族是达斡尔族的萨满世家，世代信仰萨满教，每隔几代就会出现一个萨满，而且传承谱系清晰，到斯琴挂已经是第七代萨满了。斯琴挂家族可追溯的萨满从第四代算起，是一位女萨满，闺名叫木兰，生在贝加尔湖，后

① 哈拉，达斡尔族父系氏族组织的统称，是同一父系祖先后代组成的血缘集团。达斡尔族哈拉有郭布勒（简称姓郭）、鄂嫩（简称姓鄂）、敖拉（简称姓敖）、孟日登（简称姓孟）、德都勒哈拉（简称姓德）、乌力斯哈拉（简称姓吴）等，其中鄂嫩哈拉家族是较大的姓氏。

来嫁到蒙古族布里亚特家族。第五代萨满是斯琴挂曾祖父的祖父，叫布库绰罗布，第四代萨满是他的姑奶奶。第六代萨满是斯琴挂的曾祖父，叫拉玛拉萨满，是当地一位非常有名的大萨满，民间俗称拉萨满。鄂嫩家族几代萨满的传承方式都是“神抓萨满”，是他的曾祖父拉萨满“抓”的她。据斯琴挂自述，她十几岁就患上病，高烧抽搐，整夜不睡，常常晕倒。等到成年后，她成了一名教师，但病痛依旧折磨她，无法正常工作。后来，她又患上了心脏病，一度严重时，医生还下了病危通知。丈夫带着她从当地的医院到北京的大医院医治过，但是没有看好。出马前，她经常会做一个梦，在梦中，有位风尘仆仆、长途跋涉的白发老者对她说：“孩子，我终于找到你了。”后经打听，才知道这位老者是她的曾祖父拉萨满。出于病痛的折磨，家人最终同意斯琴挂当萨满。出马后，“怪病”也就好了，人们认为之前所患的就是典型的“萨满病”。

出马后，斯琴挂按照梦境指引，先后完成一系列萨满仪式。2010 年 8 月 12—14 日，她在南屯东南、伊敏河畔的呼伦贝尔草原上举行了“斡米南”仪式。这次她将晋级为最高级别的萨满，也是她的第四次“斡米南”仪式。关于举行“斡米南”仪式日期的选择，据斯琴挂萨满讲述 2009 年年前在做“托若”仪式时，神附体后告诉她要举行“斡米南”仪式的大致时间，之后又在 2010 年 2 月托梦告诉她举行此仪式的具体时间。这个时间的选定是神的旨意，不能随意改变。

斯琴挂萨满已完成三次“斡米南”仪式，神帽上的鹿角已有 9 叉，这次仪式是将神帽上的鹿角增加为 12 叉（萨满神帽上的鹿角叉数是识别萨满资历、法术的标志；神帽角上系挂的五颜六色的绸绫是彩虹的象征，表示萨满神事阅历）。在这次仪式上，作为斯琴挂萨满陪祭萨满的是达斡尔族沃菊芬萨满和鄂温克族图雅萨满（见图 5 – 11 和图 5 – 12）。

图5-11 "斡米南"仪式中的斯琴挂和她的助手
(中间者是斯琴挂，她的助手也是她的徒弟)

图5-12 "斡米南"仪式中斯琴挂被神灵附体时的状态

由于斯琴挂萨满在呼伦贝尔的影响力，参加这次仪式的群众主要来自鄂温克旗、莫力达瓦达斡尔族自治旗、陈巴尔虎旗的信众，除此之外还有新巴尔虎左旗、海拉尔等地的信众。涉及的族群主要有达斡尔族、布里亚特蒙古族、巴尔虎蒙古族和通古斯鄂温克等。此外，很多研究萨满文化的学者也参加了这个仪式（笔者参与观察了这一仪式）。

生活中，斯琴挂萨满的主要工作就是用其本家族秘传的药方疗术为慕名前来的牧民和群众驱邪治病。目前，该萨满收有沃菊芬（女，为戴九叉神帽的萨满）、孟利洲（男，擅长接骨术）、孟小瑞（女）、敖小六（男）等徒弟。她和徒弟们一起为当地萨满文化的保存、传承发挥了十分重要的作用。

现在，斯琴挂萨满经常出现在国内外萨满学术研讨会上，在国际上也具有一定的影响力。2008 年，萨满研究基金会授予斯琴挂"活着的珍宝"荣誉称号，称赞她"是一个实践的萨满，被广泛认可的、有效的治疗者和萨满文化遗产的保存者。她还引起了包括中国在内的其他亚洲以及欧洲国家的一些研究人员的高度关注。斯琴挂在当地人民甚至官员中有着良好的声誉"①。

第三节　青少年的电子萨满教

随着信息技术的发展和网络的普及，西方社会还演变出一种新的萨满教形式——电子萨满教。因为这种形式的西方新萨满教主要体现在青少年锐舞（RAVE）活动中，也可以称为锐舞电子萨满教。

一　作为青少年亚文化现象的电子锐舞

锐舞的英文为 rave，原意为咆哮、狂欢。20 世纪 50 年代末，

① http：//www. shamanism. org/fssinfo/livingtreasureSichingua. html.

英国伦敦出现了一些具有反社会正统文化的青年人举办的通宵达旦、充满喧闹的音乐狂欢派对，人们开始用 rave、rave dance 或者 rave party 指称这一活动。80 年代末，英国的社会环境处于经济不景气、就业率低的状况，这种低迷的氛围使人们尤其是青年人深感前途迷茫。此时随着电脑、音乐软件、通信网络在西方的普及，一种由电脑合成、具有强烈震撼感和快速敲击频率的电子音乐酸屋（acid house）出现。它很快在年轻人中流行起来，成为青少年暂时逃离苦闷环境和宣泄青春激情的一个出口。在这种音乐中，一些具有兴奋性质的药物被使用，如 Ecstasy 丸。Ecstasy 丸的化学名缩写为 MDMA，俗称 E 丸。“没有 Ecstasy，锐舞就不会出现，它催化了英国历史上最大的亚文化景观。”[①] 如 1988 年英国的锐舞派对就有一万多年轻人参加。“rave” 一词被延续用来指代这一青年文化现象。

但是由于锐舞在夜间举行，强劲的音乐节奏、歇斯底里的咆哮和众多人员的参与引起英国当局的恐慌，当局宣布其为非法活动，公开的锐舞活动遭到取缔。[②] “越轨是由社会造成的。社会群体制造一定的规则，那些超越这些规则的人就会被制造这些规则的人标签为出局者。”[③] 锐舞自被正统文化标签为越轨行为后，从公开走向地下，从城市中心转移至郊外，并在那里聚集了更多的人群，被当时的英国媒体喻为“冷战结束后，世界格局中最大的社会集结”。与此同时，它迅速地向世界各地传播，并受到各地青年人的热捧[④]，

① Jess Hocking，“Rave Is More Than a Subculture”，具体见 http：//www. arasite. org/jessp1. html。

② 直到 1994 年，英国的公民犯罪和社会秩序条例中才将锐舞视为一种合法的音乐活动。

③ Gelder，Ken Sarah Thornton（eds.），*The Subcultures Reader*，London and New York：Routledge，1997，p. 12.

④ 20 世纪 90 年代以后，英国、德国、美国、澳大利亚、日本成为锐舞发展的主要地区，泰国、印度也是锐舞经常举办地。如德国柏林举行的“爱之检阅”锐舞活动，吸引了 70 多万人参加，后一年在此地举行的锐舞活动吸引了将近 150 万人参加；在澳大利亚举行的“十字路口”，吸引了 10 万人参加；2004 年，中国云南举行了万人的锐舞大会。

成为全球一股备受关注的文化现象。沃尔夫岗·马斯特纳特将锐舞的产生和流行归因于当代社会存在严重的文化缺陷，而这种文化现象是对当代文化缺陷的一种补偿策略。① “可以说锐舞者跨越了阶层、性别、民族等区隔，不同背景的人一起参与到这场狂欢中来，他们恣意地在对所有人开放的、大型露天舞场中舞动，试图在娱乐中打破或扭转社会规定的条条框框。”②

随着锐舞的迅速传播，它也开始发生分化，一支是将锐舞门票、摇头丸和其他物品的销售视为一笔可观商业利润的商业运作活动。另一支是试图排拒主流社会、沉迷迷幻体验的锐舞活动。塔格·菲利普对美国锐舞的研究表明：“它是60年代嬉皮士文化精神的复苏和70年代青年人对资本主义主流社会秩序的排拒。”③《多伦多世界锐舞者宣言》也表明了这一点：“我们选择入迷（ecstasy）作为我们最佳的精神状态。我们选择爱作为我们的滋养品。我们选择科技作为我们的嗜好。我们选择音乐作为我们的宗教。我们选择知识作为我们的货币。我们选择对政治活动说‘不’。我们选择的社会是乌托邦——尽管，我们知道，它永远是梦想。”④ 约瑟夫等人发现这

① 沃尔夫岗·马斯特纳特指出，当代社会存在七大文化缺陷，分别是“1. 机械、僵化的社会结构，以及人际关系中温暖的缺失；2. 深度感官体验的缺乏；3. 社会只以成就评价个人，而忽略了个人品质；4. 社会网络和工作结构对个人产生压抑、强迫症行为，使个人筋疲力尽；5. 社会没有提供机会使个人实现和体验基因决定的迷醉状态和与文化有关的狂喜状态；6. 社会在文化上没有为个人提供机会解决他们的问题，没有宣泄类的活动排解他们的心理压力，个人不能缓解自身的好斗情绪和内心的高度紧张，也不能片刻躲避社会生活的强制性结构；7. 精神体验和超越物质的感官发现的缺失。”具体参见［奥］沃尔夫岗·马斯特纳特《音乐教育学导论》，华东师范大学出版社2008年版，第117页。

② Jess Hocking，“Rave Is More Than a Subculture”，具体见 http：//www. arasite. org/jessp1. html。

③ Jagg Philip，“From Refrain to Rave：The Decline of Figure and the Rise of Ground”，*Popular Music*，Vol. 13，1994，p. 29.

④ World Wide Raver's Manifesto Project，Toronto，http：//www. ecstasy. org/experiences/trip98. html.

两种锐舞在同一城市存在并行现象。[①] 需要指出的是，本节要探讨的工业电子萨满教锐舞是指后一种，也就是锐舞者眼中真正的“锐舞”。

二 作为灵性实践的电子萨满教锐舞

弗雷泽·克拉克（Fraser Clark）是“电子萨满教”（technoshamanism）一词的提出者，也是独立杂志《幻觉百科全书》的创立者，锐舞活动的倡导者、创办人之一。他一方面继承嬉皮士思想的遗产，另一方面追捧科技带给人的新生活方式，即鼓吹青年人做一种新式嬉皮士——滋皮士（zippie）。他宣称《幻觉百科全书》杂志是为那些在日常生活中寻找深层灵性的人而办，以都市灵性体验为主题。其撰稿人包括20世纪60年代反文化教父莱瑞，《飞越疯人院》的作家、小说家肯·克西（Ken Kesey），前嬉皮士、地下漫画家皮特·罗孚迪（Pete Loveday）等人，他们一起被视为新幻觉实验的团队。应该说，锐舞是克拉克新幻觉实验的一块重要的试验田。电子萨满最初是他用来描述锐舞中DJ（Disc jockey）扮演的重要角色，即充当传统部落社会仪式中萨满的角色。

（一）作为电子萨满的DJ

“在部落社会中，有个人往往是仪式的中心。他拿出神圣植物，然后开始表演，并且控制着仪式中的音乐。这个人我们可以称为巫医、萨满或祭司。现在DJ已经充当着这样的角色。但是，有点不同的是，萨满在部落社会有一定的权势。”[②] DJ是锐舞中的灵魂人

① 约瑟夫通过对美国休斯敦、得克萨斯州锐舞赞助人的调查指出，存在两种赞助人：一种是在锐舞中寻找自己的人生哲学和表明自己的政治态度；另一种是纯粹将锐舞视为一种赚钱的生意，三四个人合资成立一个锐舞俱乐部以此揽财。Kotarba，Joseph，*The Rave Scene in Houston*，*Texas*：*An Ethnographic Analysis*，Austin：Texas Commission on Alcohol and Drug Abuse，1993.

② 转引自Jessica Hocking，*Rave Is More Than a Subculture*，http：//www. arasite. org/jessp1. html。

物。在锐舞中，“DJ 是萨满、祭司和能量来源，他们通过娴熟的操作控制着舞者的灵魂航程”①。

与传统的萨满相比，电子萨满相信人类的技术变得越来越复杂、多样，这些技术会对人类的生活方式产生重要的影响。因此，电子萨满要在表演前对这些器材、设备进行评估，帮助人们选择合适的东西。被选择的器材、设备就是他的“神器”，组合的电子音乐就是他的神曲。在锐舞者眼中，锐舞的音乐“可以与美国印第安宗教的治疗仪式相比拟，也可以和爱斯基摩、西伯利亚社会中的萨满仪式比较，在这些社会中，萨满的神曲是人产生情绪、心理变化的关键”②。

锐舞音乐一般是 DJ 自己利用电脑和电子合成器创制的。它的鲜明特点就是节奏快（每分钟 120—300 次，120 次左右被认为是最适合的节奏），分贝大，曲调不断循环。迈克·哈纳发现，以每分钟 200—220 次平稳有力地敲击鼓十分钟左右就会改变人的普通意识状态，进入类似于萨满的意识状态。锐舞中，DJ 常用的音乐频率（120 次左右）低于核心萨满教的击鼓频率，应该跟舞曲的变化（如舞曲在播放中突然转换节奏，增加节拍，会很容易使舞者进入入迷状态）、舞场的环境（如视觉上扑朔迷离的镭射光线）、舞者的药物使用有关系。也有舞者指出，一些舞曲本身就可以引起入迷，如 Goa 和 trance 风格音乐。

跟传统萨满不同的是，DJ 并不是舞场中的主角，舞场中的舞者并不以他为焦点、面向他舞动。DJ 的作用是“领航”。一个好的 DJ，不仅要擅长舞曲制作，还得娴熟地控制舞场的气氛、舞者的情绪。他的最终目的是将舞者的精神状态引至最高点，用音乐为他们

---

① Brian Behlendorf, “The official alt. rave FAQ”, www. hyperreal. comRaves/altravefaq. html.

② Brian Behlendorf, “The official alt. rave FAQ”, http://hyperreal. org/ ~ mike/pub/altrave-FAQ. html#vibe.

设计出一幅“旅行”的地图，在合适的时候，又将舞者从“旅行”中召唤回来。这一过程类似于哈纳核心萨满教中的击鼓“旅行”，只不过将鼓变成了音乐，召唤者变成了 DJ，核心萨满教实践者变成了锐舞者。戴夫的研究也表明了这样的观点：“电子工业萨满是哈纳的核心萨满教和卡斯塔尼达等人创立的西方新萨满教加上舞厅文化的综合，是西方俱乐部文化和寻根意识结合下产生的一种包括异教仪式、表演和工业技术的新部落主义。”①

（二）锐舞者的灵性体验

锐舞者是锐舞中的核心。赫特森通过对美国纳什维尔市和旧金山市的调查，表明锐舞者的年龄多为 15—25 岁，多数来自中产阶级白人家庭，男性比女性稍多，组织者、DJ 多是男性。② 约瑟夫对美国奥斯汀、得克萨斯州的调查显示存在四种人群，他们分别是：锐舞迷（指有锐舞必参加的人），年龄在 17—21 岁，占舞场总人数的 25%，是锐舞精神的真正贯彻者；周末舞者（只是在周末或闲暇时间参加锐舞，把锐舞当作众多俱乐部文化之一来体验）占到 40%，年龄在 19—22 岁；还有 25% 的年龄在 13—16 岁的儿童，他们被锐舞中嘉年华型的氛围吸引，试图在锐舞中模仿年长者；还有 10% 的锐舞观众，年龄在 17—40 岁。③

那些真正的锐舞者几乎都服用过药物，并将它们称为“圣物”。一些文献表明，古代的祭司在仪式时也会使用此物。尼古拉斯（Nicholas Saunder）在《作为入迷的 E 丸》一书中写道：“E 丸一旦和电子音乐、舞蹈狂欢结合在一起，很容易产生一种使人非常兴

---

① Green, Dave: Technoshamanism: *Cyber-sorcery and Schizophrenia*, Retrieved on03/29/2007, from: http: //www. cesnur. org/2001/london2001/green. htm.

② Scott R. Hutoson, “Technoshamanism: Spiritual Healing in the Rave Culture”, *Popular Music and Society*, Bowling Green, Fall 1999, pp. 53 –56.

③ Kotarba, Joseph, *The Rave Scene in Houston*, *Texas*: *An Ethnographic Analysis. Austin*, Austin: Texas Commission on Alcohol and Drug Abuse, 1993.

奋的出神状态，它类似古代部落里的舞蹈仪式或是宗教仪式。"①

E 丸带给舞者的体验，我们可以从下面例子中管窥一二。

> 我想说 E 丸改变了我的生活，让我有了真的宗教体验……我只在锐舞中吃它……在过去的一年中，我一直在阅读一些关于天使的书籍，现在我相信天使真的无时无刻不在我们身边。吃完 E 丸后，我感到与天使的联系日益密切。在舞场上，当我被 E 丸吞没时，我感到有时看到天使在跳舞。闭上眼睛，我能看到一个朋友头上的天使，他们正在向他撒下一些白色能量，真不可思议啊。E 丸让我变得更友好、更合群。②
>
> 我是一个 23 岁的母亲。我服用 E 丸仅仅是为了扩大我的灵性意识，这样我就可发现真实的、完整的自我……在锐舞中，我曾体验到昆达里尼能量③从我脊柱生起……成功的旅行后总是有些神奇的事情发生。④

桑德斯对 137 个舞者进行了调查，他认为服用 E 丸对锐舞者灵性意识增长和生活态度的变化起到了促进作用。⑤ 除了 E 丸外，"现在大麻和致幻蘑菇的使用也越来越多。在锐舞者看来，这些药物之所以流行，是因为它契合了重视自然体验这一锐舞哲学思想"⑥。但

① Kotarba, Joseph, *The Rave Scene in Houston*, *Texas*: *An Ethnographic Analysis. Austin*, Austin: Texas Commission on Alcohol and Drug Abuse, 1993.

② 锐舞者的灵性体验，见 http://ecstasy.org/experiences/trip53.html。

③ 印度瑜伽中的能量源之一，位于人体脊柱底部。维洛多建立"四风协会"的萨满实践中也提到了这一能量源。

④ 锐舞者的灵性体验，见 http://ecstasy.org/experiences/trip68.html。

⑤ 同上。

⑥ Kotarba, Joseph, *The Rave Scene in Houston*, *Texas*: *An Ethnographic Analysis*, Austin: Texas Commission on Alcohol and Drug Abuse, 1993.

是，现在一些舞者也在尝试不用药。[①]

在锐舞者看来，锐舞场比教堂更容易接近神灵：

> 礼拜天的早上，当我看到人们穿得整整齐齐地走向教堂时，我只是微微一笑。因为我知道昨晚在锐舞场中，我比他们更接近上帝，而他们却只能在宗教教义和双重标准（应该是对去教堂礼拜者的嘲讽，认为他们身心不一致，笔者注）中寻找上帝。[②]

还有舞者称在锐舞"旅行"中能上天入地：拜访死去的亲人，自己变成美洲狮或飞翔的鹰。[③] 也有人在锐舞中遇到天使：

> 我眼前出现许多小径，我想我快要死掉了。躺下五分钟后，我确定我已失去感觉。当我站起来后，周围所有的事情都发生了变化。音乐从低沉的浩室舞曲（Hard House）转换成了迷幻氛围舞曲（Ambient Trance）。我可能是在天堂吧。跟我一起来的人都不在这儿，其余的人看上去都想要死了、等待上天堂……我看到一个穿着白色大袍子、充满神性的女人，那应该是天使吧。我开始不停地问她各种问题，包括关于未来的、关于我以后生活的方方面面。她回答了我所有的问题。我朋友回来了，告诉我我并没有死。听到这个消息，我好高兴啊。我想继续跟天使交流，但此时她却消失了……她预言的事情都变成

---

① Kmicholas Saunders, "The Spiritual Aspect of Rave Culture", 1995, http: //ecstasy. org/info/rave. html.

② Scott R. Hutoson, "Technoshamanism: Spiritual Healing in the Rave Culture", Popular Music and Society, Bowling Green, 1999 Fall, p. 60.

③ Ibid. .

真的了。我真不知道如何解释这一切。[①]

现在，一些锐舞甚至在教堂中举行（如加利福尼亚和佛罗里达等地），并且得到年轻的基督教徒的支持。DJ 在圣坛上表演，宣称看到"上帝"，锐舞者则称"我的表演就是一场仪式，目的是自我的不朽"。

三　作为集体欢腾、宣泄与治疗的电子萨满教锐舞

人类学家涂尔干强调宗教信仰、神圣物等都是在集体活动中被创造出来的。他考察了澳大利亚土著的仪式活动，注意到在土著部落中人们日常生活的状态，以小群体的形式生活，比较分散互不往来，但在一些特殊的日子，氏族成员会被召集到一个固定的场地空间，举行一些仪式。在仪式中，人们用本人群成员熟知的符号、信息来沟通，如通过发出相同的喊叫、说同样的词语，或对某些对象表现相同的姿态，在共同的欢闹、节奏中逐渐失去自我，与集体融在一起。涂尔干称此情景为集体欢腾。由此，涂尔干认为，在集体欢腾的场景中，神圣世界产生了，仪式能达到一种目的：激发、创造和维系这个群体的某些精神状态。他继续指出，一个"共同体"要维系下去，必须有道德规范把个体联结起来，道德规范就是"集体良知"；一种"宗教"之所以成为"宗教"，就是因为它的"神圣性"，其"神圣性"来源就是共同体的道德感召力，它使事物具有神圣的品质。

锐舞者就像澳大利亚日常生活中的土著一样，平时分散，很少有往来。但是，当他们在网络部落中获得锐舞举办的信息后，他们会迅速从各地赶来，聚集在一起。由于舞场上听到的是同样的节

① 锐舞者的灵性体验，见 http：//hyperreal. org/raves/spirit/humor/Heavenly_ Experience. html。

奏，看到的是同样的色彩变幻，这种共同的体验很容易跨越阶层、性别、年龄、民族、肤色，产生一个锐舞者共同体。在这个共同体中，随着认同情绪的不断蔓延，“所谓的”“和平、爱、同心、尊敬”（peace，love，unity and respect）[①] 的认知不断被强化，如下面三位锐舞者表达出来的那样。

> 我整夜遇到的全是和善的人，他们像朋友一样跟我聊天，使我充满正能量，而没有把我当成个老家伙。那夜真的改变了我的生活，发生了那么多事，但是最重要的是我与在场的数千人一样，我们都感到精神快乐。[②]
>
> 当我闭上眼睛，耳边传来的节拍敲打声似乎穿越了我的整个身体，这是一种强烈令人兴奋的感觉……所有的人都看起来那么友好和善意，人们走上前来碰碰你……就像和家人待在一起一样。感觉如此地好。[③]
>
> E 丸不可思议了，舞曲也非常美妙。那里的人很可爱，这种气氛一直在持续增长。我感觉到整个夜晚像是在天堂中度过的，结交新朋友，与他们拥抱，和他们一起狂舞。在此期间，我还遇到一帮非常友好、开朗的人，我们一起抽烟，他还邀请我们去他的公寓吹吹冷风（因为吸食 E 丸等，身体温度过高，所以需要降温。如果没有及时降温和补充水分的话，身体会严重脱水甚至死亡。笔者注）。他真是太慷慨和诚心了。[④]

---

① 1995 年，DJ 弗兰克·博恩斯（Frankie Bones）在纽约举行锐舞后，访问舞者对锐舞的感受，得到的答案是“和平、爱、同心、尊敬”。Frequently Asked Questions about Raves and Techno Music，version 3.0（1 Dec. 1 995），by Mike Brown with Brian Behlendorf，Available on the Internet at http：//www. hyperreal. org/。

② 一个年长者的锐舞体验，见 http：//ecstasy. org/experiences/trip86. html。

③ 第一次参加锐舞者的感受，见 http：//ecstasy. org/experiences/trip32. html。

④ 一个美国人在伦敦锐舞上的体验，见 http：//ecstasy. org/experiences/trip23. html。

心理学家霍尔将 14—24 岁这段年龄视为人的青春期，指出因为在这一时期青年人开始从心理、生理两方面向成年期过渡，所以身心面临混乱、创伤、恐惧、惴惴不安等特征。人类学的仪式研究表明，人在人生的过渡期总是举行一定的仪式，以此帮助过渡者度过焦虑的身份特殊期。调查表明，锐舞者中很多人是在校学生[①]，他们将锐舞视为一种从充满压力、烦闷、无聊的世俗社会中逃脱出去的方式。锐舞对他们来说，是感情宣泄和对既有社会规范的反抗。同时，青春期的年轻人对外界充满敏感。科尔伯格发现，13—20 岁的青少年一般喜欢从惯例层面去考虑道德问题，他们生活在“一个充满悖论的时代”，既要不断挑战既有的道德，又要确立自己新的道德。《锐舞者宣言》是他们情绪最直接的表达：

> 那从远处传来、震雷般被压抑的回声鼓点，如母亲的心跳，在她混凝土、钢铁和电线构成的子宫中，抚慰着一个孩子。我们被吸回这子宫，那里，在它的高温、潮湿和黑暗中，我们逐渐了解，我们不分彼此。我们逐渐了解，我们没有优劣。这不仅是指那黑暗和我们自身，而且是指那纯粹的音乐。我们被猛然注满，然后，它穿透我们的灵魂：众生平等。在音频大约 35 赫兹的地方，我们能感觉到背后的上帝之手，正推着我们向前，正推着我们让自己加固我们的思想、身体和灵魂。今晚，我们被这迷幻泡沫包裹着，远离了外界的恐怖、暴行和污染。这刻不容缓，带给我们对每一种质真本性的深刻体会。我们麇集于俱乐部，或者仓库，或者你们废弃的、空无一物的工厂，就在今晚，我们把生命力注入它们——那种以最纯净、最热烈、最快乐主义的形式展现的，强壮、悸动、鲜活的

① Brian Behlendorf, The official alt. rave FAQ, http://hyperreal. org/ ~ mike/pub/altrave FAQ. html.

> 生命力。在这些权宜之地，我们不再受制于无常的未来——这未来由你们定义，但你们完全没有能力使我们保持平衡并保护我们。我们不再感到压抑，从你们为了保持自己灵魂安宁的角度出发而强加于我们的枷锁和束缚中解放出来。我们企图改写你们自出生就填鸭式灌输给我们的规则。那规则教我们去恨，去评判，怎么以尽可能快捷的方式把自己塞进一个鸽子洞里……作为对我们的生命、我们的文化和我们坚信的价值观的庆典，那价值观是：爱、自由、宽容、团结、和谐、表达、信赖和尊重。①

作为电子萨满教锐舞者，与其他西方新萨满教实践者相同，他们都将土著社会想象为“世外桃源”，人与人、人与自然和谐相处的理想国。在锐舞中，一些 DJ 头戴羽毛，打扮成印第安人的样子，或是在舞场的一角摆满来自印第安部落的对象，或是模拟印第安萨满举行仪式的场景。如“新月圣坛”锐舞派对中，在月亮升起的时候，所谓的“圣火”被点燃后（“圣火”燃料中夹杂着有芳香味道的草本植物，它被视为大地母亲赐予人类的礼物），DJ 才开始拨响舞曲。② 这就如同传统萨满中煨桑的香气已经送去了人间的信息，萨满的神歌已经唱起，神灵就要到来。仪式研究者指出，仪式具有虚拟性（包括仪式的行为方式、表演手法、场景布置以及仪式行为者的心理时空等），但是在虚拟环境中的仪式行为者表现出来的是真实的情感与心态。

锐舞为舞者提供了疏通和排解压力、焦虑和表达自我的途径。很多锐舞者认为，参加锐舞之后，他们变得“更合群”“更友好”

① World Wide Raver's Manifesto Project, Toronto, http://www.ecstasy.org/experiences/trip98.html.

② The New Moon Altar, http://hyperreal.org/raves/newmoon/altar.html.

“更平和地看待社会与他人”。但是，需要注意的是，在锐舞派对中，一些舞者为了达到灵性体验，会服用致幻药物，因此，也会给本人及社会带来一定的危害。图 5 – 13 至图 5 – 16 为锐舞派对上的情况。

图 5 – 13　“新月圣坛”锐舞派对的圣坛摆放物

图 5 – 14　“印第安之夏”锐舞派对的 DJ

图 5 – 15　锐舞者穿着的 T 恤图案，上面标示着和平、爱、和睦、尊敬

图 5 – 16　锐舞青年，身上所穿 T 恤上的文字为“electronic religion（电子宗教）”

第六章

西方新萨满教的影响

第一节　核心萨满教对传统萨满教的影响

核心萨满教通过萨满研究基金会，在保存、保护以及复兴传统萨满教方面做出了重要的贡献。萨满研究基金会将世界各地的萨满教专家联络起来，形成萨满教智库。当传统地区的萨满知识面临失传危险时，这些专家会前往该地帮助保存相关内容。同时，该基金会也会回应来自土著民族的请求，帮助他们恢复和维持萨满文化传统。当传统萨满教受到濒临灭绝的危险时，如果受到当地的邀请，该基金会前往帮助其复兴，如帮助北美的派尤特印第安人重建萨满的鬼舞仪式，帮助巴西的巴尼瓦人保护和恢复他们的萨满传统，帮助图瓦重建萨满教。到目前为止，图瓦、西伯利亚、澳大利亚、加拿大、美国东北部等地的传统萨满教地区，都向该基金会发出邀请。

下面以萨满研究基金会帮助恢复图瓦人和巴尼瓦人的萨满教文化为例做一具体说明。

一　核心萨满教影响下的图瓦萨满教

自20世纪60年代以来，对于萨满教复兴的兴趣，既来自传统萨满社会，又来自西方。一些土著民族希望以民族身份或者自豪感重新燃起对萨满教的兴趣。西方人则热衷于将萨满教作为寻找信仰的新范式、存在的意义和如何生活得更好的向导。尽管以核心萨满教和“伪萨满教”为代表的西方新萨满教传授的不是原汁原味的传统萨满文化，但在一定程度上，它影响了传统萨满教的复兴。

西方新萨满教影响下的土著萨满文化复兴的最好例证就是图瓦。图瓦人主要生活在俄罗斯境内，他们是传统萨满教的信仰者。20 世纪 40 年代，图瓦成为苏联的一个邦国。在苏联时期，受宗教鸦片论、无神论、宗教迷信论等意识形态影响，包括图瓦人在内的西伯利亚地区萨满教受到来自政府的镇压，萨满也受到极大的迫害。他们的治疗被禁止，公民权被剥夺。最终，在官方和公众的压力下，很多萨满不得不放弃他们的职业。直到 20 世纪 90 年代，随着苏联的解体，图瓦独立出来成立了民族国家。作为一种政治和民族精神文化的需要，萨满教的重要性被强调，兴起了恢复萨满传统的浪潮。过去因为害怕迫害而隐匿的萨满（包括他们的后人），开始公开他们的身份。但是，由于时间和传承的原因，很多的活态传统已经消失。当地萨满很多时候只能从人类学者的民族志文本、从老者的口述故事中，寻找传统萨满教的“模样”。

从 20 世纪 90 年代起，迈克·哈纳的萨满教研究基金会开启了“活着的珍宝”项目，对传统地区现存的萨满进行经济资助，以“保存珍贵的萨满文化遗产”，同时，鼓励世袭的图瓦萨满向年青一代传承萨满教。1993 年，图瓦共和国官方开办了一场名为“图瓦的萨满”的国际会议，其间邀请了萨满教基金会参会。在这次会议上，萨满教研究基金会、萨满文化研究学者、图瓦萨满和图瓦官方代表共同探讨了图瓦萨满文化的复兴与传承问题。最后，图瓦总统发表了“萨满教与佛教信仰在图瓦会受到同样尊敬”的宣言。这次会议后，萨满研究基金会决定给予图瓦现存的萨满以经济资助。受到资助的萨满有蒙古什·凯宁·洛普桑（Mongush Kenin Lopsan）、艾 - 丘雷克（Ai-Churek）等。

艾-丘雷克是1993年图瓦国际萨满大会“发现”的一个萨满。作为这次大会的一项内容，哈纳和他的助手进行核心萨满教治疗仪式，为当地的一名心脏病患者进行治疗。仪式期间，为了让在场的观众参与进来，仪式中的鼓被递给了观众，接过这面鼓的正是艾-丘雷克。于是，她走上舞台开始疯狂地击鼓，以致进入入迷状态。自这次仪式之后，艾-丘雷克便开始了自己的萨满治疗之路。她认为是这次萨满会议和哈纳的核心萨满教给予了她灵感，激发了她的萨满潜质：“如果不是他们，我们的萨满禀赋可能不会被激活。他们教给我们如何打开它的方法。”①

图瓦萨满大会之后，萨满教研究基金会邀请了来自图瓦、西伯利亚等地的萨满为核心萨满教的学习者传授当地的萨满治疗仪式②，并就萨满知识进行交流。在这些来自萨满故乡的萨满看来，“我们互相学习，我们一起工作，世界的萨满教也因此得到发展，我们彼此的萨满教也因此兴盛。你们的萨满教和图瓦的萨满教合起来才是世界性的萨满教”③。

现在，萨满教又在图瓦社会中复兴起来，图瓦的萨满通过萨满治疗诊所看病。像正规的医院一样，前来就医者需要挂号、排队，他们也可以提前预约或者指定某位萨满来医疗。每个萨满也像坐班

① 具体参见 Susan Grimaldi，Tuvan Shamanism Comes to America，http：//www. susangrimaldi. com/articles. htm#Print。据艾-丘雷克自述，她的祖先中有人从事萨满一职。在她小时候，她曾遭遇所谓的萨满病，但从未见过萨满仪式表演。直到图瓦萨满会议上，击鼓激活了她潜在的萨满潜质。

② 1996年，来自西伯利亚乌尔奇部落的最后一位男萨满米哈伊尔洛维奇受到萨满基金会迈克·哈纳的邀请，为核心萨满教工作室的28位高级学员进行了为期六天的乌尔奇萨满仪式讲解。具体参见 Susan Grimaldi，Learning from a Master：An Ulchi Shaman Teaches in America，http：//www. susangrimaldi. com/articles. htm#Print。1998年，图瓦的萨满受邀来到加利福尼亚，为40名核心萨满教实践者讲解了图瓦传统的萨满教。参见 Susan Grimaldi，“Tuvan Shamanism Comes to America”，http：//www. susangrimaldi. com/articles. htm#Print。

③ Susan Grimaldi，“Tuvan Shamanism Comes to America”，http：//www. susangrimaldi. com/articles. htm#Print.

医生一样有自己的工作室。但不同的是，萨满诊所的“医生”们头戴萨满帽，身穿萨满神服，萨满鼓、铜镜、羽毛、种子等圣物是他们的工具。他们通过击鼓赶走恶灵，或者呼唤河流和山神附体为病人治疗，来者多是患有心理疾病的人。也有一些人因为求子、胆结石、家中被盗等前来看萨满。当然，比医院便宜很多的价格，也是人们选择萨满诊所的一个原因。在当今的图瓦社会，一些萨满的治疗方式也呈混合化和新潮化的面貌：将萨满教、喇嘛教、现代医学技术都拿来为己所用，有的萨满还使用电脑治疗。[①]

图瓦还零星存在一些老年萨满，但是在另一些社会，萨满知识已经完全消失，也没有老萨满在世。那么，想要恢复传统和成为萨满的人就不得不面临本土的困境。面对这种困境，哈纳指出，可以通过将简化为典型的技术的核心萨满教引入这些萨满传统濒临消失的地区，造成以萨满之骨（核心萨满教）附着传统萨满之肉（传统萨满环境）的效果。为此，萨满研究基金会为这些地区的人提供减费或免费学习核心萨满教的机会。为期一周甚或几天的短暂学习之后，这些土著学习者就掌握了基本技能。回到家乡后，他们开始使用核心萨满教技术在本土进行萨满治疗。

除了核心萨满教以外，对传统萨满教产生影响的还包括卡斯塔尼达等人在内的新萨满教倡导者的著作和新世纪的灵性读物。通过对布里亚特萨满治疗中心的田野调查，人类学家约翰森发现，当地萨满经常在治疗中使用“能量疗法”“灵魂”等新萨满教中的常用字眼。来自南西伯利亚的哈卡斯（Khakass）地区的卡本季科娃就是此类萨满中的典型。由于历史原因，哈卡斯的萨满传统完全被中断，卡本季科娃只能师从外族的萨满。但是，她的萨满技术（如灵魂复苏和能量中心等疗法）更多的是通过精读哈纳和卡斯塔尼达的

---

① David Brown，“Traditional Healing Returns to Tuva：In the Soviets' Wake，a Shamans' Clinic Is Thriving in Northeast Asia”，Washington Post，July 18（1995）.

著作获得的。塔米尔通过对中俄布里亚特人的比较指出，布里亚特共和国内的萨满教及其文化复兴以新萨满教为主，使得当地的萨满群体呈现具有高度组织性的萨满教机构和协会。要拥有萨满身份，必须通过萨满教机构和协会的注册并接受管理。萨满教机构中对萨满的等级、知名度进行了明文规定与酬劳标准区分，那些需要找萨满治疗的城市布里亚特人，需要按照当地萨满协会或治疗机构的规定和治疗需求支付费用。此外，受西方新萨满教的影响，布里亚特萨满也开始宣传环境保护理念。①

向土著人引进或土著人自己从书本中学习西方新萨满教，引起了人们的争议。民族主义者认为，这样做不是恢复传统的萨满教，而是西方新的文化殖民主义。文化普遍主义者如西方新萨满教（特别是核心萨满教）是帮助那些萨满传统正在消失的地区恢复萨满教传统的一个有力工具。当然，以核心萨满教为基础恢复的传统萨满教已不再是古老的图瓦或哈卡斯的萨满教，被实践的萨满教可能是核心萨满教的方法、土著传统中的零星碎片和来自实践者阅读民族志与新时代读物甚至是想象的合成式萨满教。不得不提的是，这种重新组装的萨满教常常在传统社会中被用于作为民族政治和精神象征的一个重要旗帜。

二　萨满研究基金会资助巴尼瓦人复兴传统的萨满教

生活在南美洲亚马孙地区的巴尼瓦印第安人，传统上信仰萨满教。但是随着现代化的进程，萨满教已经在部落中衰落。萨满基金会在复兴巴西的传统萨满教方面做出很大的努力。为了保存当地活态的萨满文化，萨满研究基金会通过录制纪录片的形式记录最后一位“鼻烟—美洲虎”萨满——曼杜萨满的萨满实践活动和萨满知

① 塔米尔：《中俄布里亚特人的萨满教复兴现象比较研究》，《世界宗教文化》2017 年第 2 期。

识，组织讨论有关当地土著文化及其神秘传统的相关内容。为了加强和促进艾阿瑞河流域巴尼瓦土著萨满文化的复兴，萨满研究基金会还资助当地人建造了一个萨满活动中心（也是萨满学校）。以下是萨满研究基金会为复兴当地萨满文化进行的工作。

首先，在基金会的资助下，成立研究小组，任命人类学、宗教学博士罗宾·莱特教授为专员负责此事。罗宾·莱特教授是南美洲土生土长的学者，专注于当地的萨满教研究，著有《西北亚马孙神秘的美洲虎萨满》《宇宙的守护者：巴尼瓦萨满和预言者》《固定的形式、流动的力量：主体间的宇宙和人格》《巴尼瓦宗教的宇宙、自我和历史》等。其中，《西北亚马孙神秘的美洲虎萨满》一书是他近40年田野调查研究的总结，以曼杜萨满为中心，展开了对美洲巴尼瓦地区的萨满教及其相关神话、仪式、宇宙学、末世论等的阐述，是研究南美萨满教的重要之作。

图6－1　“活着的珍宝”曼杜萨满及他的徒弟在营建的萨满屋

其次，为了更好地开展这项工作，莱特教授雇请艾尔西莉亚（曼杜的女儿）作为研究助手，让她对曼杜的经历与生活协助拍摄、记录。纪录片《艾阿瑞河流域的巴尼瓦萨满》就是她和父亲合作的作品。曼杜的儿子阿尔贝托提出萨满知识的传承，建议莱特教授在村落里建立一个萨满屋（又名萨满知识学校，目的是培养年轻萨满）。在曼杜家人的支持下，萨满屋于2009年落成（见图6-1）。

以下是莱特教授的报告，向我们展示他和萨满研究基金会在保护濒危的萨满教知识方面是如何发挥作用的。

> 我已经联系到了曼杜萨满并经常去他家里拜访他。项目组用基金会的资金购买了摄像机，准备录制曼杜的萨满经历和他的自传性介绍。曼杜的儿子——阿尔贝托一直忙于组织当地的传统歌者开会，目的是讨论巴尼瓦地区萨满教的未来。同时，他们还将讨论修建萨满屋和治疗屋的问题。建萨满屋是最先考虑的事情，新建的萨满屋选址在艾阿瑞河流域的巴尼瓦，被命名为马瑞里达之屋。上次我与曼杜家人通话时，他们让我告诉大家，他们正在对萨满屋的搭建进行拍摄（摄像机是用基金会的资助购买的）。现在，曼杜的女儿学会了如何拍摄和使用摄像机。一旦萨满屋落成日期确定，我就会向曼杜正式颁发“活着的珍宝”荣誉称号。
>
> 艾尔西莉亚现在所做的工作是继续对她的父亲录音和拍摄，记录下那些只有他才知道的宝贵知识。这些知识对那些将来想要成为萨满、想要了解美洲虎萨满的宇宙观和治疗方法的人们是非常重要的。
>
> 艾尔西莉亚已经完成了对萨满屋营建的拍摄工作，她会送我一份胶片的拷贝，然后我会寄给你。据她说，村里的每个人都为这个新中心感到兴奋，但她却为参加就职典礼而焦虑。她说阿尔贝托真的希望基金会派个人和我一起去村落里参加就职典礼和“活着的珍宝”颁发仪式。他们计划在12月24日举行

就职典礼。虽然我身患残疾、行动不便，但他们坚持让我去参加仪式。那我就努力乘着汽艇到这个村子去，我的儿子会帮助我。令人沮丧的是，曼杜和他的妻子已经感染了流感，通过禁食，他们度过了最难受的时期，现在正在恢复。但不幸的是，他们的亲戚有人死于流感。我必须说，整个项目都在很好进行。对村里的人来说，这是一种振奋人心的事情。我们看到的是我们最初想要实现的萨满复兴，它正在发生。

到2009年9月22日，萨满屋已经完工了，它非常大。以后，萨满就可以来这里修炼，病人来看病时也有可以坐的地方了。“它就像一个医院，但是一个萨满的医院。”此外，还收到了曼杜的五盘磁带，讲述了他从童年到成年的生活精灵，以及一段独立的磁带，讲述了他是如何从大鹰和生命之树中获得萨满力量的。

2009年11月8日，萨满屋建造完成。萨满研究基金会的现场助理罗宾·怀特将出席并观看庆祝活动，同时，巴西国家印第安人署的主席也会出席。此外，几名来自委内瑞拉的萨满将从他们的村庄前往参加典礼。2009年12月18日，萨满的知识之家正式落成，我们项目的最初目标已经完全实现了。现在，萨满屋里共有12个萨满学徒跟随大萨满学习，这是萨满复兴项目的一大结果。但这并不意味着这个项目的终结，而是开始，萨满之屋已经建成，仍然需要我们继续维持它。

2010年4月5日，曼杜的儿子向莱特博士和国家印第安人基金会主席发出邀请，请他们去参加该年7月的萨满屋落成大典。巴尼瓦传统宗教和神圣的长笛、小号演奏是这场典礼上的亮点；届时，萨满也会颂唱神圣的胡椒圣歌，这是这场典礼中最重要的仪式。如果村落里的船有新发动机，可以使村民聚在一起。所以，曼杜萨满知识的拍摄、记录和给村落购买新发动机与燃油，都是当前非常紧急的事情。现在，请基金会给予资金资助。曼杜对基金会授予他的“活着的珍宝”这一荣誉称号非常高兴，和他的家人一样，把我给他照的照片和相关的书一直放在一起。

今天的萨满复兴成果是30年来我们坚持努力的结果，是从年老的、年青的一代对萨满知识毫无兴趣到主动合作的转变。这种情况是否还会继续有良好的走势，只有未来才知道。但是比起那些花费了大量资金却收效不大、所谓的“可持续发展”项目来说，它可能会收效好得多。巴尼瓦产生了第一个女萨满，她就是曼杜的女儿——艾尔西莉亚。她在对父亲的记录过程中，对萨满产生了浓厚的兴趣，决定成为一名萨满。传统上没有说女人不可能成为萨满。

萨满之屋已经落成，基金会仍会对其援助，以继续振兴当地的萨满教。当地河流众多，船只是非常重要的交通工具，曼杜和他的家人特别要求基金会帮助购买新船的马达，因为村落的船只马达已经故障不断，这样便于各个部落萨满之间的交流。

第二节　西方新萨满教对印第安文化的影响

随着西方新萨满教的传播，尤其是一些所谓的“伪萨满”对萨满仪式的混用、滥用，引起印第安人强烈的谴责。他们指出，这些伪萨满中有很多人实际上并不是传统的印第安人或者只有部分印第安血统，他们与自己宣称代表的“印第安传统”并没有太多真正的联系，更多的是本着钱财、权力的目的对印第安传统灵性进行剥夺、滥用、售卖，这是非常“卑鄙的行为”。因为“萨满是长期思考灵性的结果，不是数周内就能完成的实践活动，也不是靠付费就能一夜之间成为萨满的”[①]。在他们看来，真正的印第安萨满“不会通过出售记载萨满灵性的书籍、开办萨满工作坊、售卖汗屋仪式或其他仪式，来从中获利。因为将族群的传统传承下去是他们的责任”[②]。印第安人还指出，一些西方新萨满教传授的萨满仪式不是真正的萨满仪式，白人在其中添加了太多的原本不属于他们的东西，是一种错用、滥用，却造成虚假的宗教仪式和圣物流行、神话故事被扭曲。他们甚至无视印第安仪式中的禁忌造成的死亡，使真正的印第安传统被遮蔽。于是，他们发起了批判伪萨满教、鉴别真假萨满教、复兴传统印第安萨满文化的活动。

一　被发明、被滥用的印第安萨满文化传统

（一）医药之轮仪式

在西方新萨满教实践中，医药之轮仪式占据着重要的位置。医药之轮被看作一个神圣的空间，类似基督教的圣坛、道教的道场。它的轮是由很多石头围成的圆形，轮辐则从这个圆圈的中心点向圆周辐射出若干线条（见图6－2）。该仪式因《七箭》一书的畅销而闻名。该书作者斯托姆对医药之轮仪式的阐释是：在印第安人的宗教观中，强调人与自然万物相互联系，应该和谐相处；圆形是神圣的形状，象征人与万物相处的一种完美、和谐状态；在印第安人的宇宙观中，世界是由前、后、左、右四个水平方向和上、中、下三个垂直方向的万物组成的，所以疾病治疗、祈祷、庆祝等仪式都在医药之轮举行。《七箭》之后，很多以医药之轮为主题的畅销书纷纷结集出版。如太阳熊文森特·拉杜克的熊部落医疗协会、阿贝托·维洛多的四风协会、琳·安德鲁斯的培训机构等，都创造了自

① Gustafon B.，“Some Thoughts on Shamanism in the Pagan Community”，from：http：//www.book-of-thoth.com/archives-printpdf－5883.html.

② Smith，Andy，“For All Those Who Were Indian in a Former life”，In *Ecofeminism and the Sacred*，C. Adams，ed. New York：Continuum，1994，pp. 168－171.

己的医药之轮“学说”，并将该仪式作为培训的核心课程之一。如安德鲁斯教导学徒将医药之轮当成内心深处的地图来使用，药轮的四个方位代表内省与外部观察：南方代表信赖与天真；西方代表神圣之梦、死亡和重生的家园；北方代表智慧与力量；东方则被赋予了启发。在四风协会萨满培训机构中，医药之轮培训与个人能量、内在精神圆满、卓越的创造力和创伤治疗联系起来：指向南方的轮辐象征着告别过去的不幸遭遇，重新开始新的生活；指向西方的轮辐象征着释放内心的恐惧，尤其是摆脱来自家族遗传疾病的魔咒，建立无畏的精神和自我生活的内在平和；指向北方的轮辐表示不受时间、空间约束的无限；指向东方的轮辐则表示与能量共舞，超越日常，进入非常态的可见状态。

图6－2 印第安人的汗屋

在西方新萨满教中，医药之轮仪式首当其冲遭到印第安人的批判，认为这一仪式是“伪造”的印第安神圣传统，实质是伪萨满教、新时代运动、千禧年运动、佛教和印度教占星术的混杂。斯托姆自称《七箭》是一本完全由印第安人写的关于平原印第安人古老的智慧之路的书，是他花费了数年跟随“零部落”的“圣女”学习“医药之轮”知识的结晶。但是，北部夏安族部落长老会却对此嗤之以鼻，认为书中的描述是“从头到尾的胡说八道”，指出医药之轮并非传统的印第安人仪式，而是在20世纪60年代末期和70年代早期由太阳熊、伊丽莎白·伊顿和斯托姆三个带有印第安混血的欧洲人发明创造出来的土著传统。

（二）被滥用的汗屋仪式

医药之轮之外，遭到印第安人批判的还有汗屋仪式的滥用。汗屋在北美印第安人部落已有几百年历史，美国和加拿大的许多印第安部落都有在汗屋（见图6－3）举行宗教仪式的传统。对一些平原印第安人来讲，太阳舞仪式中的一些礼仪必须在汗屋里进行。

图6－3　西方新萨满教的医药之轮

汗屋仪式通常会选择靠近河流、湖泊或山脉的地方作为神圣空间。这有些类似我国达斡尔族等萨满仪式选择的地点，因为人们认为神灵会沿着这些到来。虽然印第安各部落的汗屋稍有不同，但大同小异，一般是由树木的藤条搭建的圆形或椭圆形的帐篷，顶上覆盖兽皮、树皮或草席等物品，进出口处再挂上厚实的门帘，最后使整个帐篷处于黑暗、近密封的状态。

汗屋仪式主要用于祈祷和身心净化。在印第安传统观念中，个人要与外界和谐相处，身心康健，就必须通过一定的仪式来净化身心。而出汗，净化的不仅是个人的躯体，也净化了灵魂。参加汗屋仪式有一定的禁忌，要求“男人在参加仪式前四天戒酒及麻醉品；妇女在月经期不能参与这个仪式，但可以参加聚餐宴会；参与者双膝跪着爬进汗屋后，可以在屋里从左到右移动，但最好不要碰到屋子的侧面；参与者可以要求得到受过祝福的药材，但不能碰别人的物品和摆放在祭坛上的东西。每一位参与者都要表现出对汗屋、祖先、主持人、看守火种者、其他参与者及自身的尊重。人们来参加汗屋仪式时，往往都带些烟草或茶叶、棉布、草药等，作为礼物献给汗屋”①。

汗屋是印第安人的神圣空间。在那里，参与者向祖先祈祷，与祖先的灵魂世界进行沟通。同时，汗屋象征着孕育着生命的大地母亲，它会赐予人们智慧与力量。进入汗屋时，参与仪式者必须脱去外衣，卸下身上的装饰品，谦卑地匍匐而入，最后众人围坐成圆圈。在汗屋内，中心位置是石头火坑，里面有被烧得通红的大小石头；在四个方向，摆放着来自外面圣坛、燃烧得滚烫的石头，以及烟草、鼠尾草、雪松、鹿角、烟斗、草药袋、鹰头及羽毛等神圣祭品。用于仪式的石头通常是岩石。在印第安人看来，岩石具有更坚固、更长久的生命力。在漆黑的、闷热的屋内，负责主持仪式的长老不断往炽热的石头上浇特殊的草药水，整个屋里笼罩在浓密的蒸

① 彭雪芳：《加拿大土著民族对汗屋仪式的实践》，《民族研究》2009年第3期。

汽中。每个仪式的参加者都汗流浃背，但却以非常的毅力、忍耐，稳如泰山、纹丝不动地端坐，肃穆地向伟大的神灵、大地母亲、自然界祈祷，敞开心扉，诉说烦恼、痛苦。高温和黑暗刺激了他们的感官体验，促使他们可能达到一种“意识改变”的状态。仪式完成后，参与者拖着湿漉漉的身体爬出低矮的屋门。一番水深火热的考验之后，随着汗水从体内排出体外，印第安人相信深藏在体内的病痛、苦难、污秽和邪念一起被涤荡，身心达到一种治愈、净化的状态。

在印第安传统中，汗屋不是任何人都可以搭建的，是祖辈传承下来或建造者必须有一定的资格和权力。该仪式很严格，必须是在部落长老的带领下才能进行。这些长老经过数年的严格训练，懂得本族文化传统，会讲本族语言，能用该语言与神灵沟通，并知道相应的保护措施。汗屋仪式要求参与者耐受异常高温、潮湿的环境，并能够完成祈祷。这是一个充满潜在危险的仪式，有人可能会因高温、脱水、吸入浓雾发生疾病甚至死亡。如果仪式不在拥有经验的长老的妥当引导下，很可能操作不当，给参与者的身体和精神带来双重危险。

随着西方新萨满教的兴起，一些只了解印第安文化皮毛的“伪萨满”们，不顾这些传统规定，为了盈利，私自搭建汗屋，让实践者参与该仪式，结果发生了数起死亡或受伤的事件。其中，最引人关注的事件就是詹姆斯·阿瑟·雷（James Arthur Ray）事件。2009年，詹姆斯在美国亚利桑那州塞多纳附近的安琪儿谷静修中心（Angel Valley Retreat Center site）开办了名为“精神勇士”的训练营，宣传旨在帮助参加者超越身体极限，其中的一项培训项目就是汗屋仪式。它要求实践者在高温、湿热的汗屋中待两个小时，以达到身心的超越。当时有60多人参加了这个仪式，仪式进行中有数名参与者感到不适，出现呕吐、虚脱、昏迷症状，但是詹姆斯并未采取任何紧急救助措施，而是敦促参加者克服身体上的弱点继续坚持，还责骂那些试图离开者，结果造成3人死亡，20多人受伤。在“伪萨满”那里，汗屋仪式还经常和“开启灵性、看见神灵”联系在一起。美国埃尔多拉多地区谢南多厄河谷葡萄庄园成立于1994年，宣称是为那些想体验萨满教的白人提供一个神圣、安全的场所。[①] 但在2002年，该地发生了灵性追寻者2死2伤的事件。

“伪萨满”汗屋事故，引发印第安人的极大不满。他们批评这些人不了解印第安的传统文化，滥用印第安人的蒸汗仪式，是对他们文化的亵渎，指出神圣仪式必须正确使用。印第安人的神圣仪式包括汗屋仪式、太阳舞仪式、烟斗仪式、追求幻象仪式、灵魂守护仪式、青春期仪式、做亲戚仪式、豆舞仪式等，不同部落侧重不同的仪式。为此，印第安酋长阿尔沃（Chief Arvol）郑重发表了《关于塞多纳汗屋死亡事件的声明》。为了更清晰了解印第安的汗屋文化传统背景，以及印第安人对滥用其宗教仪式的态度，笔者将此声明部分内容摘录如下：

> 作为神圣白色野牛圣物——烟斗的保管者，我对发生在亚利桑那州塞多纳地区汗屋中的两名死者和众多伤者深表关心，这一事件将我们的神圣仪式推向了舆论的风口浪尖。我想澄清的是这个汗屋以及其他一些汗屋所进行的仪式并不是按照我们传统的仪式方式进行的。
>
> 我们的仪式是以生命意义和治疗为目的的。从这一古老的仪式被赐予我族人民那时起，在正确的操作下，从来没有发生过死亡。现在这一仪式被称为汗屋仪式，但其实它的丰富蕴意不是仅仅汗屋可以概括的。所以，“汗屋”一词并不符合我们

---

① *Seeking Spiritual Enlightenment Die in New-age Sweat Lodge*, Suzanne Herel, Matthew B. Stannard, Chronicle Staff Writers Published 4：00 am, Thursday, June 27, 2002.

净化的真正意义。

汗屋是我们的伟大神灵瓦丹·坦卡（Wakan Tanka）赐予我们的最古老的仪式。在于今有19代之前，白色野牛犊女神赐给拉科塔、达科塔、纳科塔[①]三个部落七个神圣的治疗仪式。同时，她还赐给我们神圣的烟斗。[②]那时我们的祖先正处于困境中，这些圣物的到来帮助了我们的祖先，当然它们也会在我们遇到困难时帮助我们，使我们这些属于一个文化传统的人们团结在一起。因为要与神灵沟通，所以这些仪式有着严格的规定。女神告诉我们，如果我们要与尹扬·奥亚特石神（我们称之为祖父）保持联系，就必须态度谦逊、真诚，他才会帮助我们治愈自己及所爱之人的疾病。祈祷和治疗时，我们还必须谦卑地向大地母亲献上祭礼。在七个神圣的仪式中，都会使用汗屋仪式，同时，这些地方还要摆放神圣的鹰羽。鹰羽象征了我们祖先的神圣知识。

我们印第安人在四年一次的寻求幻想和跳太阳舞仪式上，通过努力，赢得将少量的生命之水倾倒在汗屋尹扬·奥亚特石

① 拉科塔、达科塔和纳科塔是生活在美国西部大平原区上的三个印第安部族，同属苏族（Sioux）。

② 神圣烟斗在印第安传统文化和信仰体系中，占据着重要的位置。印第安神圣烟斗来源的故事是：有一天，两个猎手在山上见到一位身披白色野牛皮长袍的年轻女人，肩上背着一只袋子。其中的一个猎手对女人产生邪念，却被女子变成一堆骨头。她命令另一个猎手回到村中告诉他们的酋长，建一个用作仪式的棚屋，在里面立28根柱子。酋长照办之后，这个女人出现在村里，她取下肩头的袋子，交给这个酋长，告诉他："保存好这只圣袋，永远爱护它，只有心地纯洁的人才可以见它。"袋子里面装的就是神圣烟斗。通过神圣烟斗，可以把声音传递给大神，在人们最需要帮助的时候，大神就会出现。在印第安神话中，圆形的烟斗代表大地和万物，烟袋代表链接天地、人神的通道。烟斗冒出的第一缕烟表示，升到空中，表示大神吸到第一口烟，人们把消息传达给神灵。然后往烟斗中填满烟草，烟雾袅袅，向东、西、南、北、天、地六个方向飘散，预示整个宇宙已被纳入烟斗中。在一些重要的集会和庆典仪式活动中，神圣烟斗都扮演着重要的角色。在印第安人心目中，烟斗是与神灵沟通的媒介，烟斗仪式可以带给他们神灵的护佑、健康、长寿、强大的生育能力和子孙的繁荣昌盛。参见王红艳《北美印第安文化的缩影：烟斗仪式的历史与现实意义探究》，《楚雄师范学院学报》2014年第10期。

神上的权力。只有过关了的人，才有权力在净化仪式中帮助他人。同时，因为我们的大地父亲来自古代，是我们的神灵祖辈，所以这些人也要理解我们的神圣语言，才可以与大地父亲沟通，理解他们传达出的神旨。他们教导我们认识我们的文化价值，教会我们谦卑、智慧、关爱和悲悯地生活。

新闻里提到的所谓桑拿汗屋根本不是我们生活中的仪式。进行仪式时，你的脑海中不应该有金钱想法。在仪式中，参与者围坐一圈，是用至纯至诚的能量治疗。心灵与心灵必须相连。如果仪式中涉及金钱，它会改变治疗的能量。那些认为自己付出了金钱，就可以得到想要的东西的人，大地父亲不会与他同在，这样做的弊大于利。我们的生活方式正在遭受这些人的剥夺！如若涉及金钱，能量在治疗中就不会起到作用，即使是以爱心的名义馈赠也不行……

在白色野牛犊女神预言中，当我们遇到困难的时候，他将会返回人间。1994 年，一头白色野牛会诞生，动物界的其他动物也出现了神圣的白色皮毛。她还预言，那时大地祖母会发生许多变化。诸如气候变化、地球变化和生命的不尊重等，我们以前从未有过或听说过的一些事情会发生。同时，还会有一些骇人听闻的虚假预言家出现。

大地母神把装烟斗的神袋传递给我时，对我说："如果奥亚特人不抵抗，那么我将是最后一位守护者。"使大地母神蒙羞的后果很可怕，我们的文化中没有彼此攻击。在我们的人民中，攻击又被称为种族灭绝，而我们现在就正在经历精神性的灭绝！

自 1978 年的宗教自由法案以来，我们的仪式获得了重生，问题也自此产生。我们的长老曾经就他们看到的我们仪式被滥用的情况跟我谈话，说它们都曾是非常严肃的仪式。在他们告诫过后的很多年，我们决定召开一次会议，讨论在我们仪式上必须遵守的礼仪。2003年3月，就滥用我们的仪式和提醒人们正确使用仪式两方面，达成了一项协议。我们要尽一切努力确保按照传统文化生活的人们的生活方式，因为这些生活方式关乎我们的未来，也关乎生活在大地母亲上所有生命的未来。我们嘲笑那些暴行和在世界各地实践的假印第安文化，为此我们还创制了一部名为《售卖神灵》的电影，让人们看清这些人的嘴脸。

非土著民族有权为了健康和幸福，从我们第一民族仲裁者那里寻求帮助。这是我们给予所有民族的一项权益，但是，人们也应该对我们的分享表示尊敬和感激。第一民族仲裁者也必须拥有按照我所阐述的仪式生活方式进行仪式的权利。

此刻，我号召所有信仰大地母亲的民族尊敬我们神圣的仪式，停止对我们的大地母亲神灵的利用。在神圣的生命圈中，没有终点，也没有开始。致敬。

——阿尔维尔看马酋长（第十九代神圣白色野牛烟斗的掌管者）

（三）Q班对印第安灵性的亵渎

被印第安人称为对其灵性最大亵渎的“伪萨满教”是楚卢阿奎·渠奥都斯卡（Chuluaqui Quodoushka），又称Q班，是由哈雷·里根和黛安·里根于1986年创立的，推崇“性信仰”。该社团称很多婚姻关系的破裂是因为夫妻双方没有深入的爱和彼此缺乏相互的忍耐，通过楚卢阿奎·渠奥都斯卡学习，可以快速以性灵魂能量作为催化剂增加人们的感情，挽救濒临破裂的关系。它的卖点集中在麋鹿部落医药协会（Deer Tribe Medicine Society）提出的性爱方法、理论。按照哈雷·里根的说法，通过楚卢阿奎·渠奥都斯卡传授的方法练习，信仰者可以达到更高层次的性体验——进入性狂喜状态。

哈雷·里根对外宣传楚卢阿奎·渠奥都斯卡修炼法来自古老的奥尔梅克、玛雅和托尔铁克人以及切罗基的秘密团体，是从这些土著民族儿童进入成年的仪式——成丁礼的灵性仪式中获取灵感的。因为楚卢阿奎·渠奥都斯卡修炼法内容过于猥琐，遭到上述部族的唾弃，以切罗基印第安的批判之声最响亮。切罗基人彻底否定里根的说法，指出里根既没有切罗基血统也没有在该族地域生活过的经历，完全是胡说八道，本民族实际传授的成丁礼内容及其相关信仰跟楚卢阿奎·渠奥都斯卡传授的内容完全不同，不要污名他们的传统神圣仪式。在反对“伪萨满”论坛上，哈雷·里根和黛安·里根被特别点名，指出他们借助一些帮助人们治疗心理、身体疾病的谎言，欺骗人们加入楚卢阿奎·渠奥都斯卡修炼营，然后限制这些绝望的人的自由，鞭笞或虐待甚至猥亵、强奸他们。

二 印第安人的批判

一些印第安人将西方新萨满教实践看作白人对印第安灵性的亵渎、掠夺，就像“最初他们掠夺了我们的土地和水资源，接下来他们掠夺了我们的鱼和猎物。之后，他们又拿去我们的矿产……现在他们又要拿去我们的宗教”①。

面对“伪萨满”们对印第安传统精神的滥用，引发社会上对其传统的误解，印第安人做出坚决的批判。一些精神领袖站出来，反对进一步亵渎其宗教神圣性，掠夺其灵性。最引人注目的事件就是1993年的第五届拉科塔集会。在这次集会上，来自美国和加拿大的拉科塔族、达科塔族、纳科塔族下属的40个部落500名代表一致通过了一项名为《向剥夺拉科塔灵性宣战的宣言》，声称要与那些“不断利用、滥用和歪曲拉科塔人神圣传统和灵性

① Ward Churchill, “Spirit Hucksterism”, *Shamanisms and Survival*, Vol. 27, No. 2, 2003.

实践的人们”坚决斗争，谴责这些人在所谓的新时代运动、新萨满教、异教崇拜等活动中亵渎拉科塔的神圣仪式。宣言称：

长久以来，我们遭受了以下这些人对我们拉科塔民族最珍贵的仪式和灵性实践难以形容的侮辱行为，他们是非印第安血统的“崇拜者”、叫卖我们信仰的人、为了谋取金钱的奸商、自我标榜的“新时代萨满”与其追随者们。这种对我们拉科塔神圣传统的可耻剥削像流行病一样在城市中蔓延，已经达到令人恐惧和愤怒的程度。

这些人在跳蚤市场和所谓的新时代零售店，通过售卖烟斗石在亵渎我们的神圣烟斗，而那些伪宗教公司通过所谓的“汗屋和追寻幻象”项目赚取钱财；冒牌的印第安人和江湖术士还在玷污“太阳舞”，我们神圣的拉科塔太阳舞仪式遭到卑劣的模仿。那些非印第安人还模仿我们组成所谓的“部落”，起上“印第安名字”，这样便于他们对我们拉科塔的传统大规模地利用和售卖。大学院系的学生和教授也在所谓的研究萨满教的“学术项目”幌子掩盖下，大量亵渎性地模仿我们的灵性活动；非印第安的冒牌货和灵性“崇拜者”正在利用售书对我们拉科塔灵性进行系统的殖民化；电视和电影产业充斥着低俗的煽情娱乐节目，严重扭曲了拉科塔的灵性和文化，结果是固化了公众对印第安人民的负面刻板印象，也伤害了我们民族儿童的自尊心。那些参加所谓的“新时代运动”“人的运动”“新异教运动”和“萨满教”的个人和团体，实践的都是伪仪式和非印第安人神秘主义的大混杂，这种做法损害了我们拉科塔人的精神传统。各种冒牌的印第安人、灵性“崇拜者”、追求金钱的奸商、信仰疯狂者、“新时代萨满”吸引了公众的目光，成为真正的拉科塔人在公众舆论面前赢得合法的政治、法律和精神需求的一大障碍。面对这种剥削我们拉科塔人的行为，我们要立即采取行动来保护我们最珍贵的拉科塔精神传统免遭进一步污染、亵渎和滥用。因此，我们做出如下决定。

从今而后，我们要对那些坚持剥削、滥用、歪曲拉科塔和达科塔以及纳科塔民族神圣传统与灵性活动的人宣战。我们呼吁来自加拿大与美国印第安居留地、保留地和传统居住地的拉科塔、达科塔与纳科塔族兄弟姐妹们积极行动起来，众志成城，坚决反对这种彻底毁灭我们神圣传统的行为。

需要特别注意的是，我们要采取行动防止我们拉科塔、达科塔和纳科塔本族内部人为外来者滥用我们的神圣仪式。因为我们知道，在我们群体内部，有些人不顾整个族人的精神福祉，为了自私的利益目的滥用我们的灵性生活方式。我们坚持以“零容忍”的姿态对待那些试图从我们社会中获得所谓的“仪式授权”的“白人萨满”，所有的这些“伪巫医”都是我们拉科塔、达科塔和纳科塔人民的敌人。

我们强烈要求传统的人民、部落领袖人物，与其他印第安部落管理委员会、印第安组织加入我们，立即发表谴责声明，终止这种对我们神圣印第安传统的猖獗利用行为。因为不仅仅是拉科塔族，还有达科塔族和纳科塔族的灵性活动遭到非印第安人疯狂、全面的亵渎。

我们强烈要求我们的印第安兄弟姐妹能坚决地站在我们的队伍中，大胆地与那些破坏我们神圣传统的行为做斗争。为了我们的子孙后代，我们应该时刻记住纯洁我们的宝贵传统是我们印第安人的高度责任所在。这样，我们的子孙、子孙的子孙就可以以我们的造物主为我们民族创造的神圣方式生活。

发表《向剥夺拉科塔灵性宣战的宣言》之后，又有切罗基

（北美易洛魁印第安人的一支）等印第安人向滥用、商业化其神圣仪式提出宣战，暴露这些“伪萨满”的真实面貌，告知公众真正的印第安萨满面貌。

> 切罗基族正在遭受那些自称萨满、灵性领导或切罗基族后裔的骗子的伤害，但这些人从来没有在切罗基社会生活的经历。他们不但宣称自己是来自卡罗来纳州保留区或俄克拉荷马州保留区某个神秘祖先的后人，而且宣称自己的祖先不是切罗基族的普通百姓，而是该族的王子、萨满或神圣烟斗的携带者。在切罗基族生活的地域范围内，从来没有听说过他们所说的“萨满”。
>
> 众所周知，切罗基族的药人和精神领袖都是本族人，他们不会为了钱财向任何人出售萨满课程。他们也不会通过任何形式的媒体和互联网为他们的服务做宣传。传统的切罗基药人和精神领袖为切罗基人提供他们的服务。他们精通切罗基语言，在宗教活动中使用该语言。因此，我们药人的父母都是切罗基人，他们在切罗基地区长大，会说切罗基语。传统的切罗基族的药人和精神领袖都是非常谦卑的人，绝不会吹捧，自己也不会大张旗鼓地在市场上售卖自己。切罗基药人是得到我们社会一致认可的实际的医治者和领袖。作为药人和治疗者，他们的治疗是受到切罗基人承认的，而不是自我标榜的。对于他们的服务，我们通常会奉上一小份礼物、少量的钱或以食物作为报酬。他们不会为他们的服务收取钱财，也不会拒绝为人们服务，更不会让人们用信用卡支付其报酬。切罗基药人不仅仅为部落成员提供服务，还为其他部落的成员和非印第安人提供治疗服务，但不会将他们的灵性和药物与其他部落的混用。需要指出的是，切罗基药草和灵性实践不包括塔罗牌、手相术、通

> 灵术或汗屋仪式。那些自诩是切罗基萨满、灵性治疗师、烟斗携带者的人，就像19世纪末流行于美国，旨在兜售秘方、万能药药品的骗子团体。[①]
>
> ——切罗基人对伪萨满的声明

在网络时代，为了让全世界人民认清这些“江湖术士”，一些印第安活动家和当地的文化仪式长老联合专门成立反伪萨满的论坛，几乎所有的印第安部落都加入了进来。该网上论坛旨在关注“那些具有欺诈、欺骗、揽财、性虐待、种族主义、控制他人、极度的权力欲望以及狂热崇拜行为的新时代运动和冒牌萨满。我们通过调查，提醒公众注意那些冒充印第安药人或长老的骗子、剥削者”[②]。

为了澄清这种行为并非种族主义，他们表明：

> 我们并不恨任何群体，给我们贴上“憎恨”的标签是多么可笑，那些蔑视土著民族及其信仰并把这些想法强加到他们身上的骗子才是无耻的种族主义者。我们更多的是一个反仇恨组织，以追踪特定的种族主义者、冒牌印第安人、假萨满领袖为目标，警示大众勿要上当。我们并不特别关注任何人的血统、地位或家族史，除非他们打着“印第安人”的幌子招摇撞骗……我们接受各种各样的人：白人、黑人、拉丁人、毛利人、传统主义者，以及各种信仰：异教徒、无神论者、穆斯林等。包括阿尼什纳比族、阿帕切族、切罗基族、拉科塔族、乔克托族、纳瓦霍族、梅诺米尼族、布里奇族、德拉瓦族、奥哈

① Psuedo Shamans Cherokee Statement, Richard L. Allen, EdD Research & Policy Analyst Cherokee Nation, http://www.thepeoplespaths.net/Articles2001/RLAllen-CherokeeStatement-Shamans.htm.

② NAFPS: Who We Are & Our Purpose, http://www.newagefraud.org/about.html.

> 姆族等，我们很乐意接受所有良知的部族的帮助，因为没有他们，我们无法阻止这些欺诈行为。没有他们，我们就不会在抵抗冒牌货方面取得成功……我们在自己之间有分歧，不会因为简单的意见分歧就对某些人采取惩罚。在过去四年多的时间里，我们只抵制过大概六个人，而且都是在他们造成严重后果之后。再次重申，我们不是一个仇恨的群体，也不是种族主义者。①

为了帮助人们鉴别真、假印第安萨满，他们对二者做出区别。如有以下特征的即是伪萨满：通过开办工作坊、席明纳、治疗课程售卖印第安仪式或相关读物；将印第安传统社会中的药人、长老、治疗者或智者称为唐、大师、神灵转世者、圣人等；自称杰罗尼莫、约瑟夫酋长、黑色麋鹿、疯马的后裔或是这些印第安著名人物的转世；欺骗易信、绝望的人们参加仪式，然后强奸、鞭笞或虐待他们，甚至猥亵儿童②；所谓的“伟大领导”会欺骗人们崇拜自己，如若对他们表示出不敬就会遭到威胁；通过售卖灵性，赚取大量钱财。

新萨满教实践（尤其是白人伪萨满传授的萨满实践）也受到来自白人内部的批评。如爱丽丝·基欧称：“出售萨满的旅行是件可赚上百万英镑的大生意。像迈克·哈纳这样的大销售商还声称自己是为了帮助修习者实现与神灵的沟通、治疗疾病、探悉宇宙知识，还有很多其他卖方却完全是以赚钱为目的。”③ 唐纳德指出，是消费行为将想象的怀旧情绪变成商品，它是一种后现代的新殖民主义。除了批判商业化之外，还有学者指出，西方新萨满教已完全变味，

---

① NAFPS：Who We Are & Our Purpose，http：//www. newagefraud. org/about. html.

② 主要针对 Q 班而言。

③ Alice Beck Kehoe，*Shamans and Religion*：*An Anthropological Exploration in Critical Thinking*，Long Grove，Ill：Waveland Press，p. 81.

是借助帝国主义的怀旧情怀败坏理想的印第安形象，因为土著的萨满不仅仅是仪式、羽毛装饰、部落头人，他们也有部落法官、舞蹈、体育，还有城乡之别等。

三　对印第安人批判的回应

面对来自印第安人和白人内部的谴责，四风协会等萨满教实践团体做出如下回应：邀请一些真正的印第安人担当该组织的指导者参与到他们的团队中去。乌鸦（Crow Dog）、瘸腿的鹿（Lame Deer）、容忍的药鹰（Brook Medicine Eagel）等一批印第安人也受邀加入所谓的“伪萨满”工作坊，担当仪式指导师。[①]

此外，作为对批评的回应，近年来一些西方新萨满教实践团体开始开发诸如“走进印第安部落，跟随当地萨满学习”的课程内容，以表示他们跟传统文化持有者的密切联系。如2013年，作为西方新萨满教团体之一的四风协会开展了“走入秘鲁之旅”，并告诫参与者“这不是一次普通的度假，而是一次将我们自己沉浸到亚马孙、安第斯山脉和神圣山谷的深厚文化中的灵性之旅”。更具诱惑力的是，“在那里我们将和世界上卓越的医者一起学习、生活，他们是发光能量疗法、锁魂技术的掌管者，并且拥有超凡的预言能力。在那里，你们将受到朋友般的热情待遇，可以参加到他们的神圣仪式中去”[②]。接近土著、触摸灵性的活动也产生了异议。一部分当地人非常欢迎外来者加入他们的宗教仪式，认为这样可以引起外界对他们传统文化的关注；同时，这种外来者的活动可以给他们带来一定的经济利益。[③] 另外一部分当地人则指出，这是对他们传统

① Roger Gottlieb, *This Sacred Earth*: *Religion*, *Nature*, *Environment*, New York: Routledge press, 1995, p. 462.

② http: //thefourwinds. com/expeditions/peru/.

③ Joralemon, D. , "The Selling of the Shaman and the Problem of Informant Legitimacy", *Anthropological Research*, Vol. 46, No. 2, 1982, pp. 105 – 118.

文化的另一种贩卖和破坏（见反伪萨满网上论坛）。此外，一些学者指出，西方新萨满教实践者参加到所谓的印第安文化之旅中，他们接触的也不一定就是真正的土著文化，而是一种混合了当地典型的萨满传统文化符号、东方宗教和其他灵性思想的拼凑型“仪式文化表演”[①]。还有学者警告这种迈向传统萨满地区的朝圣者，一方面要注意一些土著假萨满使用死藤水或者其他致幻物的危险性，另一方面一定要注意极端潮湿、寄生虫、瘴气、登革热、真菌疹、蚊虫叮咬和土匪以及毒贩子的暴力等。[②]

四 印第安人对传统萨满文化的保护与复兴

面对一些“伪萨满”对汗屋、医药之轮等印第安萨满仪式的滥用，印第安对他们进行了严厉的谴责。为了让人们认识真正的萨满教和保存印第安文化，以阿尔维尔·看马酋长为首，在印第安人内部发起了了解“真正的萨满文化”和珍惜祖先宝贵的文化遗产的活动。一些几近消失的萨满仪式被复兴。

看马出生在南达科他州的夏安族保留地。12 岁的时候，他被赋予成为第 19 代神圣白野牛烟斗的保管者，也是印第安七个神圣仪式的传承者。他是苏族公认的酋长和精神领袖，在宣传印第安传统文化、保护灵性实践方面做出很大贡献。为了让公众更加了解印第安神圣传统，他写作《白色野牛的教诲》一书。书中讲述了白色野牛女神赠送印第安神圣烟斗的故事，并清晰、准确描述了七个神圣仪式和其他印第安灵性仪式，让人们看到它们的真实面貌，不至于被“伪萨满”蒙蔽。为了纪念翁迪德尼惨案（又称伤膝谷惨

---

① Joralemon, D., “The Selling of the Shaman and the Problem of Informant Legitimacy”, *Anthropological Research*, Vol. 46, No. 2, 1982, p. 112.

② Jeremy Narby and Francis Huxley (eds.), *Shamans Through Time*: 500 *Years on the Path to Knowledge*, New York: J. P. Tarcher/Putnam, 2000, p. 326.

案)，他建立了大脚骑士赛[①]，成立“今日印第安专栏”，向外界介绍印第安文化。此外，为了能让世人了解真正的萨满教仪式及其历史、文化意义，他录制了乌鸦肖肖尼人的太阳舞仪式（《印第安灵性：太阳舞之路》）等纪录片。

为了保护印第安人的生活方式和保存印第安人的身份独特性，不至于被“熔炉”熔化，看马酋长发表了一系列的声明（见本节附件一、附件二、附件三)，倡导印第安人联合起来共同保护该族包括神圣仪式、遗址在内的文化。声明中声称，由于对印第安文化的滥用，现在已经“是我们历史上非常危险的时候……如果我们不承担传统精神领袖在仪式上的责任，在保护这些神圣地址上发出声音，我们的人民就像处于熔炉之中，身份就会被‘熔化’。那么，我们就会使我们的子孙后代失去与祖先身份的联系，失去作为一个族群存在所应有的本土知识”。

为了保护传统的神圣仪式，以看马酋长为首的印第安精神领袖对仪式的归属、参加仪式的人员做出严格规定。他们认为，做亲戚、扔圣球、少女成年仪式和灵性守护仪式只属于苏族（拉科塔、纳科塔、达科塔族)，只有这些民族药袋的持有者才有资格进行这些仪式；禁止非印第安人出现在举办七个神圣仪式的圣坛上；要求参加七个神圣仪式的人员必须佩戴象征着印第安传统知识和灵性道

① 翁迪德尼惨案，印第安人称其为屠杀，发生在1890年，是美国白人与美洲土著印第安人之间的冲突。在美国西进运动中，如何对待西部地区的印第安人，是美国政府非常棘手的一个问题。随着白人向印第安传统居住地的不断移民，美国政府采取了强迫迁移印第安人的做法。杰克逊总统在位期间，签署了印第安人迁徙法，规定密西西比河以东的印第安人全部迁移到该河以西，并向印第安人保证迁居后的新地“永远属于印第安人”。但是，当在保留地发现金矿后，美国政府单方面撕毁协议，迫使印第安人再次迁徙，引发了苏族人和美国政府的冲突。苏族人利用当时发展出的新宗教“鬼魂舞”作为象征与白人斗争。美国政府害怕印第安人联合起来，出兵镇压，导致印第安人首领坐牛被杀，其他族人逃往到另一个首领“大脚”那里。1890年12月28日，美国军队在伤膝河边对大脚和这些印第安人进行射杀，包括妇孺在内的200多名印第安人死亡。翁迪德尼惨案在印第安人历史上是一个标志性的事件，也成为他们反抗外敌、保卫权益的一个象征性事件。

路指引的鹰羽。他还对太阳舞仪式做出具体规定（见附件三）。此外，建议平原印第安人以外其他北美印第安部落参与到太阳舞仪式中，以此凝聚印第安民族，形成泛印第安联盟。

作为一种结果，太阳舞、汗屋等萨满仪式被复兴，越来越被视为土著的文化象征符号和文化资本。越来越多的印第安人一代积极地参加到太阳舞仪式中。据考察，1969 年，苏族人保留地上只举行了一次太阳舞，1973 年则变成每一块苏族人保留地都决定在每个夏天举行太阳舞。在 1978 年青松岭的太阳舞仪式期间，有四位太阳舞者。从那时开始，太阳舞者的数量更加庞大起来。1980 年，有 140 位舞者，一些是男性舞者，数量远远超出坐牛时代（1834—1890 年，他是北美印第安人部落首领，曾领导印第安人反抗白人入侵）。近 15 年来，夏延河苏族人保留地上每一个传统的社区一直都在举行太阳舞，每一次都有不止 20 位太阳舞者。[①] 现在，参加太阳舞已经被看作不是一个“真正的印第安人”的标志。越来越多的年轻人积极加入太阳舞，而且很多太阳舞者是城市印第安人。太阳舞已经成为跨部落的仪式。对大多数太阳舞者来说，参与该仪式更多的是一种政治表达，而非宗教意义。同时，面对印第安社会诸如青少年犯罪和吸毒者明显增加等社会问题，太阳舞的复兴提供了一种有效的解决方案。所以，包括太阳舞等在内的传统萨满教信仰体系的复兴，成为印第安人保持民族身份独特性、抵制文化同化最强有力的方式，也是他们追求自我认同、凝聚民族力量的象征和解决社会问题的精神力量。

---

① Mihály Hoppál，Gábor Kósa ed.，*Rediscovery of Shamanic Heritage*，Budapest：Akadémiai Kaidó，2003，p. 343.

附件一　美国印第安人全国代表大会关于保护传统的决定

我与所有存在者互为亲戚关系

我是阿尔维尔·看马酋长，第 19 代神圣的白色野牛烟斗的守护者，请求美国印第安人全国代表大会处理保护我们神圣仪式的事宜，并认可我们传统的精神领袖所承担的这些责任。

正如你所知，在 1978 年的《宗教自由法》颁布之前，美国政府禁止我们的仪式。为了赢得印第安身份，我们经过了不懈的努力，已经证明我们是这片神圣土地的最初守护者，我们的先辈为我们的生存献出了宝贵的生命。我们已经在生命、土地、药物、动物、纯净的水源、祖先所使用的神圣场所、食物、荣耀、歌曲、语言和文化、传统知识等众多方面损失太多。为了确保我们后代的生存，此时此刻，我们必须真正做出最后的孤注一掷，来保护那些可以证明我们苏族身份的神圣仪式。

从 12 岁开始，当我成为神圣烟斗守护者的时候，我看到了许多神圣仪式的价值遭到贬低。伴随我们的仪式力量回归到身体、心灵和精神时，还有另一种力量即对金钱、权力的贪欲也随之而来。这些负面影响扭曲、摧毁着这些仪式。这是我们历史上非常危险的时候。现在，我们正目睹这些未经授权的人在我们圣地滥用我们神圣的仪式。他们要求参与者付费，甚至在仪式上做出下流、猥亵的行为。这在我们举办的历届仪式上从未发生过。如果我们不承担传统精神领袖在仪式上的责任，在保护这些神圣地址上发出声音，我们的人民就像处于熔炉之中，身份就会被“熔化”。那么，我们就会使我们的子孙后代失去与祖先身份的联系，失去作为一个族群存在所应有的本土知识。此时，我们应该把保护、保存我们的生活方法这一重要议题提上议事日程。最近，我们在传统治理会议上对此进行了讨论。现在，我们把这个重要的问题提出来，请求你们的支持。

在神圣的生命之圈中，没有结束，也没有开始。

我们与所有存在者互为亲戚关系。

——阿尔维尔·看马酋长，第 19 代神圣的白色野牛烟斗的守护者

附件二　土著民族团结起来，保护仪式与生活方式

我请求非印第安民族理解我们，保护和保存我们神圣的生活方式，并请不要进行我们的神圣仪式。我们仍然允许非印第安民族在治疗仪式中“出席”和支持我们的仪式，允许他们在我们的神圣汗屋仪式中为他们的家人祈祷，也请支持我们第一民族寻找幻觉仪式和太阳舞仪式。

我们神圣的仪式和生活方式与我们的祭坛、祖先和大神、造物主交流的神圣能量有关。我认为所有的印第安人应该团结起来，记住我们祖父神、祖母神留给我们的神圣规定。自创世以来，我们的神圣仪式一直是我们灵性生活方式的一部分，是祖先为我们保留的文化身份。

为了子孙后代，我愿意通过推广神圣的语言方式鼓励大家团结一致。我们需要这个世界认识到我们作为一个土著民族的重要性。保存我们的生活方式对于保护我们孩子的身份是至关重要的。团结对加强保护我们散落在世界各地的神圣遗址也很重要。

我一直为推动 6 月 21 日成为“世界和平祈祷日”而努力，联合国正在将这一天提升为“纪念圣地日”。我们必须站在一起，记住我们神圣的责任，保护我们第一民族的祖先们献出生命而得来的神圣土地。我们对神圣的地球母亲的责任，以及生活方式，不应该

被遗忘或者用金钱交易。

我想强调的是，我们必须认识到现有的墓地是神圣的场所，保护它们免受进一步的开发。我们不接受因无知、无礼造成的亵渎。

我之所以与第一民族的兄弟姐妹探讨这些重要的事情，是因为这是我们拉科塔、达科塔、纳科塔（苏族）正在面临的困境。我们请求你们的理解和支持，因为我们的仪式在你们那里受到嘲笑和破坏。我们请求你们，站在我们的立场上，帮助保护这些神圣的仪式。

这项决议已经在美国印第安人全国代表大会上通过。因为我们的仪式在世界范围内受到侵犯，所以我们正寻求国际层面上联合国的保护；我们的仪式正在受到来自世界各地可笑的模仿，既有非印第安人，也有我们第一民族中迷失自我、生性贪婪的人。这些人没有学习过我们的仪式，也不懂我们的语言，忽略仪式程序，并且向仪式参与者收费。

正如你们所知，学习和被允许进行这些仪式需要一生的时间。这种亵渎神圣的做法是非常有害的，它对我们的孩子看待传统遗产方面造成极大负面影响。对他们来说，灵性能量遭到扭曲和污染。在这种非常重要的事情上，我们所有的印第安民族应该团结一致，采取统一的立场，通过强化我们的仪式，来应对正在发生在地球母神身上的变化。我们所有的印第安民族都应该明白，这些仪式与地球母亲的福祉和我们子孙后代的生存息息相关。

我最近发表的声明，不仅涉及对拉科塔、达科塔、纳科塔族的仪式保护，也包括对平原部落仪式的保护。我们必须彼此尊重文化和传统生活方式。

我们意识到为了和平和团结，为了我们土著民族和所有生活在地球母亲之上的人们的福利，必须让全球更多的人理解保护我们生活方式的重要性。

神圣的生命之圈，没有结束，也没有开始。

我与所有存在者互为亲戚关系。

——阿尔维尔·看马酋长，第19代神圣的白色野牛烟斗的守护者

附件三　看马关于保护仪式的声明

我是阿尔维尔·看马酋长，第19代神圣的白色野牛烟斗的守护者，非常感谢所有参加这次具有历史意义、“保护仪式”会议的人们。

……

在3月8日、9日，来自拉科塔、达科塔、纳科塔、夏安族、阿拉帕霍族的精神领袖和圣袋的守护者聚集在一起，共同商讨如何使我们的仪式免遭滥用和利用。这次会议在南达科塔州的伊格尔比特举行。

在会上，讨论的问题包括仪式上发生的猥亵、骚扰行为，仪式与新时代信仰的混用，出售仪式和仪式上发生的死亡事件。在我们古老的仪式历史上从未出现过这些事情。我们还讨论了在仪式上使用其他所谓的“药物”（毒品）。当白野牛圣女带给我们神圣的包袋时，她指示，只有那些心灵纯洁的人才可以接触这些仪式。净化、太阳舞和寻找幻觉等这些仪式，是赐予所有平原印第安人的。

经过对相关事件的漫长讨论，作为神圣的白野牛烟袋的守护者，我做出决定，我们的人民应该团结起来，共同面对即将到来的战争，携手保护我们的仪式。

我将说明我的决定和解释这么做的理由，也会陈述我们的七个神圣仪式。我在12岁的时候被传授了这些仪式，它们是根据我们的口头历史传承下来的传统知识，现在需要再现并巩固这些仪式。

我的责任是守护七个神圣的仪式。我们决定从 2003 年 3 月 9 日起，不允许非印第安人出现在我们神圣的祭坛上，那里是我们举办七个神圣仪式的地方。只有参加仪式的人员才可以佩戴鹰羽。在所有的七个神圣仪式中都需要鹰羽，因为鹰羽象征着我们的传统知识和灵性道路的指引。

我们只允许印第安人进入太阳舞仪式场地的中心。非印第安人需要理解和尊重我们的决定。我们举行太阳舞最重要的目的是为后代的生存。如果非印第安人真正理解这一目的，他们就应该知道从圣坛离开是对我们子孙生存最真诚的贡献。

要明白太阳舞仪式的发生，不仅仅出现在有舞者的圣坛中心。在中心之外的祈祷者也是仪式重要的支持者。从入口到厨房、火种的保管者再到周围的支持者，甚至月亮营地，所有人都是神圣的太阳舞的参与者。

在成为太阳舞的参与者之前，应该为寻找幻觉仪式做好准备。在仪式之前和进行中，我们应该遵守正确的规定。只有那些关心某人的健康，在仪式上有梦境和受到启示的人才可以跳舞。舞者应该远离外部参与者，以免被他人的能量或思想污染。在为期四天的仪式上，绝对不应该饮用食物和水。如果出现健康问题，应该选择一个人来帮助你完成承诺。这个仪式是为那些相信自己可以完成四天仪式的人准备的。

寻找幻觉仪式只能是那些有梦境或幻境的印第安人参加，参加者年龄应该在 12 岁以上。主持神圣净化仪式的人应该能够用平原印第安语与我们神圣的祖父交流。同时，他们应该经历了寻找幻境仪式和四年的为期四天的太阳舞仪式。

其他四个神圣的仪式是做亲戚、扔圣球、少女成年仪式和灵性守护仪式，我们决定只有拉科塔、纳科塔、达科塔药袋的持有者才有资格进行这些仪式。

在参与神圣仪式时，禁止任何钱财交易。按照仪式规定，只能在仪式上向药人献上烟草。根据是否帮助到祈祷者，药人决定是否收下烟草。如果人们在仪式上得到帮助，发自内心地想要给药人一些钱财或礼物作为回报，药人也不要拒绝。我们应该坚信祖父神会为我们在这个现代社会生存下去提供所需要的东西，不管这东西是以钱财、毯子、食物还是以任何其他形式出现的，它们都表示人们的感谢之情。有人可以提供较大的礼物，有人却不能，所以均衡了。

我的立场只限于七个神圣的仪式。我不能命令药人允许谁来参加仪式，不能命令非印第安人支持这些仪式，不能决定在仪式上药人选择医治谁，也不能决定这些药人会漫游到哪里去行医。

在谁可以成为神圣烟斗的保管者这个问题上，我有个人情感。鉴于烟斗是非常神圣的，它的保管者首先应该是印第安血统，同时应该有梦兆。我之所以有这样的想法，是因为意识到国际市场上有人在出售烟斗。我知道很多非印第安人不理解这一规定，或者没有按照传统要求正确对待这一神圣物件。我知道一些月经期的女人与手上有血案的男人，也被允许触摸和携带神圣烟斗。这种情况是绝对不允许的。在我表示自己的担忧之后，我很感谢那些返还我们神圣烟斗的人。我代表子孙后代真诚感谢那些帮助我们保护传统生活方式的人。他们为我们的神圣仪式赢得了尊敬和荣誉。

我们还讨论了是否只有平原印第安人才能参加太阳舞、幻觉追寻和净化仪式。早在 20 世纪 70 年代初，傻乌鸦酋长和我的父亲斯坦利看牛就觉得让其他民族的印第安人也参加到这些仪式中的问题。因为屠杀或者缺乏指导者教授这些民族传统的生活方式，他们的传统已经丧失。在伤膝谷占领时，是不同的部落给予帮助，他们尊重并理解第一民族团结的意义。出于对酋长和长者的尊敬，我不能擅自更改他们的决定。在我们的历史上，我们的祖先也有恭敬与其他印第安民族共享仪式的历史。

最初的教诲是神圣烟斗的保管者应该自己制作神圣烟斗。这样，通过我们的血脉，就可以把真诚的灵性力量和传统价值观念传承下去。同情、爱、荣誉、尊重和真理的价值都会被融入他们所创造的灵性生活。我希望有一天，后代会再次恢复这个重要的规定。

我想邀请拉科塔、达科塔和纳科塔族参加下次仪式，那时我会拿出神圣白色野牛包袋，具体日期会在秋季公布。到时，我们会安排 12 个充满同情心、备受尊敬的人协助看管神圣烟斗。

在神圣的生命之圈中，没有结束，也没有开始。

我们与所有存在者互为亲戚关系。

——阿尔维尔·看马，第 19 代神圣的白色野牛烟斗的守护者

第三节　西方新萨满教影响下的欧洲传统灵性复苏

核心萨满教因为剥去不同文化中萨满教的外衣，只留下核心部分，非常有利于传播。“在近三十年间，欧洲人出于对自己传统文化中灵性的渴望（也部分是因为印第安土著民对白人假冒或者任意使用自己传统文化的愤怒），以寻找欧洲萨满传统形式的一股潮流蓬勃发展起来。”[①] 在这些欧洲国家，以核心萨满教为主，将它与自己本土的文化传统相嫁接，形成具有浓郁本土文化特色的萨满教实践。

欧洲的新萨满教可以根据它的文化源头分为两支。一支是以瑞典、挪威、丹麦为主，具有日耳曼文化传统的北欧新萨满教。在这

① Mariko Namba Walter, Eva Jane Neumann Fridman, *Shamanism: An Encyclopedia of World Beliefs, Practices and Culture*, ABC-CLIO, Vol. 1, 2004, p. 53.

些北欧实践新萨满教的国家中，瑞典是最能体现本土传统文化与核心萨满教相嫁接的国家。瑞典的新萨满教源于一群醉心于本国前基督教时期神话、音乐与灵性的文化寻根人士。他们认为，尤克特拉希尔（Yggdrasil）[①]、艾达（Edda）等北欧的神话和英雄史诗中保留大量的萨满传统，以此为基础形成对萨满教宇宙观和萨满实践仪式的认识基础。1983 年，哈纳来到瑞典，将击鼓、意识改变、旅行为主要特征的核心萨满教引介到瑞典。结合当地人的萨满传统，加上核心萨满教的技术，瑞典以希德（seidr）为核心仪式的新萨满教形成。瑞典新萨满教的仪式情况大致如下：萨满沃尔娃（Volva）是仪式的中心人物，她在击鼓和吟唱圣歌者的簇拥下登上象征天梯的高台。然后，用一块丝布蒙上眼睛，唱起召唤神灵的圣歌，骑上象征着坐骑的长竿准备去“旅行”。进入入迷状态，她开始接受他人提问并以神的口吻作答。在她回答问题时，长竿被水平放置，其他人的击鼓声音也在此时停止。[②] 此外，瑞典的新萨满教还不断融入一些新的传统宗教文化因子。与美国的核心萨满教、新萨满教的击鼓小组训练或独自实践不同，瑞典的新萨满教实践者更喜欢在一些传统的节日里举行聚会，有形成一个正式的社会组织的趋势。[③]

凯尔特文化是欧洲文化的另一源头。与北欧国家相似，凯尔特文化下的英格兰、苏格兰、爱尔兰和威尔士等国也形成了与自己传统文化相结合的新萨满教，主要表现为以维卡（Wicca）为中心的信仰。维卡是这些国家在基督教传入之前的信仰，早期为大地母神和角神（头戴鹿角的男神），后发展成女神（女巫）信仰，圣盘、

---

① 尤克特拉希尔是北欧神话中的世界之树，这棵巨树穿越三界：上面连着光明的天堂，中间穿过大海环绕的人间，根部深入地底未知的冥界。

② 参见葛琳娜的《作为城市景观的萨满教表演：当地新萨满教在瑞典》，该书中有详细的调查和描述。

③ Mariko Namba Walter，Eva Jane Neumann Fridman，“Shamanism：An Encyclopedia of World Beliefs”，*Practices and Culture*，ABC-CLIO，Vol. 1，2004，p. 54.

图6－4　维卡信仰中的角神、圣物（圣盘）

药草、水晶球、五角星等是常用的仪式工具（见图6－4）。基督教传入之后，维卡信仰逐渐被边缘化和污名化，教廷视它为“撒旦信仰”和“女巫崇拜”。汤姆·考恩（Tom Cowan）和卡尔·施洛特贝克（Karl Schlotterbeck）是凯尔特文化型新萨满教的主要倡导者。汤姆·考恩在欧洲的新萨满教界颇有名气，著有《呼吸的渴望：凯尔特人对自然和灵魂的思考》（*Yearning For the Wind：Celtic Reflections on Nature and the Soul*）、《头顶的火焰：萨满教和凯尔特神灵》（*Fire in the Head：Shamanism and the Celtic Spirit*）、《作为日常生活灵性实践的萨满教》等书。他曾参与迈克·哈纳的萨满教研究基金会的工作，并在核心萨满教工作室有三年传授凯尔特萨满教的经历。现在，他的萨满教工作室设在纽约的哈德孙河谷。他传授的萨满教，是将核心萨满教与凯尔特文化、欧洲其他神秘文化传统相结合，以圣盘（Grail）等为象征物发展出一套视觉幻象治疗技术。[①] 卡尔·施洛特贝克自称跟随哈纳学习过核心萨满教，跟随汤姆·考

① 具体可见汤姆·考恩的萨满培训网站 http：//wp. riverdrum. com/？ page_ id＝9。

恩学习过凯尔特的萨满教，也受到过美国印第安萨满的点化。他自言传授的主要内容是古代凯尔特大祭司德鲁伊的智慧，具体就是“无形的德鲁伊的口谕”（Invisible Druid Order）。“无形是指不是要培训实践者成为德鲁伊，而是要培训实践者拥有他们的美好品质和社会责任。”①

① 参见卡尔·施洛特贝克的萨满培训网站 http：//www. invisibledruidorder. net/page2. html。

结　论

传统的萨满教是人类古老的文化之一，源于史前社会的狩猎—采集生活方式。在发展过程中，它与发生地的社会环境、自然环境密切互动，形成如北美印第安人的萨满教、西伯利亚地区的萨满教等具有典型地域特色的萨满教。西方新萨满教与传统萨满教不同，它出现于20世纪后半叶的美国，然后向世界其他国家蔓延。它的产生与反主流文化运动、人们对科学技术和工业理性的反思和新时代运动的灵性追求关系密切。传统萨满教正好契合这些运动的思想。于是，这些运动思想以萨满教为依附，将其纳入西方本土化的意义体系框架，经过黏合、杂糅之后，形成西方新萨满教。

人类学出身的卡斯塔尼达和哈纳对西方新萨满教的创建起到非常重要的作用。卡斯塔尼达的唐望系列书籍引起大众对土著灵性的极大关注，哈纳的《萨满之路》则从传统萨满教中提炼出核心元素，告诉人们练习萨满教的技术手法。在两人的影响下，教人练习萨满教的工作坊不断兴起，形成包括核心萨满教、四风协会、无极、电子萨满教等各种风格的实践流派。

核心萨满教是西方新萨满教中规模最大、影响最大、实践人数最多的一支。它是迈克·哈纳在多年人类学研究基础上创造出来的，主要以工作坊授课的形式传播，是一种试图创造个人化追寻灵性的萨满教。它剥离传统萨满教的文化背景，选择他认为代表萨满教共性的核心元素，重新建构萨满教。受伊利亚德“萨满教 = 入迷”观点的影响，核心萨满教之“核心”主要是入迷状态、意识转换状态、飞升到三界的“旅行”。它抛却传统萨满教的其他功能，强调萨满教的治疗功能，将它视为现代医学之外的补充疗法。它的实践主要是让练习者利用击鼓（或替代物）的声响效果，随着鼓声逐渐入迷，进入所谓的神灵世界，接触神灵，并取得它们的帮助，达到占卜、灵魂能量复原、解答心理困惑等心理治疗目的。哈纳所著的《萨满之路》《洞穴和宇宙：与另一种现实的萨满相遇》等著作集中反映了核心萨满教的实践理念。核心萨满教从美国产生之后，迅速向世界其他国家、地区蔓延。在发源地美国，这些西方新萨满教的实践灵感主要源于美洲印第安人的传统萨满教；在其他地区，则有与其传统信仰结合的趋势，如在欧洲则受到美国哈纳核心萨满教和本土传统（凯尔特人的传统、异教信仰）的双重影响。[①]

除核心萨满教之外，四风协会、无极、“熊部落”萨满教协会等“白人萨满”和冒牌印第安人引领下的新萨满教实践流派也活跃于西方多国。相比之下，核心萨满教具备所有萨满教的普遍特征，摒弃了传统萨满教生存的文化背景，而这两种类型的西方新萨满教则宣称与某一地区的传统萨满教有文化传承关系。如“熊部落”萨满教协会（后改名为“熊部落医疗协会”）强调传授的萨满治疗法是奇佩伍族印第安人的医药之轮仪式。无极萨满培训工作室的创建人卡斯塔尼达宣称是托尔特克智慧的继承者，无极传授的是来自墨西哥亚基族萨满唐望的学说体系。四风协会则宣称传授的是来自美洲印加人的能量治疗萨满大法。但是，它们实际践行的内容却是多种元素的大混杂、大拼盘，除了传统萨满教的某些仪式之外，其他宗教修习方法、心理学知识、文学作品中的萨满教描述都被加入进

① Fiona Bowie, *The Anthropology of Religion: An Introduction*, Wiley-Blackwell Publisher, second edition, pp. 193 – 195.

去。所以，这是一种被发明、与传统萨满教相去甚远的萨满教。这两种类型的西方新萨满教除了以工作室形式传授所谓的萨满知识之外，还以“高级萨满培训”的形式举办到土著部落的“萨满精神之旅”活动。这些活动包括跟随所谓的亚马孙、秘鲁萨满学习意识改变技术，服下死藤水开启幻象，参加某些部落的萨满治疗仪式等。其中，这些活动不乏对传统萨满教的错误认识及时神圣仪式的误用和滥用现象。正因这样，这些新萨满教团体的活动遭到土著人民的批判。土著谴责它们为“虚假的萨满教”，是本着钱财、权力的目的对印第安传统资源和灵性的剥夺，结果造成虚假的宗教仪式和圣物流行，而真正的萨满教传统被遮蔽。在土著人民看来，传统的萨满教是一种独享的民族文化和财产，是他们本土化的、世代传承的精神生活。传统萨满教的价值观、仪式是帮助他们解决部落社会问题的重要精神指导，也是他们凝聚族人的重要象征。

面对传统萨满教和西方新萨满教的同时存在，正如一些专家提醒我们的那样，我们需要注意的是：第一，应该认识到文化不是一成不变的，土著的萨满教也会发生变化。21 世纪的萨满教与 18 世纪、19 世纪的萨满教显然是有差异的。第二，明确分辨哪些内容属于传统萨满教，哪些内容属于被发明、混杂进萨满教的“传统”，尽量保存“真正的”萨满教传统的记忆，尤其是当西方新萨满教中发明的“传统”（被发明的“药轮”仪式）被嵌入传统萨满教地区时，以免造成大众认识的谬误。[①] 此外，对极端的、有害的新萨满教的“发明”，应该采取批判态度。

就参与人员来看，西方新萨满教可以做以下划分。第一种是严肃的实践者，将投入很大时间、精力到萨满教的灵性追寻中，他可能是医生、治疗者、经营神秘工作室的，过着一种反主流文化或普

① Mihály Hoppál, Gábor Kósa ed., *Rediscovery of Shamanic Heritage*, Budapest: Akadémiai Kaidó, 2003, pp. 328 – 329.

通的生活，但是沉浸在自己的灵性世界中。从核心萨满教网站提供的成员信息来看①，大部分属于这种。第二种是有传统的职业，但在业余时间参加萨满教工作室的课程。他们是为了治疗、摆脱生活困境，或者寻求精神性走向萨满教的，是西方新萨满教的顾客，在西方新萨满教的参与者中所占比例最大。第三种是出于好奇或者为了满足消费偶然性地参与新萨满教的人。这些人因为对怀旧的、神秘的文化感兴趣，将新萨满教视为一种文化消费活动。以上三种参与者参与的是核心萨满教工作室，或者四风协会、无极等西方新萨满教团体的活动。他们在参加新萨满教实践之外，也可能同时参加佛教、瑜伽、东方灵性活动等。实际上，新萨满教只是他们在灵性市场上可选择的众多物品中的一种。

商品化、购买化是西方新萨满教的一个显著特色。它有三层含义。第一，对萨满培训机构来讲，他们将培训内容和仪式中使用的物品以商品形式出售。如在无极工作室，“进行内在静寂”的器皿售价 19. 95 美元，用于集中意识的小球售价 12. 95 美元；在四风协会萨满培训机构中，“灵魂和运势”高级课程售价 1450 美元，“洞见”课程售价 1650 美元，仪式中使用的印加十字、水晶体、灵石分别为 10 美元、80 美元和 375 美元，亚马孙土著萨满体验之旅的价格则为 4250 美元。第二层含义是指实践者将西方新萨满教看作宗教市场上的一种商品，根据“成本”与“回报”选择性购买最适合自己的种类和品牌来入会，如果不满意还可以退出该团体并重新选择，直到找到适合个人的。商品化的潜在含义是顾客的需要是一切。为了迎合消费者，作为供货商的新萨满教团体不断增加新的元素，结果造成拼盘式的萨满教。这在西方新萨满教（尤其是白人伪萨满和伪印第安人引领下的萨满教）中，体现得更为鲜明。第三

① http：//www. shamanism. org/resources/bios. php.

层含义是对消费者来说，选择的不仅仅是作为商品的物品，还有作为“底色”的文化。在新萨满教的消费者中，对传统萨满教及土著社会有着浪漫的想象，视其为人与自然、人接近灵界、迈向造物主神圣之网的一个途径。但不得不指出的是，这是一种被覆上光环的传统，与真实的传统无关，与传统萨满教所发挥的功能、意义无关。正如人类学家雅克布森指出的那样：“当新时代的萨满们解除了传统萨满仪式专家的地位后，他们试图让萨满完全个人化，把非凡的灵性现实整合到日常生活中去的时候，他们也面临着个人是否有足够的情绪强度和能力达到足够的灵性深度。”①

据统计，西方新萨满教的参与者以白人为主，女性占到绝大多数，参与者的职业呈现多样化。利萨·奥尔得雷德（Lisa Aldred）通过分析指出，新萨满教的顾客多为婴儿潮时代出生、富裕的、反主流文化的白人，目的是逃避主流文化并表达不满，促进自我心灵完善。② 谢丽等人通过实际调查，给我们提供了一些具体的数字。从研究结果来看，在美国四风协会和核心萨满培训机构中，参加新萨满教的主要是白人女性，占到64%，年龄在35—54岁，受过大学以及以上教育（39%为研究生），中产阶级收入。他们都在哈纳的萨满研究中心（占39%）或四风协会（占27%）受过初级学习。大多数人至少加入过核心萨满教的击鼓小组（占58%），或者同时或前后加入过2—4种不同的西方新萨满教机构培训（64%）。参与者除了大多数白人之外，还有少量的西班牙、墨西哥裔、印第安人；从年龄上看，多为中年人，也有一些大学生和退休人员；经济收入方面，只有少数人很富裕，多数人是中等收入，一小部分属于低收入人群（甚至靠家庭成员的帮助支付课程费用）；在教育方面，

---

① Merete Demant Jakobsen, *Shamanism: Traditional and Contemporary Approaches to the Mastery of Spirits and Healing*, New York: Berghahn Books, 1999, pp. 218 - 219.

② Lisa Aldred, “Plastic Shamans and Astroturf Sun Dances New Age Commercialization of Native America-n Spirituality”, *The American Indian Quarterly*, Vol. 24, No. 3, 2000, pp. 329 - 352.

从高中到博士各个层次的教育水平都有，但受到大学教育的人占到多数；参与者的职业包括行政、管理者、咨询师、心理学家、瑜伽教练、按摩师、家庭主妇、清洁工人、学生等。[①] 除了上述职业外，新萨满教的参与者还包括吸毒者、药物成瘾者、社会工作者、医生、治疗者、经营灵性工作室的人等。汉妮克·明克坚通过对荷兰核心萨满教工作室参与人员的调查，得出女性占到75%，其中多数是受过高等教育的中年妇女。[②]

女性参与者居多，这是西方新萨满教的一大特点。在西方新萨满教的培训机构中，就有专门针对女性实践者的训练内容，如无极训练中的子宫系列和安德鲁斯的姐妹盾牌训练。子宫系列由所谓的唐望的三个女门徒传授，宣称世界对女性不公平，女性的生育使她们承担了太多的负担，造成能量损耗。安德鲁斯则宣称自己传授的是女萨满们世世代代持神圣的女性知识。西方新萨满教之所以受到女性青睐，究其原因主要在于其学说体系迎合了女性的需要和诉求：它们突出强调并赞美女性的身体和品质，并发展出一整套女性身体仪式；将女性置于性别的优势位置；把女性与神圣的自然联系在一起。这与传统宗教中男性主导、将人类与自然对立及贬低女性的倾向不同。这点颇有女性生态主义的韵味——视女性为自然的化身，有理解并爱护自然的天性，将男性看作自然的对立面，认为男性的技术至上思想破坏了自然。如无极的子宫系列训练鼓吹女性独特的身体器官——子宫存在巨大的能量，具有可以直接处理知识的能力、理解和解释知觉数据的能力，而这是男性不具备的。安德鲁斯的萨满培训机构则强调女性的伟大品质，认为女性天真和真诚的友谊，是打开邪恶力量的伟大能量，是女人而不是男人与大地母

① B. Shelly, *Neo-shamanism as a Healing System: Enchanted Healing in a Modern World*, Proquest, Umi Dissertation Publishing, 2011.

② 参见［荷兰］汉妮克·明克坚《从神灵那里寻求引导——现代荷兰社会中的新萨满占卜仪式》，郑文译，《世界宗教文化》2011年第6期。

亲、自然万物联系在一起。同时，在安德鲁斯的药女系列中，将女性看作传统男性中心社会的受伤者，认为萨满教具有疗愈女性的功能，这符合很多现代女性的口味。但是，不得不遗憾地说明，西方新萨满教将女性神圣化、优越化的做法，实际上是一种迎合和自我发明，与萨满教传统无关。

在传统萨满教中，治疗是萨满的职责之一。疾病被置于特定的宇宙观和社会环境中解释，认为是超自然力量（巫术、鬼魂、恶灵、祖先或其他神秘力量）的不满或者袭击引起的，萨满通过旅行安抚、驱逐或消灭它们，达到帮助族人恢复健康的目的。西方新萨满教也十分强调治疗功能，尤其是核心萨满教和四风协会。哈纳指出，萨满教是人类迄今为止最古老、传播最广泛的身心治疗术，核心萨满教是将从传统萨满教那里学习的有用知识，作为现代医学的补充，以便现代人用它进行自我治疗以及帮助他人。四风协会则声称通过能量疗法和灵魂复原培训，帮助人们解除疾病、痛苦，维系健康生活。它们把人生病的原因归咎于力量的丢失、失衡、某物入侵和灵魂丢失，具体表现为疲劳、缺乏动力、运势差、慢性病、没精力、身心不宁、人际交往障碍、社会处境迷茫、情绪低落等症状。所以，要通过索魂、能量疗法和灵魂复元等手段，帮助人们恢复健康。

传统萨满要应对的是难以预测的超自然力量，新萨满面对的却是破碎的社会，即大多数实践者是想要得到自我的转变和治疗，应对自我价值的剥夺感、在主流社会中的空虚感和无所适从感。现代社会既处于传统丧失又处于眼花缭乱的快速变化中，人们的生活要面临太多的抉择，这造成了现代人的诸多困惑，所以，人们更容易焦虑，身心疲惫。在新萨满教的参与者中，女性占据多数，更是她们的生理、家庭和社会原因造成的。迄今为止，妇女解放的问题还未完全解决，性别分层仍然存在于大部分社会中。婚姻、生育使得女性在家庭中有着更多的“职责”，工作中要和男性面对同样的竞争，却处于劣势。再加上生理上各阶段的明显变化，天生敏感的性别气质，使她们比男性更容易在社会生活中产生焦虑和不安全感。这些情绪、感觉造成她们痛苦、身体的不适，它们常常被描述为疾病。她们将新萨满教视为一种非常规的另类治疗手法或者常规治疗之外的替代疗法，这些促使她们试图在新萨满教实践中寻找答案。新萨满教为人们在日趋世俗化、祛魅的社会中，提供了着魅、灵性的神圣情境。在灵性导师、灵兽的帮助下，实践者改变意识状态进行萨满式“旅行”，实现自我的心灵冒险和生命意义追寻。在她们看来，萨满教的灵性经历使她们豁然开朗，对她们的生活赋予了意义，比只凭想象更容易解决她们的困惑，而灵性体验过程中的逻辑是否合理并不重要。通过萨满教实践，很多人表示自己的疾病得到有效治疗或者症状有所减轻，也有一些人表示，萨满教实践为她们打开了心结，使她们能够重新审视自我，坦然面对现实生活。另外，还有一些人关心社会问题、全球化问题、生态问题等，对世界的种种“不美好”感到不满。这些人试图将此类问题归因于人类精神世界的不健全。他们凭借想象浪漫化土著的生活，而萨满教的自然与人类和谐相处令他们着迷，希望借助萨满教的修习达到个人的自我完善，而不是通过改变社会和他人来解决问题。

反观现代生物医学，虽然创造了很多治疗奇迹，但是有其自身的局限性。它们注重对可见、可测的身体及其器官病变这些生物事实的治疗，但无视文化、社会对人们造成的心理、情绪、精神层面的疾病问题，造成作为与社会、文化整合为一体的身体被剥离文化和被碎片化的疗法。传统萨满教在治疗部落、族人的精神健康方面，发挥着重要的作用。借鉴传统萨满教的西方新萨满教，尤其是核心萨满教，治疗的主题是自我意识、转换、完整的自我，注重对实践者身心苦难的抚慰以及生命的完整性、与自然万物和谐相处内容的传授。这是值得肯定的。我国有56个民族，在数千年的文明发展中，各民族医药随之发展，创造了中医、苗医、蒙医、藏医等灿烂的医学文化。我们可以参考西方新萨满教的精华做法，对祖国民族医药的传统医学理论、治疗方法和保健习俗进行再认识，充分发掘其潜力，更好地服务于世人。

除了上述西方新萨满教类型之外，还有一种特殊的类型，即电子萨满教，主要表现在锐舞中。它是随着电子技术的发展和网络的普及，以哈纳的核心萨满教和卡斯塔尼达等人创立的新萨满教为理论基础，综合舞厅文化，试图制造萨满仪式中的虚拟神圣场景，利用电子音乐达到萨满“入迷”状态。参与者主要是处于青春躁动期的年轻人。这群具有反主流文化意识的年轻人，在世俗日常生活中感到烦闷、无趣，对传统萨满文化充满猎奇，有着浪漫的想象。他们头戴羽毛，点燃药草，扮演印第安人，又身着以天真无邪的婴孩头像为图案的服饰，以此表达对既有社会规范的反抗和逃避。

与传统萨满教不同，在西方新萨满教中，还需要注意网络化、电子技术化现象。随着互联网的兴起，网络成为人们的一个重要虚拟活动场域。从西方新萨满教情况来看，它们都建有自己的网站，将其变成创办者宣传、培训和接受咨询的平台。同时，设有网络论坛（或称为网络部落），在那里，他们相互交流心得体验。电子技术化是指一些培训机构将自己的培训内容进行数字化处理。实践者通过购买这些产品，可以在家里实践。它还指在西方新萨满教实践中大量使用电子合成物，最能体现在锐舞电子萨满实践中。

需要指出的是，西方新萨满教已经对传统萨满教文化的发展产生了影响。一方面，表现为核心萨满教研究基金会对传统萨满的资助，将他们视为“活着的珍宝”，希望能够将萨满教这一古老文化传承下去；另一方面，一些地区由于历史原因萨满文化传统中断或正在濒临消失。在这些地区，哈纳的萨满研究基金会为当地人提供减免费用学习核心萨满教的机会。当学习完成、回到家乡后，他们开始使用核心萨满教技术在本土进行萨满治疗。在一些地区，当地人还通过引进核心萨满教，造成以萨满之骨（核心萨满教）附着传统萨满之肉（传统萨满环境）的效果。除了核心萨满教以外，其他西方新萨满教也对传统萨满文化的发展产生了影响。田野调查表明，以卡斯塔尼达、安德鲁斯等为代表的新萨满教倡导者的作品和传授内容，也是这些地区的萨满“贪婪”吸纳的重要内容。这种重新组装的萨满教，常常在传统社会中被用于作为民族政治和精神象征的重要旗帜。

最后，我们给西方新萨满教定性，回答是否将出现在西方的这种新型萨满教做宗教抑或其他来看待。要回答这个问题，首先要看如何界定宗教。对于什么是宗教，各位研究者从不同的视角出发，形成不同的认识。如传统的定义，以涂尔干等人为代表。涂尔干认为，宗教是“一种与既与众不同又不可冒犯的神圣事物有关的信仰与仪轨所组成的统一体系，这些信仰与仪轨将所有信奉它们的人结合在一个被称为‘教会’的道德共同体之内”①。密尔顿·英格提出，宗教是人们借以和生活中的根本问题进行斗争的信仰与行动的体系。② 如今，随着社会的变化，“教会”与人们的生活越来越脱离，不再成为凝聚人们的共同体；现代人关注的问题也从对生死和彼岸世界的大超越转变为个体当下生活，如自我价值实现、自我表达等小超越的关注。此时，灵性信仰越来越多地成为人们的选择。与传统的制度性宗教不同，当代的灵性信仰是与新宗教运动、新时代运动结合在一起的，是私人化的，注重个人与“神圣”的直接沟通，强调个人体验和内在探索，以此来发掘潜能、自我治疗。西方

---

① 爱弥尔·涂尔干：《宗教生活的基本形式》，渠东、汲喆译，上海人民出版社 1995 年版，第 54 页。

② 英格：《宗教的科学研究》，金泽、刘澎校，中国社会科学出版社 2009 年版，第 1—34 页。

新萨满教即是如此的灵性信仰。对于大多数生活在现代都市中的新萨满教实践者来说，他们试图借助萨满教这一古代的信仰，应对自己的当下生活，实现自我的转变和治疗，在日趋世俗化、祛魅的社会中，解除存在性危机感，追寻生命的意义和精神的超越。

附　　录

从神灵那里寻求引导*

——现代荷兰社会中的新萨满占卜仪式

引　言

玛丽安，63 岁，寡妇，坐在冥想垫上，被参加为期两天的“萨满力量和治疗之旅”学习的人环绕着。“萨满力量和治疗之旅”工作室是萨满教研究基金会荷兰分部，由人类学家迈克·哈纳资助。她手里缓缓地转动着一个拳头大小的石头，就像在做罗夏测验。在拉科塔石头寻找仪式（Lakota rock-seeing ritual）中，她试图找到“我在情感上怎样才能独立”这个问题的答案。在这个仪式中，当参与者处于浅度意识改变状态时，她们会将看到的各种形状与石头联系起来，解答生活中的疑惑。新萨满教相信万物有灵，参与新萨满教学习的人此时正在和石头的精灵交流。另一个学习新萨满教仪式的人问玛丽安：“这些联系是如何解决你独立的问题的?”玛丽安在寻找石头仪式（the rock-seeing ritual）中“看到”了眼镜

* 本文译自汉妮克·明克坚（Hanneke Minkjan）的 *Seeking Guidance from the Spirits*: *Neo-shamanic Divination Rituals in Modern Dutch Society*，该文发表于 *Social Compass*，Vol. 55，No. 1，2008。译文已发表于《世界宗教文化》2011 年第 6 期。

蛇的头、绵羊和熊、木屋和小鱼，她对看到的东西很满意，说自己应该坚强，鼓励自己不断成长。

上面的占卜仪式是新萨满教帮助现代荷兰人解除困惑的一个例子。在现在荷兰社会中，人们会面临心理和生命存在等许多问题。新萨满教被看作一种灵性的形式（a form of spirituality），人们试图借助它来解答存在性的恐惧（existential fears）和心灵本身等一些问题。

宗教体验是非常重要的工具。在体验中，人们会接触到卓越的萨满向导，象征符号的意象（symbolic imagery）也在这个过程中起到重要的作用。需要说明的是，荷兰的新萨满教修习者借助占卜仪式，试图通过非理性、象征性、创造性的方式解答他们存在的困惑，赋予生活意义和把握未来。

首先，笔者会讨论荷兰宗教的变迁问题，并且指出这一变迁对人们的安全感的意义。其次，界定“占卜”的含义。再次，介绍四种非基督教占卜仪式。此四种占卜仪式的占卜技术完全不同。最后，就这些仪式对参与者的意义这一问题，给出解释和做出结论。

荷兰社会中的个人宗教体验

存在性安全（existential security）是人类试图在世界上获得意义、获悉自身在世界上的位置，它与家庭、集体、社会和广阔的宇宙有关。虽然现代西方社会中，人们充分享受物质的极大丰富，无所畏惧，但是这并不意味着他们能免予对存在性的恐惧（existential fears）。相反，现代西方社会错综复杂，既有传统丧失，处于全球化中，同时人们又要面临太多抉择，这些似乎都造成现代人的存在性危机。对大多数人来说，现代生活的所需太多，面临的选择太多。施瓦兹指出，西方工业社会中选择的多样性导致了遗憾、困惑和失望，特别对那些什么都想要的人来说更是如此。个人的幸福不是以生活水平高低或人们可以选择的数量为依据，而是建立在抉择的技巧上。很多学者也特别指出，如果一个人不归属于一个集体（团体），就难以融入一定的社会关系，这样就很容易产生生存没有意义和反思性疑虑（reflective doubt）等心理问题。

因为荷兰的世俗化进程比其他欧洲国家的进程更快，人们可能不期望荷兰人民从宗教领域里寻求存在性安全。然而，荷兰的传统教堂在日趋减少，新的灵性形式，如五旬节、灵恩和新世纪灵性（New Age spiritualities）却不断成长起来，而且这些宗教非常强调体验。我们发现科学的影响、科学对世界的理性主义导向和技术不是唯理论，它们是造成世俗化的主要原因，即个人主义、平等主义、相对论和多样性。这意味着在荷兰，宗教已变得个人化。一些荷兰人，特别是受过高等教育的荷兰中年女性会在新的灵性（如新萨满教占卜仪式）中找到宗教满足感。新萨满教是荷兰新世纪非常流行的一种宗教。

什么是占卜？怎么占卜？占卜可以被定义为对超越人类理解能力的、未知的事情寻求答案的一种途径。我们对占卜的定义首先应该回到公元前44年西塞罗《论占卜》一书："占卜"一词来自拉丁语"devinitio"，意思是"属于神的"（belonging to deities）。

西塞罗区别了两种不同类型的占卜：一种是自然状态下的或凭借直觉的占卜；另一种是人为的或诱导性的占卜。在第一种情况下，直觉、神灵附体、迷狂等起到重要的作用。例如，神灵托梦或者在出神状态（a trance state）下，获得上帝的神谕。第二种类型可以被看作"艺术"：占卜者会看到诸如鸟、火焰、树叶等神迹，然后解释它们的含义。象征被看作上帝和神职人员之间沟通的一个重要工具。占卜术与非西方文化紧密相连。它在传统社会、古代埃及和世界其他文化中都起过重要的作用，是一种跨文化的现象。在西方世界祛魅之前，西方文化经常忽略它的存在。15—17 世纪，占星术是天文学科、医学的组成部分。对个人来说，占星术有时很重要，许多重要的政治决议要借助占星术的帮助。从 12 世纪到 21 世纪，其他形式的占卜如手相术、水晶球占卜都在新世纪运动中出现。塔罗牌占卜法是新世纪运动中一种非常流行的占卜术。

荷兰的新萨满教

荷兰新萨满教中最重要的仪式是通过出神旅行（trance travel）去下界寻找“魔兽”（power animal），新萨满教创始人哈纳称它为“萨满的核心技术”。在意识发生改变的情况下，实践者到各种“萨满教的世界旅行”，在栖居者（他们可能是下界的动物，也可能是上界的天使，还可能是居住在中界即我们看得见的世界的精灵或地神）的带领下游历那个世界。萨满的这种核心技术（可以将它想象为直觉预言）是其他出神预言仪式的基础，其他预言要围绕着它产生。

萨满教的铜镜神谕

Roelien de Lange 创造了一套纸牌占卜法，在纸牌上印有萨满教的世界和传统的风景，如格拉斯顿伯里山丘、塔巴拿开山（Tabarnaki）、佛教圣地。修习中的人们通过出神旅行进入代表萨满铜镜神谕的彩色扑克牌中的风景，而不是进入哈纳所谓“核心萨满教”那样的“传统”萨满教世界。首先，他们要做的是随机抽取一张纸牌，然后通过纸牌附带的书籍查询、解释图片上符号的含义。他们可以选择纸牌上的一个人（物）作为精神向导，在出神“旅行”时与他联络。这个人（物）可能是海豚、黑豹、独角兽、蝴蝶，也可能是小女孩、佛陀、隐者或格拉斯顿伯里皇后。对一些人来说，通过看纸牌上的符号、读相关的解释文本，就可以解答他们的问题。例如，玛丽可，50 岁，要问的是有关她的人生道路的问题。她抽到的卡片上的图像是隐者，解释书上的关键词是“忏悔”“诚实”“心灵感应”“悟性”。在出神状态，当她与海豚一起游泳的时候，隐者告诉她：她的生活轨迹正在走向正道。

在鼓声的诱导下，出神“旅行”之后，人们可以通过与精神向导的交流得出想要的结论。这个结论以象征的方式进行解释，类似于释梦。神兽或别的精神向导可能保持沉默，也可能告诉人们一些不寻常的地方或奇怪的事情将要发生。

对大多数参与者来说，出神“旅行”加上直觉占卜，能够得到他们想要的答案。卡琳，36 岁，女性，咽喉疼痛，抽取了一张有塔巴拿开山的纸牌。她记得在自己的出神旅行中，她的精神向导独角兽给她的建议是必须净化自己；出神旅行时，她还在美洲豹带领下走进丛林，直到走到一个峡谷前，她不得不做出选择——停下来还是跳下去。她没有害怕地跳了下去，但没有像她想象的那样掉到谷底，因为峡谷没有底。这让她明白了下面的道理：在日常生活中，她也应该积极地面对未知的事情。

萨满教的铜镜仪式

在萨满铜镜工作室（工作室名，译者注）期间，实践者要学习用铜镜占卜。不同的直觉占卜仪式，要用不同的传统萨满教铜镜。镜子来自蒙古或西伯利亚，由青铜和红铜等金属制成。大部分铜镜表面虽然不反光，但是仍被用来占卜。这种铜镜不同于传统的镜子，因为在它里面能够“看到”超神灵的神迹，“听到”他们的话语，并且人们相信萨满的精神向导就住在里面。据新萨满教导师琳达·霍特讲，这些神灵是传统西伯利亚或蒙古萨满的协助神灵，他们是铜镜最初的主人。这些神灵可能是男性或女性的祖先神，萨满需要用香料、煨桑、白菖蒲或音乐等来滋养它们，这也是传统萨满教的风俗。占卜仪式由参与者自己表演。在仪式中，人们要问的是关于存在的问题，如友谊、如何找到伴侣、工作、闲暇时间等问题。在第一个仪式期间，参与者被要求手持或怀抱萨满镜在有光的房间中挪步，目的是在鼓声的诱导下改变仪式状态。做占卜的人得到的信息可能是镜中的图像、有启发性的思想或给出建议的声音。当这些人得到上述信息时，他们还会保持沉默，以求获得更多的信息。对镜子启示的解释有时像解梦，有时却按字面意思解释。其他仪式要求两个修行者共同进行，他们要为对方从镜中获得信息。总之，参与者看上去十分愉悦，对占卜仪式的结果都很满意。最后，有些人觉得自己和镜中的神灵紧紧地联系在一起，甚至不愿意将镜子还给萨满修行指导者琳达，所以仪式后，经常会发生丢铜镜的事件。

西伯利亚的仪式：对未来的预言和希望的魔力

未来预言和希望的力量工作室是由西伯利亚世界神秘学研究所的两位女性新萨满创办的。他们的新萨满教混合了基督教、传统萨满教和新时期的宗教元素。出神仪式由反观自我式的直觉预言、无意识的写作和其他仪式组成。在向圣父、太阳神、圣灵和西伯利亚神阿甲姆（Ajam）、新时期的保护神等祈求后，在曼荼罗和腾格里之箭的帮助下，萨满卡（shamanca）即小棕熊神（Little Brown Bear）会向信众解释西伯利亚萨满教的世界观：宇宙的存在和西伯利亚萨满教四个充满因果报应的世界（过去、现在、未来和神灵世界）。对占卜者来说，他们能否接触到 Ajam 神是至关重要的，因为

Ajam 神能够福佑人们，让人们飞翔，给人们灵感，使人们进入出神状态。

在深层出神状态，修习者可能会看到未来的图景。他们的内心此时应该像“空瓶”那样里面无一物，这样神灵就会将有关未来的图像、想法、感觉、声音填充进去。未来的情景、图像是模糊的、不可定义的。修习者向西伯利亚神灵 Ajam 祈祷，并且做了伸展、深呼吸等运动后，接下来他们要做的事情就是躺在草席上，“查看”他们的内心世界，等待未来情景的出现。

他们会分享彼此的体验。问题是如何解释出现的神启？应该从字面意思还是出现的象征物来解释未来？小棕熊神将修习者的体验理解为直觉，她认为很难从字面上判断未来的样子。小型的度假房子可以表示生命中的新阶段、孩子的出现。动物可能要根据情况解释。有时，这种体验与修行者的业力息息相关。之后，他们会进行自动写作仪式（an automatic writing ritual）。在深度出神状态，他们会写下首先出现在他们头脑中的东西，可能是诗歌、句子或词组，并将写下的东西大声读出来。一些人听到这些诗句时会百感交集。例如，一个妇女因为听到这些诗句想起母亲的死亡，大声地哭了出来。仪式最后，修习者会为彼此预测未来。他们面对面分两圈坐在地上，彼此传递着一根正在燃烧的蜡烛，说出第一个出现在脑海中的事物。小棕熊神鼓励他们继续说下去，不要停。修习者关心的问题多与人类内心的安全相关：他们同伴（其他修习者，译者注）的身体、精神健康状况。最后，他们会互相给出在对待配偶、孩子、工作等方面一些建议，并用这些句子，比如：“倾听你的内心，事情在你心里就会变得清晰”“你很愉悦并且将赋予你周围的事物意义”“你就像一棵树，会为人们遮蔽风雨”……修习者对同伴的预言都会仔细聆听，对那些话似乎也很满意。

希望的魔力工作室的新萨满指导师也会告诉她们：未来还没有

完全形成，个人的均衡状态也可能发生改变；未来的生命能量可能会受看见的土、水、气和其他事物的影响，但是可以通过特殊的身心锻炼、深呼吸等技术调节。在学习期间，修习者不但要接受上述训练，还被告诫以后每天都要坚持练习。在占卜仪式上，每个人都会得到“我活着的目的是什么”这一问题的答案。在出神“旅行”时，他们都会遇见一个守护神。Palerne Salva 神通常通过象征方式解答问题，例如，画有容器的图片意味着要去巴西；一个指环（一位年轻人的父亲临终前戴的指环）表示这个人跟父亲的亡魂还有联系，他应该在萨满的帮助下或者自己断绝与它的关联。一个巢中有两枚蛋、两个窟窿和一些银饰，表明往昔生活的“业”。一个女人因为从来没有收到过礼物，生活中又没目标而哭泣，守护神告诉她要打开心扉，继续目前正在做的事情。

解释说明

对大多数参与者来说，他们对新萨满教的了解始于占卜仪式。令人惊奇的是，人们接受新宗教和信仰体系的速度很快。新的象征体系似乎非常易懂，参与者几乎没有人质疑萨满世界中出现的新内容，如不同的萨满世界、神兽、新的萨满神灵等，也没有人对这种融合其他宗教元素的仪式表示出丝毫惊讶。总的来说，作为古代萨满知识的守护者和与萨满世界、萨满神灵保持联系的人，新萨满教的指导师很受学员尊重，他们自己也倍感荣耀。

修习者关于存在问题的探讨也触及下列问题，如生命的意义、生命的目的或生命之路如何进行。从新萨满教那里，他们得到的答案有时很简单甚至浅显琐碎。尽管如此，对参与者来说，神启使他们感受到自我发展和自我实现充满意义。

特德洛克认为，即使是不同民族间的占卜实践，它们的结果也会存在一定的联系。同时，在占卜预言过程中，个人的直觉能动性（intuitive creativity）也在发挥作用。阿赫特贝格发现，采用图案占卜是一种跨文化的现象，对身心治疗非常有效。同时，她还指出，很多图案符号受到文化制约，它们大多建立在当地宇宙生成论的基础上。如果象征符号（图案）在仪式或某一社会背景中能引起共鸣，那么，它们就会表达出很多意思。个人对象征符号的解释，就像"个人的指纹一样独一无二"。一方面，上述占卜仪式的象征体系中被指导师嵌置了神灵的世界观；另一方面，它也是非常个人化的。同时，新萨满教会赋予新的体系以新意义。参与者对在"旅行"中看到的景象有着自己的理解。综合这些因素，我们发现新萨满占卜仪式在解决存在问题方面具有重大价值。

结 论

相关数据表明，很多荷兰人很满意新萨满教占卜仪式中个人化的灵性（personalized spirituality），在解答他们存在危机方面问题所发挥的作用。参加新萨满教工作室的人，多是受过高等教育的中年妇女，这与参加新时代运动的妇女情况大致相同，都占到总人数的75%。在荷兰社会，受过高等教育的中年女性比其他社会群体更容易感受到存在危机，她们在荷兰世俗的精神治疗机构中占有很大的比例。除此之外，年轻的男性移民也需要得到心理帮助。经医学检查，这些女性并没有身体疾病，遭受的更多的是存在的焦虑感和不安全感。对此，希勒斯和伍德黑德的解释是，新时代因新时代运动而产生，这个运动的特点是女性比例很高。虽然这是一场女性运动，但是在现代西方社会中，女性不得不为家庭的幸福负责、朋友的健康着想。在"护理"行业中，女性人数远远大于男性。存在性安全主要是指要使社会关系、社区人际关系、广大的宇宙都充满意义。一旦女性抚养孩子，不再工作，她们就很难在现代社会从事别的工作。对此，她们试图寻找感性的、直觉的答案，最终在新时代中找到了答案。在占卜修行班，学习者经常会问“人生之路怎么走”这样的问题。在新时代运动中，正如汉尼葛夫汉克所言，“宗教已经心理学化”和“心理学已经神化”。现在，西方被表述成祛魅的、理性的社会，人们不会通过直觉预言技术来寻求答案或做决定。但是，建立在因果推理基础上的理性决定，在西方社会已经受到挑战。胡特曼、曼西尼和布鲁斯的研究表明：世俗化的主要原因不是非理性主义而是个人主义、多样化、平均主义与相对主义。阿多诺研究过占星术对美国人幸福感的重要性，奥伦斯坦研究了加拿大人对灵异现象的信仰情况，结果表明，人们已受到的科学教育对他们是否相信灵异没有丝毫影响。帕特里奇对英国人的处世态度做过调查。据此报告：在 1994 年和 1998 年，英国人有信仰的人数有所增加（高达全民总人数的 50%），他们更加坚信自己的感觉、信仰而不是科学调查结果。

坦比亚区分了“工具性的因果性”（instrumental causality）和“参与性”（participation），指出因果性主要关注距离、中立、抽象。当个人、群体、动物、地方和自然现象彼此联系在一起时，并且，它们能够转换成存在的直觉性（existential immediacy），可以接触、分享这些连接关系时，“参与性就会表现出来”。因此，参与性是由令人同情的直觉性、富有表演性的语言行为、神话的讲述和使仪式生效等因素组成（Participationcan thus be framed in terms of sympathetic immediacy，performative speech act，the telling of myths and the enactment of rituals）。在坦比亚提出的这两个特性的基础上，汉尼葛夫汉克进一步指出，这两个特性在人脑中处于自发状态。他认为，“工具性的因果性”（instrumental causality）可以被看作一种意识形态，以牺牲“参与性”为代价。它凭借西方社会中占优势的象征体系得以确立，并且已经发展成为当前西方社会中的主流“叙述”（as the dominant “narrative”）。社会中灌输的“工具性的因果性”，给个人施加了强大的社会压力，让他们变得拒绝参与。

因此，人们经常会进行占卜等非理性活动，但是很少有人愿意承认他做过此事。事实上，笔者的大多数信息报告人都是新萨满教的参与者，可是他们从来不在同事甚至家人、朋友间谈论它。这似乎能证明前面的论断。

人们似乎很难向他人解释他为什么要在非理性、没有必然结果的信仰体系（诸如新萨满教）中寻找安全感，但是坚信事实的本质，就像命运之网一样彼此关联、互相交错，这才是生命的意义。对他们来说，所有的事物，不管是有生命的还是没生命的，都相互联系，都是整体中的一部分。这样的看法导致他们相信通过占卜仪式能够预见一些事情或者断裂一些事情的联系，使人和物从同一时空中分离。特别是对那些感觉自己不能把握自己生活和在生活中要面临太多选择的人来说，当他们遭受存在的危机时，这些世界观能够帮助他们在日趋世俗化、祛魅的荷兰社会中解除危机感。

参考文献

中文参考文献

［美］阿尔伯特·霍夫曼：《LSD：我那惹是生非的孩子：对致幻药物和神秘主义的科学反思》，沈逾、常青译，北京师范大学出版社2006年版。

［美］阿贝托·维洛多：《印加能量疗法——一位心理学家的萨满学习之旅》，许桂绵译，生命潜能文化事业有限公司2002年版。

［美］阿贝托·维洛多：《印加灵魂复原疗法》，许桂绵译，生命潜能文化事业有限公司2006年版。

［英］爱德华·泰勒：《原始文化》，连树声译，上海文艺出版社1992年版。

［美］安德鲁斯：《药女》，鲁宓译，方智出版社1998年版。

［美］安德鲁斯：《月女》，鲁宓译，方智出版社1998年版。

［美］安德鲁斯：《豹女》，鲁宓译，方智出版社1998年版。

白庚胜编：《萨满文化辩证——国际萨满学会第七次学术讨论会论文集》，大众文化出版社2006年版。

［美］贝格尔：《神圣的帷幕：宗教社会学理论之要素》，高师宁译，上海人民出版社1991年版。

［美］贝格尔：《天使的传言》，高师宁译，中国人民大学出版社2003年版。

[英] 彼得·沃森：《大分离　旧大陆与新大陆的历史与人性》，孙艳萍译，上海人民出版社 2015 年版。

程巍：《中产阶级的孩子们——60 年代与文化领导权》，生活·读书·新知三联书店 2006 年版。

[美] 丹尼尔·贝尔：《资本主义文化矛盾》，赵一凡等译，人民出版社 1989 年版。

[苏] 德·莫·乌格里诺维奇：《宗教心理学》，沈翼鹏译，社会科学文献出版社 1989 年版。

邓蜀生：《美国历史与美国人》，人民出版社 1993 年版。

《杜鲁门回忆录》（第 2 卷），李石译，生活·读书·新知三联书店 1974 年版。

[英] 菲奥纳·鲍伊：《宗教人类学导论》，金泽、何其敏译，中国人民大学出版社 2004 年版。

[德] 弗兰克：《无意义生活之痛苦：当今心理治疗法》，朱晓权译，生活·读书·新知三联书店 1991 年版。

[美] 格里芬：《后现代宗教》，孙慕天译，中国城市出版社 2003 年版。

郭永玉：《孤立无援的现代人》，湖北教育出版社 2001 年版。

郭永玉：《西方心理治疗中致幻剂的应用》，《长江大学学报》（社会科学版）2006 年第 1 期。

郭淑云：《原始活态文化——萨满教透视》，上海人民出版社 2001 年版。

郭淑云：《中国北方民人萨满出神现象研究》，民族出版社 2007 年版。

郭淑云、沈占春编：《域外萨满学文集》，学苑出版社 2010 年版。

何群：《土著民族与小民族发展问题研究》，中央民族大学出版社 2006 年版。

何维保:《美国的非常年代》，河南人民出版社 2002 年版。
黄剑波:《写文化之争——人类学中的后现代话语及研究转向》，《思想战线》2004 年第 4 期。
吉林民族研究所:《萨满教文化研究》第 1 辑，吉林人民出版社 1988 年版。
[日] 吉田祯吾:《宗教人类学》，王子今、周苏平译，陕西人民教育出版社 1991 年版。
金香、色音编:《萨满信仰与民族文化》，中国社会科学出版社 2009 年版。
[美] 卡洛斯·卡斯塔尼达:《老鹰的赠予　唐望故事》，鲁宓译，方智出版社 1997 年版。
[美] 卡洛斯·卡斯塔尼达:《内在的火焰：唐望的故事》，鲁宓译，方智出版社 1997 年版。
[美] 卡洛斯·卡斯塔尼达:《寂静的知识　巫师与人类学家的对话》，鲁宓译，内蒙古人民出版社 1998 年版。
[美] 卡洛斯·卡斯塔尼达:《力量的传奇　一个现代巫师的故事》，鲁宓译，内蒙古人民出版社 1999 年版。
[美] 卡洛斯·卡斯塔尼达:《穿越生命之界》，鲁宓译，中国盲文出版社 2003 年版。
[美] 卡洛斯·卡斯塔尼达:《巫士唐望的教诲》，鲁宓译，上海文艺出版社 2010 年版。
[美] 卡洛斯·卡斯塔尼达:《解离的真实：继续与唐望对话》，鲁宓译，上海文艺出版社 2010 年版。
[美] 卡洛斯·卡斯塔尼达:《做梦的艺术》，鲁宓译，深圳报业集团出版社 2010 年版。
[美] 卡洛斯·卡斯塔尼达:《前往伊斯特兰的旅程》，鲁宓译，上海文艺出版社 2011 年版。

[美] 科塞等:《毒品、社会与人的行为》，夏建中等译，中国人民大学出版社 2001 年版。

李安德:《超个人心理学》，若水译，桂冠图书股份有限公司 1994 年版。

李钧编:《可致依赖性药物及其管理》，化学工业出版社 2007 年版。

李立:《解读“实验民族志”》，《广西民族研究》2006 年第 1 期。

刘朝晖:《后现代主义与当代人类学研究》，《广西民族学院学报》1999 年第 3 期。

[德] 卢克曼:《无形的宗教》，覃方明译，中国民族大学出版社 2003 年版。

[美] 罗德尼·斯达克等:《信仰的法则》，杨凤岗译，中国民族大学出版社 2004 年版。

[美] 玛丽琳·弗格森:《宝瓶同谋》，廖世德译，湖南人民出版社 2012 年版。

[英] 马凌诺斯基:《西太平洋的航海者》，梁永佳、李绍明译，华夏出版社 2002 年版。

[加] 马塞尔·达内西:《酷：青春期的符号和意义》，四川教育出版社 2011 年版。

[美] 马泰·卡林内斯库:《现代性的五副面孔：现代主义、先锋派、颓废、媚俗艺术、后现代主义》，顾爱彬等译，商务印书馆 2002 年版。

[美] 迈克·哈纳等:《萨满文化解读》，郭淑云译，吉林人民出版社 2003 年版。

[美] 迈克·哈纳:《意识变异形态与萨满教——个人回忆录》，郭淑云译，《蒙古学信息》2003 年第 1 期。

[美] 迈克尔·林奇:《科学实践与日常活动——常人方法论与对科学的社会研究》，邢冬梅译，苏州大学出版社 2010 年版。

孟慧英：《尘封的偶像——萨满教观念研究》，北京出版社 2000 年版。

孟慧英：《中国北方民族萨满教》，社会科学文献出版社 2000 年版。

孟慧英等编：《萨满文化研究情报与信息选编》，吉林文史出版社 2005 年版。

孟慧英编：《当代中国宗教研究精选丛书》（原始宗教与萨满教卷），民族出版社 2008 年版。

孟慧英编：《宗教信仰与民族文化》（第二辑），社会科学文献出版社 2009 年版。

孟慧英：《美国的新萨满教》，《人类学与民俗学》1994 年第 2 期。

孟慧英：《关于萨满教的认识》，《满族研究》2000 年第 2 期。

孟慧英：《试论西方萨满教研究的变迁》，《世界宗教文化》2011 年第 6 期。

［匈］米哈伊·霍帕尔：《世纪之交的萨满教》，郭淑云译，《满语研究》2002 年第 2 期。

［美］乔治·E. 马尔库斯等：《作为文化批评的人类学：一个人文学科的实验时代》，王铭铭、蓝达居译，生活·读书·新知三联书店 1998 年版。

瞿明安：《西方后现代主义人类学评述》，《民族研究》2009 年第 1 期。

［美］塞缪尔·亨廷顿：《我们是谁：美国国家特性面临的挑战》，程克雄译，新华出版社 2005 年版。

色音：《东北亚的萨满教》，中国社会科学出版社 1998 年版。

史禄国：《北方通古斯的社会组织》，内蒙古人民出版社 1985 年版。

史宗编：《二十世纪西方宗教人类学文选》，上海三联书店 1995 年版。

王恩铭：《美国反正统文化运动：嬉皮士文化研究》，北京大学出版社 2008 年版。

王恩铭:《美国新左派运动》,《史学月刊》1997 年第 1 期。

王铭铭:《西方人类学思潮十讲》,广西师范大学出版社 2005 年版。

王铭铭:《远方文化的迷——民族志与实验民族志》,《西北民族研究》1996 年第 2 期。

王铭铭:《他者的意义——论现代人类学的“后现代性”》,《广西民族学院学报》2000 年第 2 期。

温洋:《反正统文化的亚文化群——嬉皮士》,《美国研究》1998 年第 4 期。

[美] 沃尔特·拉菲伯等:《美国世纪:一个超级大国的崛起与兴盛》,黄磷译,海南出版社 2008 年版。

[意] 希普里阿尼·费拉罗迪英:《宗教社会学史》,高师宁译,中国人民大学出版社 2011 年版。

[日] 小田晋:《“现代宗教热”之谜》,公克、晨华译,中国工人出版社 1989 年版。

[美] 谢丽·奥特纳:《20 世纪下半叶的欧美人类学理论》,何国强译,《青海民族研究》2010 年第 2 期。

徐学初:《世纪档案之嬉皮士宣言》,中国文史出版社 1996 年版。

徐以骅编:《宗教与美国社会:宗教与国际关系》(第四辑),时事出版社 2007 年版。

杨魁、董雅丽:《消费文化:从现代到后现代》,中国社会科学出版社 2003 年版。

杨韶刚:《超个人心理学》,上海教育出版社 2006 年版。

叶舒宪:《神话意象》,北京大学出版社 2007 年版。

叶舒宪:《新萨满主义与西方的寻根文学——从“唐望故事”到〈塞莱斯廷预言〉》,《东方丛刊》2002 年第 4 卷。

叶舒宪:《傩、萨满、瑜伽》,《吉林师范大学学报》2005 年第

4 期。

［美］约翰·菲斯克：《理解大众文化》，王晓珏、宋伟杰译，中央编译出版社 2001 年版。

［美］詹姆斯·克利福德等编：《写文化：民族志的诗学和政治学》，高丙中等译，商务印书馆 2006 年版。

赵枫：《自然之境：浪漫主义的价值追求》，《南京社会科学》1995 年第 12 期。

周辅成编：《从文艺复兴到十九世纪资产阶级哲学家政治思想家有关主义族性论言论选样》，商务印书馆 1996 年版。

周建新：《天真的人类学家与人类学的"天真"——民族志反思的反思》，《中南民族大学学报》（人文社会科学版）2004 年第 3 期。

［日］佐佐木宏干：《萨满"凭灵"的构造》，岷雪译，《北方民族》2000 年第 1 期。

外文参考文献

Alice Beck Kehoe, *Shamans and Religion. An Anthropological Exploration in Critical Thinking*, Milwaukee: Waveland Press Waveland Press, 2000.

Andrews, Lynn, *Medicine Woman*, New York: Grand Central Publishing, 1981.

____ *The Flight of the Seventh Moon*, New York: Grand Central Publishing, 1985.

____ *Jaguar Woman: The Wisdom of the Butterfly Tree*, New York: Grand Central Publishing, 1985.

____ *Star Woman: We Are Made from Stars, and to the Stars We Must Return*, New York: Grand Central Publishing, 1988.

Andrei A. Znamenski, *The Beauty of the Primitive: Shamanism and Western Imagination*, Oxford and New York: Oxford University Press, 2007.

____ *Shamanism: Critical Concepts in Sociology* (volume II), London: Routledge, 2004.

Annette, Høst, "What's in a Name? Neo-Shamanism, Core Shamanism, Urban Shamanism, Modern Shamanism, Modern Shamanism or What?", *Spirit Talk*, Vol. 14, 2001.

B. Shelly, *Neo-shamanism as a Healing System: Enchanted Healing in a Modern World*, Proquest, Umi Dissertation Publishing, 2011.

Clifton, Charles, Witchcraft and Shamanism. St. Paul, MN: Llewellyn, 1994.

Dagmar Wernitznig, *Going Native or Going Naive? White Shamanism and the Neo-Noble Savage*, Boston: University Press of America, 2003.

Daniel Daniel Noel, *The Soul of Shamanism: Western Fantasies, Imagined Realities*, New York: Continuum International Publishing Group, 1999.

David Earl Young, Jean-Guy Goulet, *Being Changed: The Anthropology of Extraordinary Experience*, Ontaio: Broadview, 1994.

David Brown, "Traditional Healing Returns to Tuva: In the Soviets' Wake, a Shamans' Clinic Is Thriving in Northeast Asia", Washington Post, July 18, 1995.

Drury, Nevill, *The Shaman and the Magician: Journeys between the Worlds*, London: Routledge Press, 1982.

Fiona Bowie, *The Anthropology of Religion: An Introduction*, Wiley-Blackwell Publisher, second edition, 2006

Furst Peter, *Hallucinogens and culture*, Novato: Chandler & Sharp

Press, 1976.

Florinda Donne, *The Witch's Dream: A Healer's Way of Knowledge*, New York: Simon & Schuster Press, 1985.

____ *Being-in-Dreaming: An Initiation Into the Sorcerers' World*, San Francisco: Harper Collins Press, 1992.

Galina Lindquist, *Shamanic Performances on the Urban Scene: Neo-Shamanism in Contemporary Sweden*, Stockholm: Gotab, 1997.

____ "Bringing the Soul Back to the Self: Soul Retrieval in Neo-shamanism", *Social Analysis*, Vol. 48, No. 2, 2004.

George Devereux, "Shamans as Neurotics", *American Anthropologist*, Vol. 63, No. 5, 1961.

Gloria Flaherty, *Shamanism and the Eighteenth Century*, Princeton: Princeton University Press, 1992.

Graham Harvey, *Shamanism: A Reader*, London: Routledge Press, 2009.

Gelder, Ken Sarah Thornton (eds.), *The Subcultures Reader*, London and New York: Routledge, 1997.

Hanneke Minkjan, "Seeking Guidance from the Spirits: Neo-shamanic Divination Rituals in Modern Dutch Society," *Social Compass*, Vol. 55, No. 1, 2008.

Høst, Annette, "What's in a name? What's in a Name? Neo-Shamanism, Core Shamanism, Urban Shamanism, Modern Shamanism, Modern Shamanism or What?", *Spirit Talk*, Vol. 14, 1987.

Jagg Philip, "From Refrain to Rave: The Decline of Figure and the Rise of Ground", *Popular Music*, Vol. 13, 1994.

Jeffrey A. Kottler, Bradford & P. Keeney, Jon Carlson, *American Shaman: An Odyssey of Global Healing Traditions*, New York: Routledge, 2004.

Jenny Blain, *Nine Worlds of Seid-Magic: Ecstasy and Neo-Shamanism in North European Paganism*, London: Routledge, 2001.

Jeremy Narby and Francis Huxley (eds.), *Shamans Through Time: 500 Years on the Path to Knowledge*, New York: J. P. Tarcher/Putnam, 2000.

Jeroen W. Boekhoven, *Genealogies of Shamanism: Struggles for Power, Charisma and Authority*, Barkhuis Publishing, 2011.

Joralemon D., "The Selling of the Shaman and the Problem of Informant Legitimacy", *Anthropological Research*, Vol. 46, No. 2, 1982.

Kocku von Stuckrad, "Constructions, Normativities, Identities: Recent Studies on Shamanism and Neo-Shamanism", *Religious Studies Review*, Vol. 31, No. 3&4, 2005.

Kotarba, Joseph, *The Rave Scene in Houston, Texas: An Ethnographic Analysis. Austin*, Austin: Texas Commission on Alcohol and Drug Abuse, 1993.

I. M. Lewis, *Ecstatic Religion: A Study of Shamanism and Spirit Possession*, London: Routledge, 1988.

Larsen, Stephen, *The Shaman's Doorway: Opening Imagination to Power and Myth*, New York: Station Hill Press, 1976.

Lisa Aldred, "Plastic Shamans and Astroturf Sun Dances New Age Commercialization of Native American Spirituality", *The American Indian Quarterly*, Vol. 24, No. 3, 2000.

Merete Demant Jakobsen, *Shamanism: Traditional and Contemporary Approaches to the Mastery of Spirits and Healing*, NY: Berghahn Books, 1999.

Michael Harner, *The Way of the Shaman*, San Francisco: Harper &

Row Publishers, 1990.

____ "Science, Spirits, and Core Shamanism", *Shamanism*, Vol. 12, 1999.

MiChael Winkelma, "Complementary Therapy for addiction: Drumming out Drugs", *American Journal of Public Health*, Vol. 93, No. 4, 2003.

Mihály Hoppál, Gábór Kósa ed., *Rediscovery of Shamanic Heritage*, Budapest: Akadémiai Kaidó, 2003.

Myerhoff, Barbara G., *Peyote Hunt: The Sacred Journey of the Huichol Indians*, New York: Cornell University, 1974.

Paul Stoller, Cheryl Olkes, *In Sorcery's Shadow: A Memoir of Apprenticeship among the Songhay of Nige*r, Chicago: The University of Chicago Press, 1987.

Piers Vitebsky, *The Shaman*, Boston: Little Brown, 1995.

Picchi, D., "Cultural/Ethnology: Shabono: A Visit to a Remote and Magical World in the Heart of the South American Jungle. Florinda Donner", *American Anthropologist*, Vol. 21, 1983.

Roland B. Dixon, "Some Aspencts of the American Shaman", *The Journal of American Folklore*, Vol. 21, No. 80, 1908.

Ronald Hutton, *Shamans: Siberian Spirituality and Spirituality and the Western Imagination*, New York: Hambledon and London, 2001.

Roger Gottlieb, *This Sacred Earth: Religion, Nature, Environment*, New York: Routledge press, 1995.

Scott R. Hutoson, "Technoshamanism: Spiritual Healing in the Rave Culture", *Popular Music and Society*, Bowling Green, Fall 1999.

Tim Burkett, "A Psychological Inquiry into Neoshamanic Practice", *ReVision*, Vol. 27, No. 3, 2005.

Townsend, Joan B., "Individualist Religious Movements: Core and Neo-shamanism", *Anthropology of Consciousness*, Vol. 15, No. 1, 2004.

Von Stuckrad, Kocku, "Constructions, Normativities, Identities: Recent Studies on Shamanism and Neo-Shamanism", *Religious Studies Review*, Vol. 31, 2005.

Waldemar Bogoras, "The Chukchi of Northeastern Asia, American Anthropologist", in Frederica De Laguna and Alfred Irving Hallowell (eds.), *American Anthropology*, 1888 – 1920: *Papers from the American Anthropologist*, Nebraska: University of Nebraska Press, 2002.

Wallis, Robert J., *Shamans/ Neo-shamans: Ecstasy, Alternative Archaeologies and Contemporary Pagans*, London: Routledge, 2003.

William Thomas Corlett, *The Medicine-Man of the American Indian and His Cultural Background*, Springfield, Illinois: C. C. Thomas, 1935.

Ward Churchill, "Spirit hucksterism", *Shamanisms and Survival*, Vol. 27, No. 2, 2003.

参考网站

迈克·哈纳的核心萨满教网站（http://www.shamanism.org/）。

卡斯塔尼达的无极萨满工作坊网站（http://www.tensegrity.org.uk/）。

安德鲁斯的个人网站介绍（http://lynnandrews.com/）。

四风协会网站（http://thefourwinds.com/about-energy-medicine/）。

锐舞网站（http://www.arasite.org/jessp1.html）。

锐舞者宣言（WorldWide Raver's Manifesto Project, Toronto, http：//www. ecstasy. org/experiences/trip98. html）。

锐舞者的灵性体验（http：//ecstasy. org/experiences/trip68. html）。

锐舞新月圣坛网站（http：//hyperreal. org/raves/newmoon/altar. html）。

印第安萨满苏珊的网站（www. susangrimaldi. com）。

图瓦萨满文化论坛（http：//www. fotuva. org/misc/shamanism/index. html）。

汤姆·考恩的萨满培训网站（http：//wp. riverdrum. com）。

卡尔·施洛特贝克的萨满培训网站（http：//www. invisibledruidorder. net/）。

印第安人反伪萨满的论坛（http：//www. newagefraud. org/about. html）。